土木工程专业系列规划教材

建筑制图与识图

（第二版）

曲玉凤　李社生　主编

科学出版社

北　京

内 容 简 介

本书在总体结构与内容编排上充分考虑了当前职业技能人才培养的目标及实际需要，主要内容包括：制图的基本知识；投影的基本知识；点、直线、平面的投影；基本体的投影；组合体的投影；轴测投影；立体的截断；剖面图与断面图；建筑施工图；结构施工图。为加强学生的能力培养，本书还设置了附录，配有完整的建筑施工图。

另外，本书编排了与章节配套的习题集（另册出版）。

本书可作为应用型本科和高职高专土木工程等相关专业的教材，亦可供有关的工程技术人员参考。

图书在版编目(CIP)数据

建筑制图与识图/曲玉凤，李社生主编. —2 版 . —北京：科学出版社，2015

（土木工程专业系列规划教材）

ISBN 978-7-03-045205-4

Ⅰ.①建… Ⅱ.①曲… ②李… Ⅲ.①建筑制图-识别-高等学校-教材 Ⅳ.①TU204

中国版本图书馆 CIP 数据核字(2015)第 164828 号

责任编辑：李 欣 张雪梅/责任校对：王万红

责任印制：吕春珉/封面设计：耕者设计工作室

科学出版社 出版

北京东黄城根北街 16 号

邮政编码：100717

http://www.sciencep.com

三河市骏杰印刷有限公司印刷

科学出版社发行 各地新华书店经销

*

2010 年 9 月第 一 版 开本：787×1092 1/16

2015 年 8 月第 二 版 印张：12 3/4

2018 年11月第十二次印刷 字数：280 000

定价：34.00 元

（如有印装质量问题，我社负责调换〈骏杰〉）

销售部电话 010-62134988 编辑部电话 010-62135397-2021（VA03）

第二版前言

本书编写的主要目的就是帮助读者提高空间思维能力，扩充投影知识，攻克在学习制图中建立空间物体概念的难关，从而学会由平面的视图想象出物体的形状。

书籍是学习的主要工具之一。本书在编写过程中注重内容新颖，语音简练、通俗易懂，并在结合实际形体和建筑工程案例论述投影理论的同时详细释义国家标准的相关规定。本书着重突出以下几点：

1. 采用 2011 年开始实施的现行最新标准和规范进行编写。

2. 图样的规范与否是衡量一本好书的重要标准。书中所有插图均采用计算机精确绘制，图线规范，图形清晰、完整、准确。

3. 为了帮助读者快速学习、便于理解，本书降低了投影部分的难度，加大了空间思维分析能力的培养。

4. 为了掌握和巩固对各种表达方法的理解与应用，本书结合各种图样详细叙述，使读者熟练掌握作图原理和基本步骤。

5. 在注重和工程实际相结合的同时，在附录部分增加了一套系统的施工图，以此来提高学生的读图能力。

参加本书编写的有甘肃建筑职业技术学院的曲玉凤（编写第 9 章）、张亚娟（编写第 1、4、5、7、10 章）、韩晓玲（编写第 3、6、8 章）和朱晓霞（编写第 2 章）。全书由曲玉凤和李社生统稿。

第一版前言

本书是针对目前土建类专业高职高专学生的知识储备、职业特点和工作需要而编写的。本书的编写以职业能力培养为主线，注意处理好知识、能力和素质三者之间的关系；以体现基础知识、基础理论为出发点，加强基本技能和职业能力的培养，坚持基础理论“以够用为度、适用为主”的原则。本门课程的理念及思路就是培养学生的动手能力和实践能力，提高其实际应用中的绘图和读图能力；根据课程的定位和培养目标，以适应工作过程为导向，进行内容重构；在内容的安排上围绕项目组织内容，以工学结合为切入点，按行业标准检测实训效果，将理论知识学习作为能力培养的补充。为了培养学生的动手能力和实践能力，本书在附录中设有一套系统的建筑工程施工图作为读图训练；同时，为了强化学生职业能力的训练，还编写了与本书配套的习题集——《建筑制图与识图习题集》。

参加本书编写的有甘肃建筑职业技术学院李社生（前言）、张亚娟（第1、4、5、7、10章和习题集第5章）、朱晓霞（第2章和习题集第3章）、韩晓玲（第3、6、8章和习题集第6章）和曲玉凤（第9章和习题集第1、2、4、7～10章）。

本书在编写过程中得到了作者所在学校的大力支持，白雪、孔玉琴、杨心毅、吴珊为本书作了大量的插图，在此一并致谢！

由于编者水平有限，书中难免存在不足，恳请广大读者批评指正。

目　录

第1章 制图的基本知识

教学目标

本章主要介绍制图常用工具、仪器的使用方法及《房屋建筑制图统一标准》(GB/T 50001—2001)的基本内容。通过学习，掌握图幅、图线、字体、比例、尺寸标注等的要求及常用几何作图的方法，为绘制各种投影图打好基础。

1.1 制图工具、仪器及其使用

学习制图，必须了解各种绘图工具和仪器的性能，熟练掌握它们的正确使用方法，并经常注意维护和保养，才能保证绘图质量，加快绘图速度。

1.1.1 图板

图板是放置图纸进行画图的工具。图板通常用胶合板制成，为防止翘曲，四周镶以硬木边条。板面要求光滑平整、软硬合适。图板的角边应垂直，两短边必须平直，这样才能确保线条平直，使用时要注意保护短边。

图板有几种规格，可根据需要选用，一般有0号图板（900mm×1200mm）、1号图板（600mm×900mm）及2号图板（450mm×600mm）等。

1.1.2 图纸

图纸有绘图纸和描图纸两种。绘图纸用于画铅笔图或墨线图，要求纸面洁白、质地坚实，并以橡皮擦拭不起毛、画墨线不洇为好。

描图纸（也称硫酸纸）用于墨线笔或绘图笔等描绘作图，并以此复制蓝图，所以要求其透明度好、表面平整挺括。但这种纸易吸湿变形，故使用和保存时要注意防潮。

1.1.3 一字尺、丁字尺、三角板

一字尺又名平行尺，用于画水平线，但需用滑轮和细绳与图板连接。一字尺在图板上可上下滑移画平行线。用一字尺画水平线比用丁字尺简单，但推动时手要放在尺的中

间，用力要轻巧均匀，防止尺身倾斜，如图 1.1 所示。

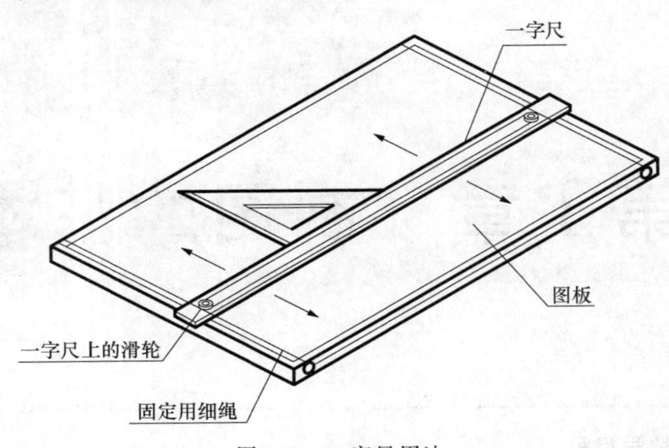

图 1.1　一字尺用法

丁字尺由相互垂直的尺头和尺身构成。尺身要牢固地连接在尺头上，尺身的工作边必须保持其平整光滑。切勿用小刀靠住工作边裁纸。丁字尺用完后要挂起来，防止尺身变形。

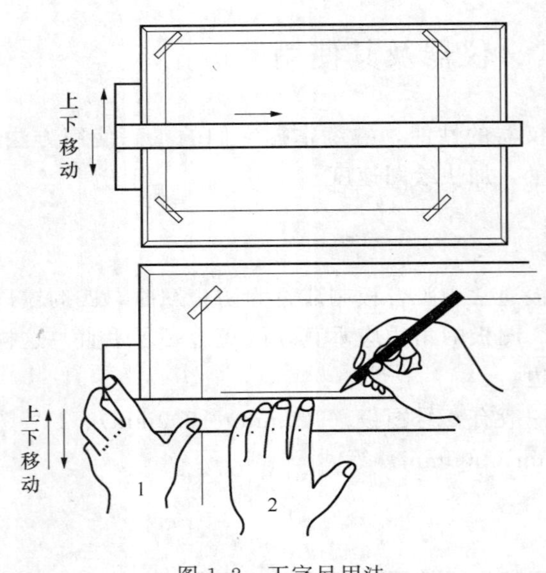

图 1.2　丁字尺用法

丁字尺用于画水平线，画线时用左手把住尺头，使它始终紧贴图板左边缘，然后上下推动到需要画线的位置，左手按住尺身，右手执笔从左向右画线，如图 1.2 所示。

注意：不得把丁字尺头靠在图板的右边、下边或上边画线，也不得用丁字尺的非工作边画线。

三角板有 30°＋60°＋90°和 45°＋45°＋90°两种。三角板可配合丁字尺画铅直线，画线时先推丁字尺到线的下方，将三角板放在线的右方，并使它的一直角边靠贴在丁字尺的工作边上，然后移动三角板，直至另一直角边靠贴铅直线，再用左手按住丁字尺和三角板，右手持铅笔自下而上画出铅直线。三角板也可配合画与水平线成 30°、45°、60°、75°、15°的斜线，这些斜线都应自左向右画出，以保证眼睛看到画线的情况。

1.1.4　比例尺

比例尺（图 1.3）是直接用来放大或缩小图形用的绘图工具，目前常用的有两种：一种是有六种不同比例的三棱比例尺；另一种是有机玻璃材质的有三种不同比例的比例直尺。三棱比例尺用于度量相应比例的尺寸，不能用于画线。

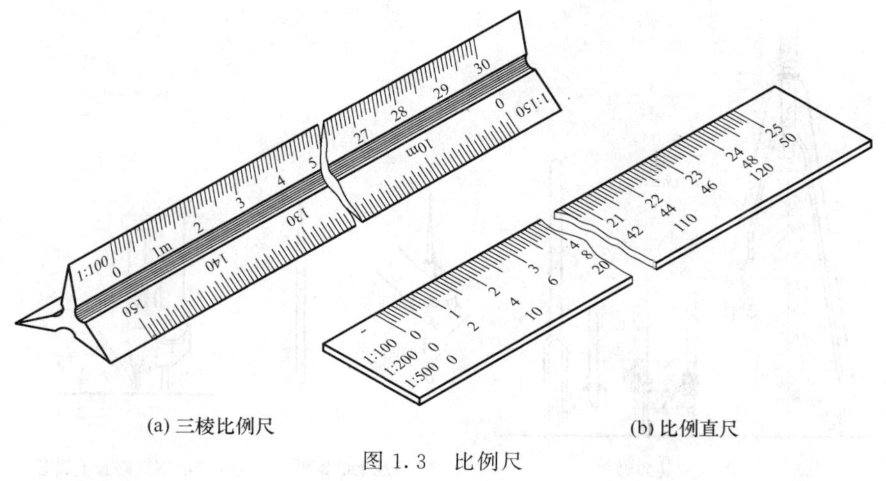

图 1.3　比例尺

1.1.5　铅笔

绘图用铅笔（图 1.4）种类很多，其型号以铅芯的软硬程度来区分。H 表示硬，B 表示软，H 或 B 前面的数字越大表示越硬或越软。制图时，用 2H 或 H 的打底，用 B 或 2B 的加深。HB 表示中等软硬铅笔，用于注写文字及加深图线等。

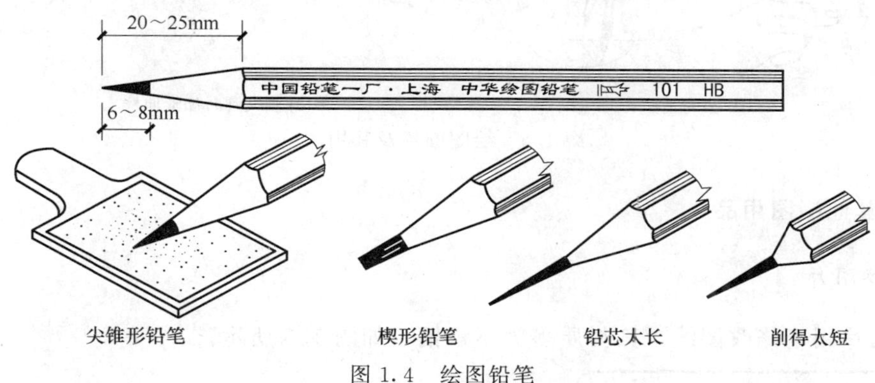

图 1.4　绘图铅笔

铅笔应从没有标记的一端开始使用，以利辨别软硬。铅笔要削成圆锥形，长 20～25mm，铅芯露出 6～8mm，用刀片或细砂纸削磨成尖锥或楔形（图 1.4）。尖锥形铅笔用于打底和写字，楔形铅笔用于加深图线。画线时，铅笔的用力要自然、均匀。画长线时，要一边画一边扭转铅笔，使线条保持粗细一致。

1.1.6　圆规、分规

圆规是画圆及圆弧的主要工具。在画圆或圆弧前，应将定圆心的钢针的台肩调整到与铅芯的端部平齐。当用铅芯画圆时，铅芯应伸出铅芯夹套 6～8mm，并将铅芯磨成 75°的斜面。在用圆规画线时，应使圆规顺时针转动，并略向画线方向倾斜。在画较大圆或圆弧时，应使圆规的针尖和笔尖垂直于纸面，如图 1.5 所示。分规的形状与圆规相似，只是两腿均装有尖锥形钢针，既可用它量取线段的长度，又可用它等分线段或圆弧。

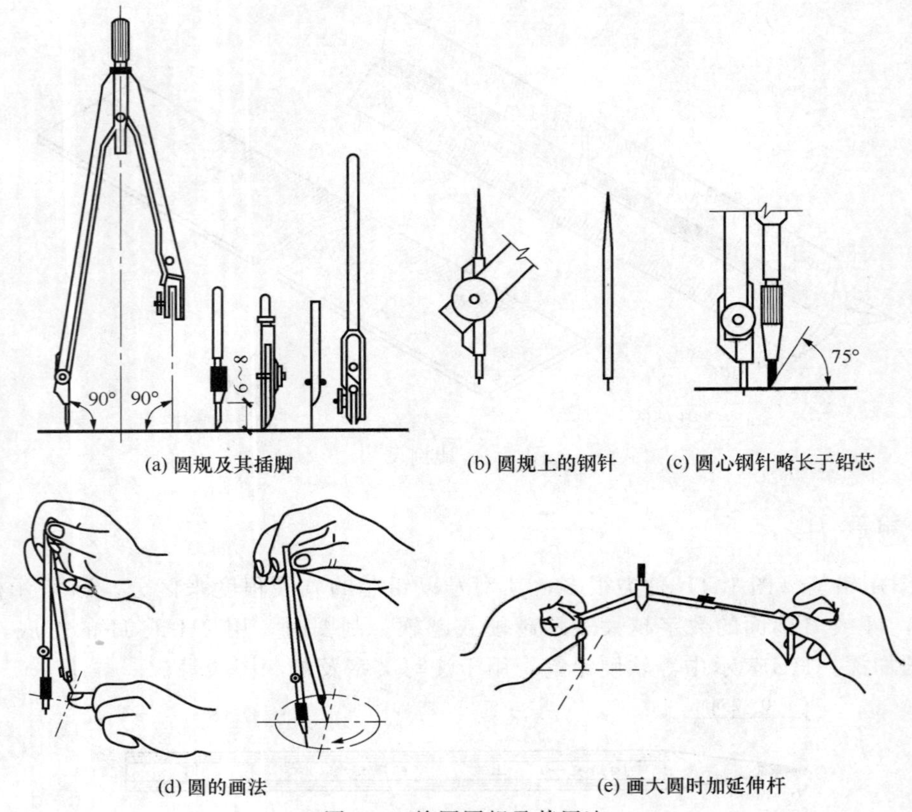

图 1.5　绘图圆规及其用法

1.1.7　其他制图用品

1．擦图片

擦图片用于修改图线，其材质多为不锈钢，如图 1.6 所示。

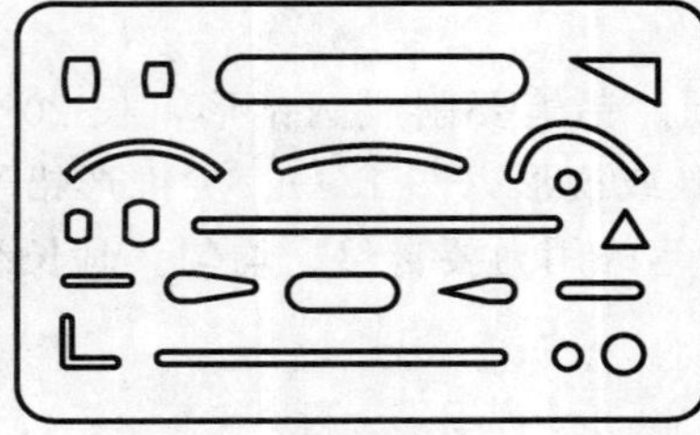

图 1.6　擦图片

2．制图模板

为提高制图的质量和速度，把图样上常用的各种建筑标准图例和常用符号等刻画在有机玻璃或塑料材质的薄板上，作为模板使用。常用的有建筑模板（图 1.7）、数字模板等。

3．橡皮

软橡皮用来修整、擦拭铅笔图线，硬橡皮用来擦拭墨线。

4．砂纸

砂纸用于磨制铅笔的铅芯至所需的形状。

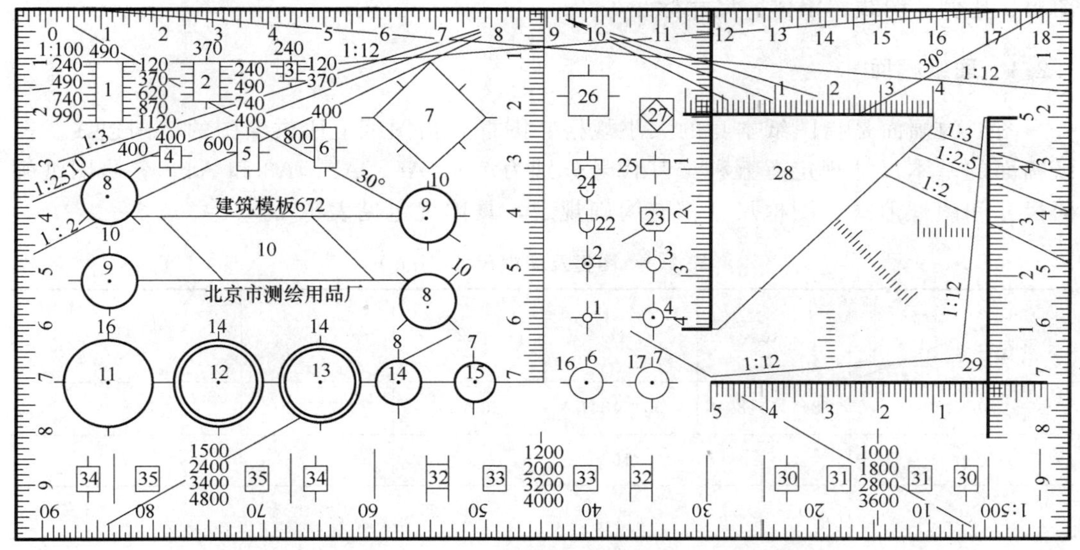

图 1.7 建筑模板

5. 排刷

橡皮擦拭图纸后会产生许多橡皮屑，应及时用排刷清除干净。

6. 透明胶带

用来把图纸粘贴、固定在图板上。

7. 削笔刀

用于修整绘图铅笔。

1.2 制图标准规定

图纸是工程领域的技术语言，它既是工程设计意图的重要表现方式，也是建筑施工的重要依据。为了统一房屋建筑制图规则，保证制图质量，提高制图效果，做到图面清晰、简明，便于技术交流，满足设计、施工、存档等的要求，以适应工程建设的需要，国家制定了全国统一的建筑工程制图标准，其中《房屋建筑制图统一标准》(GB/T 50001—2010) 是建筑工程制图的基本规定，是各个专业制图的通用部分。除此之外，还有《总图制图标准》(GB/T 50103—2010)、《建筑制图标准》(GB/T 50104—2010)、《建筑结构制图标准》(GB/T 50105—2010)、《建筑给排水制图标准》(GB/T 50106—2010) 和《暖通空调制图标准》(GB/T 50114—2010) 等专业的制图标准。在具体应用过程中，《房屋建筑制图统一标准》还必须与各专业制图标准配合使用。

本节主要介绍《房屋建筑制图统一标准》(GB/T 50001—2010) 的相关知识，包括图幅、比例、图线、字体、尺寸标注等。

1.2.1 图纸幅面

图纸的幅面是指图纸本身的大小规格。图框是指图纸上所供绘图的范围边线。图纸幅面的基本尺寸规定有五种，其代号分别为 A0、A1、A2、A3 和 A4。各号图纸幅面尺寸和图框形式、图框尺寸都有明确规定，具体规定见表 1.1。

表 1.1 图框及图框尺寸（mm）

幅面代号 尺寸代号	A0	A1	A2	A3	A4
$b\times l$	841×1189	594×841	420×594	297×420	210×297
c	10			5	
a	25				

长边作为水平边使用的图幅称为横式图幅，短边作为水平边使用的图幅称为立式图幅。A0～A3 可作横式或立式使用，A4 只能作立式使用。

图纸的短边一般不应加长，长边可加长，但应符合表 1.2 的规定。

表 1.2 图纸长边加长尺寸（mm）

幅面代号	长边尺寸	长边加长后尺寸						
A0	1189	1486	1635	1783	1932	2080	2230	2378
A1	841	1051	1261	1471	1682	1892	2102	
A2	594	743	891	1041	1189	1338	1486	1635
A3	420	1783	1932	2080				
A4	297	630	841	1051	1261	1471	1682	1892

1.2.2 标题栏与会签栏

每张图纸都应有工程名称、图名、图纸编号、设计单位、制图人、校对人、审定人的签字等栏目，把它们集中列成表格形式就是图纸的标题栏，简称图标，其位置在图框的右下角。

横式使用的图纸，标题栏应按图 1.8 的形式布置；立式使用的图纸，标题栏应按图 1.9 和图 1.10 的形式布置。

标题栏应按图 1.11 所示，根据工程需要确定其尺寸、格式及分区。签字区应包含实名列和签名列。涉外工程的标题栏内各项主要内容的下方应附有译文，设计单位的上方或左方应加“中华人民共和国”字样。

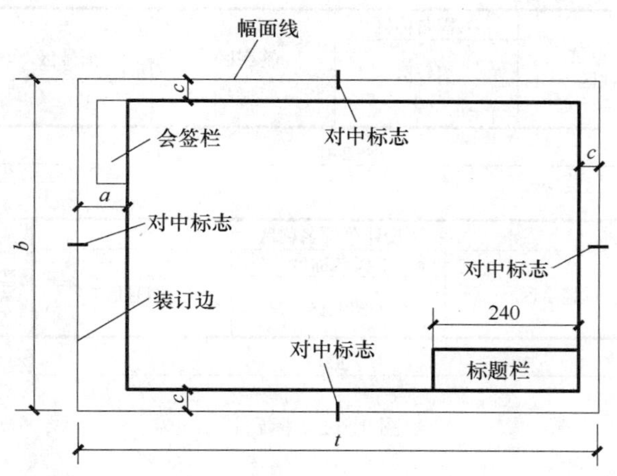

图 1.8　A0～A3 横式幅面

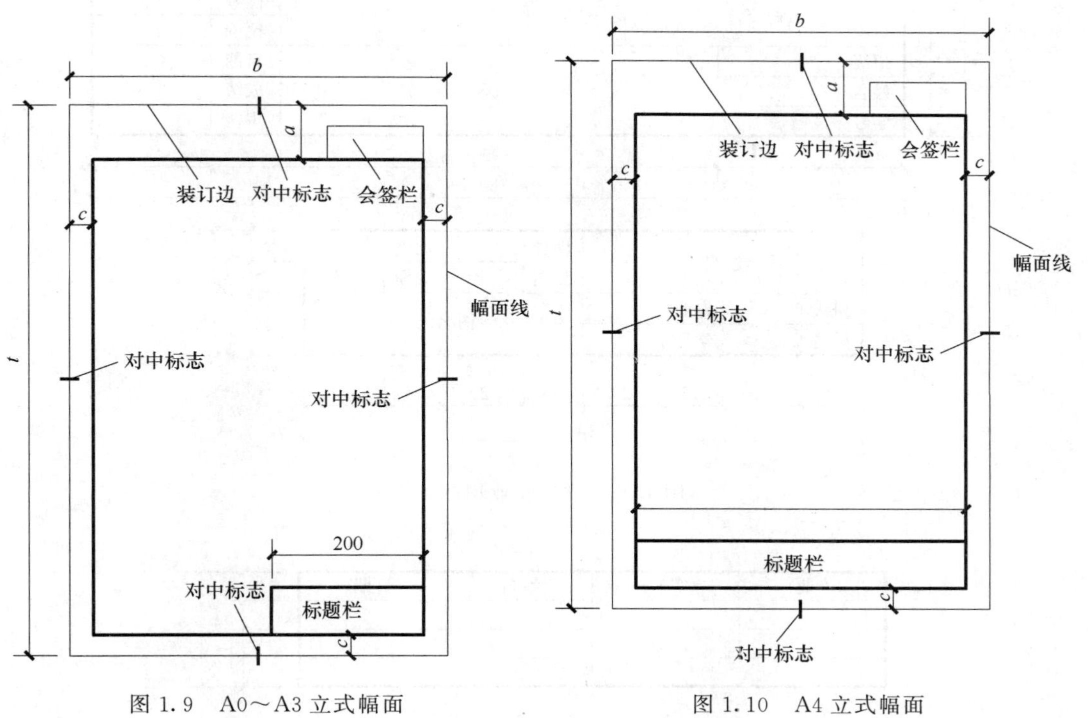

图 1.9　A0～A3 立式幅面　　　图 1.10　A4 立式幅面

学生制图作业用标题栏可选用图 1.12 所示的格式。

会签栏应按图 1.13 的格式绘制，其尺寸应为 100mm×20mm，栏内应填写会签人员所代表的专业、姓名、日期（年、月、日）。一个会签栏不够时可另加一个，两个会签栏应并列。不需会签栏的图纸可不设会签栏。

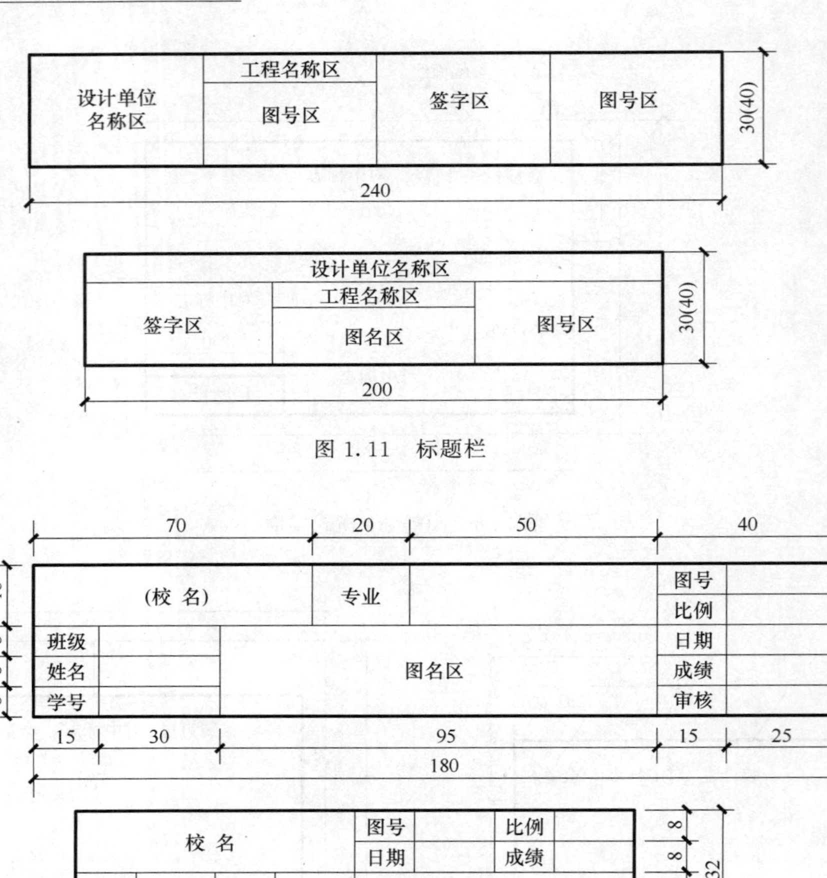

图 1.11　标题栏

图 1.12　学生作业用标题栏

图 1.13　会签栏

1.2.3　图线

画在图纸上的线条统称图线。工程图是由不同线型、不同粗细的图线所构成的。国

家标准对图线的规定包括两个方面，即线宽和线型。

1. 线宽

《房屋建筑制图统一标准》规定了三种线宽——粗（b）、中（$0.5b$）、细（$0.25b$）。线宽比：粗线：中粗线：细线＝4：2：1。其中，基本图线宽 b 宜从下列线宽系列中选取，即 2.0mm、1.4mm、1.0mm、0.7mm、0.5mm、0.35mm、0.25mm 和 0.18mm 八种。一般情况下，每个图样应根据复杂程度与比例大小先选定基本线宽 b，再选用表 1.3 中相应的线宽组。

表 1.3　线宽组（mm）

线宽比	线　宽　组					
b	2.0	1.4	1.0	0.7	0.5	0.35
$0.5b$	1.0	0.7	0.5	0.35	0.25	0.18
$0.25b$	0.5	0.35	0.25	0.18	—	—

注：1）需要微缩的图纸不宜采用 0.18mm 及更细的线宽。

2）同一张图纸内各不同线宽中的细线可统一采用较细的线宽组的细线。

图纸的图框和标题栏线可采用表 1.4 中的线宽。

表 1.4　图框线和标题栏线的宽度（mm）

幅面代号	图框线	标题栏外框线	标题栏分格线、会签栏线
A0、A1	1.4	0.7	0.35
A2、A3、A4	1.0	0.7	0.35

2. 线型

线型有实线、虚线、单点长划线、双点长划线、折断线和波浪线等，各种线型的规定及一般用途详见表 1.5。

表 1.5　图线

名称		线型	线宽	一般用途
实线	粗		b	主要可见轮廓线
	中		$0.5b$	可见轮廓线
	细		$0.25b$	可见轮廓线、图例线
虚线	粗		b	见各有关专业制图标准
	中		$0.5b$	不可见轮廓线
	细		$0.25b$	不可见轮廓线、图例线
单点长划线	粗		b	见各有关专业制图标准
	中		$0.5b$	见各有关专业制图标准
	细		$0.25b$	中心线、对称线等

续表

名称		线型	线宽	一般用途
双点长划线	粗		b	见各有关专业制图标准
	中		$0.5b$	见各有关专业制图标准
	细		$0.25b$	假想轮廓线、成形前原始轮廓线
折断线			$0.25b$	断开界线
波浪线			$0.25b$	断开界线

3. 图线的画法要求（图 1.14）

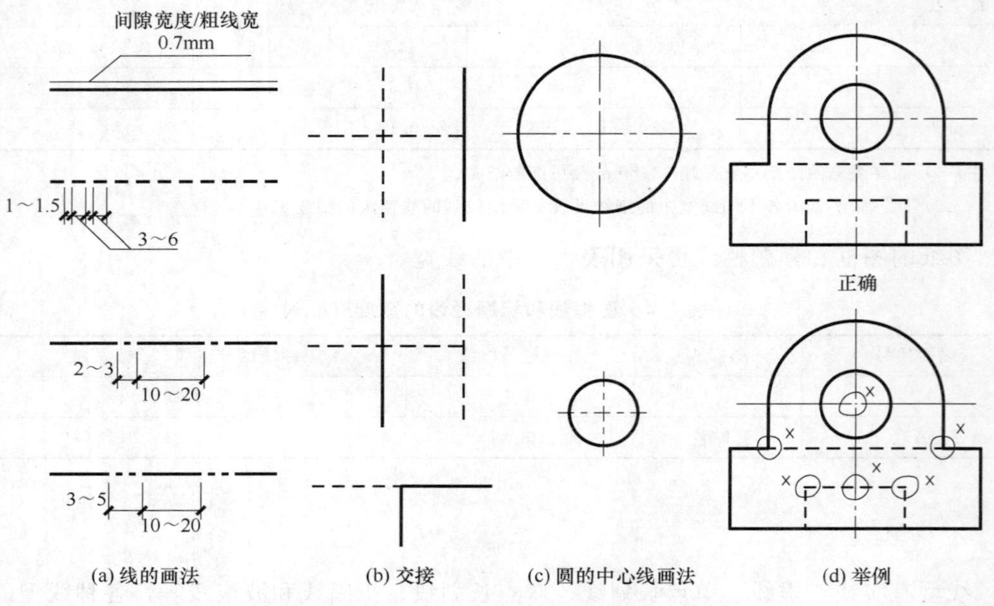

图 1.14　图线的画法

1）相互平行的图线，其间隙不宜小于其中的粗线宽度，且不宜小于 0.7mm。

2）虚线、单点长划线、双点长划线的线段长度和间隔宜各自相等。一般虚线线段长度为 3～6mm，间距约 1mm；单点长划线的线段长度为 10～20mm，间距包括其中的点为 2～3mm；双点长划线的线段长度为 10～20mm，间距包括其中的双点为3～5mm。

3）单点长划线或双点长划线，当在较小图形中绘制有困难时可用实线代替。

4）单点长划线或双点长划线的两端部不应是点。点划线与点划线交接或点划线与其他图线交接时应是线段交接。

5）虚线与虚线或虚线与其他线段相交时，应相交于线段处。虚线为实线的延长线时，不得与实线相连接，应留一间距。

6）图线不得与文字、数字或符号重叠、混淆，不可避免时应首先保证文字等的清晰。

1.2.4 字体

工程图上除了图线及其他必要的建筑符号外，还需要用文字及数字加以注释和说明。图纸上书写的文字、数字或符号等均应笔画清晰、字体端正、间隔均匀、排列整齐，标点符号清楚正确。

图纸中字体的大小应按图样的大小、比例等具体情况来定，但应从规定的字高系列中选用。字高系列有 3.5mm、5mm、7mm、10mm、14mm、20mm。字高也称字号，如 5 号字的字高为 5mm。如需书写更大的字，其高度应按$\sqrt{2}$的比值递增。

图纸上的字体包括汉字、字母和数字，示例可参见《技术制图——字体》（GB/T 14691—1993）。

1. 汉字

图纸中的汉字宜采用长仿宋字体，并必须遵守国务院公布的《汉字简化方案》和有关规定。大标题、图册封面、地形图等的汉字也可书写成其他字体，但应易于辨认。

长仿宋字的高分 20mm、14mm、10mm、7mm、5mm、3.5mm、2.5mm 七种字号，一般应不小于 3.5mm。长仿宋字的高宽比为 1∶0.7。宽度和高度的关系应符合表 1.6 的规定。

表 1.6　长仿宋体字高与宽的关系（mm）

字　高	20	14	10	7	5	3.5
字　宽	14	10	7	5	3.5	2.5

长仿宋字的示例见图 1.15。

图 1.15　长仿宋字示例

长仿宋字的书写要领是：横平竖直、起落分明、布局均匀、笔锋满格。

（1）横平竖直

横笔基本要平，可顺运笔方向稍微向上倾斜 2°～5°。

（2）起落分明

横、竖的起笔和收笔，撇、钩的起笔，钩折的转角等，都要顿一下笔，形成小三角和出现字肩。几种基本笔画的写法如表 1.7 所示。

表 1.7　长仿宋体字基本笔画

名称	横	竖	撇	捺	挑		点	钩
形状								
笔法								

（3）布局均匀

笔画布局要均匀，字体构架要中正疏朗、疏密有致，如图 1.16 所示。

图 1.16　长仿宋字布局示例

（4）笔锋满格

上下左右笔锋要尽可能靠近字体，但也有例外，如日、口等字，都要比字格略小。

2. 数字和字母

图纸中的阿拉伯数字、罗马数字、拉丁字母的字高应不小于 2.5mm。夹在汉字中的阿拉伯数字、罗马数字、拉丁字母的字高宜比汉字字高小一号。

数字和字母有正体字或斜体字两种写法，但同一张图纸上必须统一。如需写成斜体字，其斜度应从字的底线逆时针向上倾斜 75°，其宽度和高度与相应的正体字相等。

数量的数值注写应采用正体阿拉伯数字。各种计量单位凡前面有量值的，均应采用国家颁布的单位符号注写，单位符号应采用正体字母。分数、百分数、比例数的注写应采用阿拉伯数字和数学符号，例如四分之三、百分之二十、一比一百应分别写成 3/4、20%、1∶100。

阿拉伯数字、罗马数字和拉丁字母的书写格式有一般字体和窄体字两种，如图 1.17(a，b) 所示。

1.2.5　比例

工程图样上建筑物直线的尺寸与实际建筑物相应方向的直线尺寸的比，就是工程图样上所应用的比例。例如，一个房屋的长度是 3000mm，而在图纸上它相应的长度只画出 30mm，那么它的比例为

$$\text{比例}=\frac{\text{图样上的线段长度}}{\text{实际的线段长度}}=\frac{30}{3000}=\frac{1}{100}$$

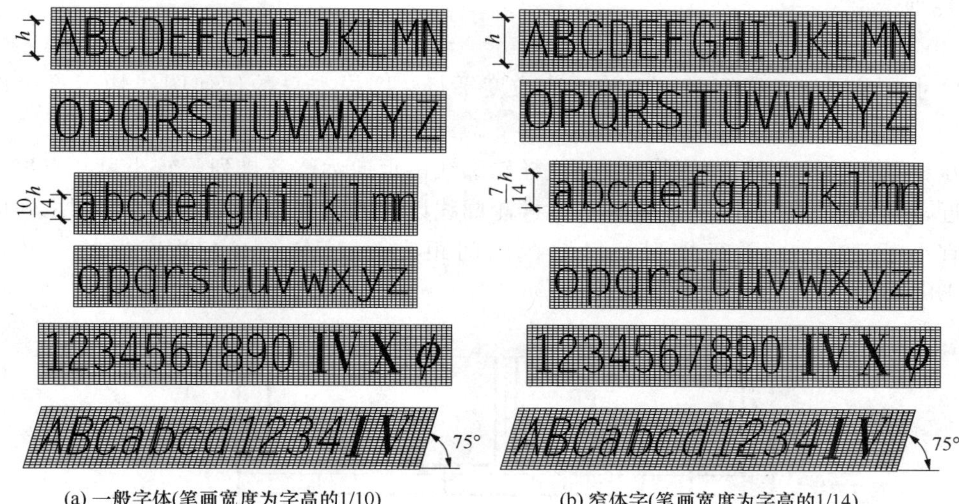

(a) 一般字体(笔画宽度为字高的1/10)　　(b) 窄体字(笔画宽度为字高的1/14)

图 1.17　数字、字母的书写格式

比例尺上的各种刻度就是按上述方法标刻出来的。

绘图所用的比例应根据图样的用途与被绘对象的复杂程度从表 1.8 中选用。并优先用表 1.8 中的常用比例。

表 1.8　绘图所用比例

常用比例	1∶1、1∶2、1∶5、1∶10、1∶20、1∶50、1∶100、1∶150、1∶200、1∶500、1∶1000、1∶2000、1∶5000、1∶10000、1∶20000、1∶100000、1∶200000
可用比例	1∶3、1∶4、1∶6、1∶15、1∶25、1∶30、1∶40、1∶60、1∶80、1∶250、1∶300、1∶400、1∶600

比例宜注写在图名的右侧，字的基准线应取平，比例的字高宜比图名字高小一号或两号。

1.2.6　尺寸标注

图纸上除了画出建筑物及其各部分的形状外，还必须准确地、详尽地和清晰地标注尺寸，以确定其大小，作为施工时的依据。

标注尺寸的要求是：

1）正确。标注方式符合国标规定。

2）完整。尺寸必须齐全。不在同一张图纸上但相同部位的尺寸应一致。

3）清晰。注写的部位要恰当、明显、排列有序。

1. 线段的尺寸标注

线段的尺寸标注包括四要素，即尺寸线、尺寸界线、尺寸起止符号和尺寸数字，如

图 1.18 所示。

（1）尺寸线

尺寸线应用细实线绘制，应与被注长度平行，图样本身的任何图线均不得用作尺寸线。

互相平行的尺寸线应从被注写的图样轮廓线由近向远整齐排列，较小尺寸应离轮廓线较近，较大尺寸应离轮廓线较远。图样轮廓线以外的尺寸线距图样最外轮廓之间的距离不宜小于 10mm。平行排列的尺寸线的间距宜为 7～10mm，并应保持一致，如图 1.18 所示。

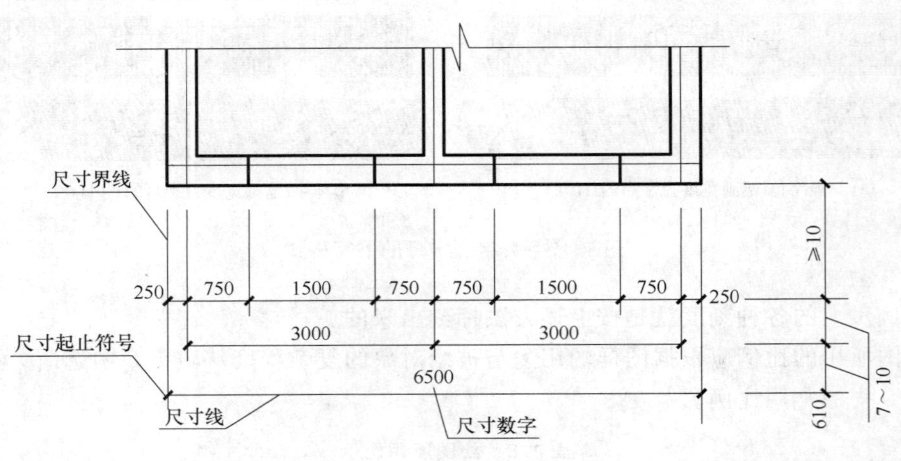

图 1.18　线段的尺寸标注

（2）尺寸界线

尺寸界线应用细实线绘制，一般应与被注长度垂直，其一端应离开图样轮廓线不小于 2mm，另一端宜超出尺寸线 2～3mm。图样轮廓线可用作尺寸界线，见图 1.19。

（3）尺寸起止符号

尺寸起止符号一般用中粗斜短线绘制，其倾斜方向应为尺寸界线顺时针旋转 45°角，长度宜为 2～3mm。

半径、直径、角度与弧长的尺寸起止符号宜用箭头表示，如图 1.20 所示。

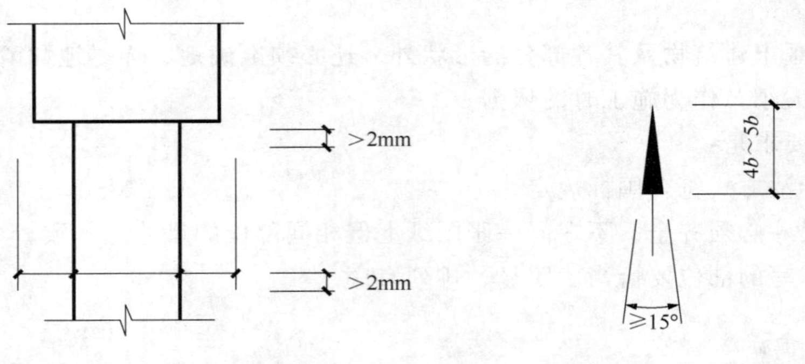

图 1.19　尺寸界线　　　图 1.20　箭头尺寸起止符

（4）尺寸数字

尺寸数字一律用阿拉伯数字书写，长度单位规定为毫米（mm，通常省略不写）。尺寸数值是物体的实际数值，与画图比例无关。

尺寸数字注写原则：

1）水平方向的尺寸数字宜注写在尺寸线上方中部。

2）垂直方向的尺寸数字宜注写在左方中部。

3）非水平、非垂直方向的尺寸数字接近于水平方向按水平方向的尺寸数字注写，接近于垂直方向按垂直方向的尺寸数字注写。

4）尺寸数字在如图 1.21(a)所示 30°阴影线范围内，按图 1.21(b)的形式注写。

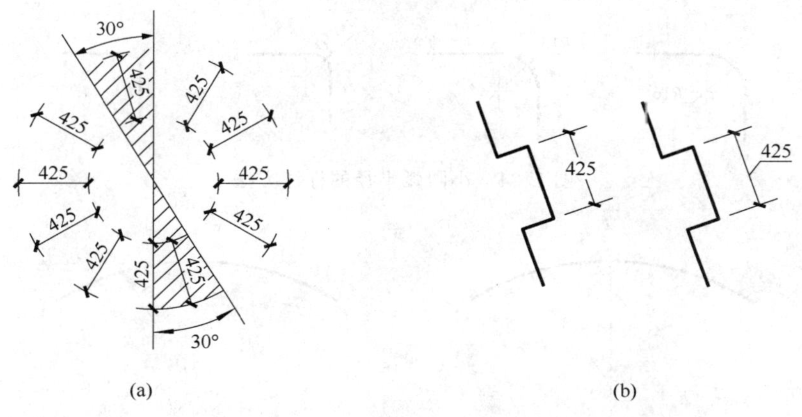

图 1.21　尺寸数字方向

尺寸数字如没有足够的注写位置，最外边的尺寸数字可注写在尺寸界线的外侧，中间相邻的尺寸数字可错开注写，如图 1.22 所示。

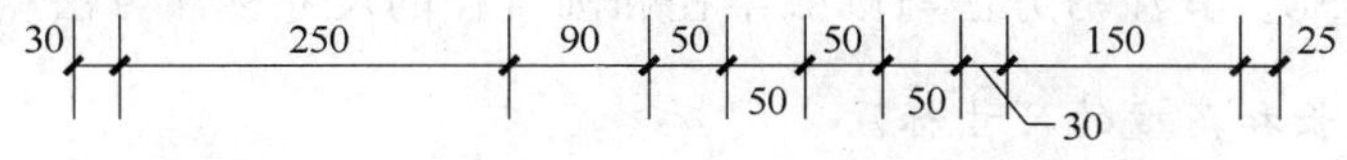

图 1.22　小尺寸数字注写

2. 直径、半径和球体尺寸的标注

（1）直径尺寸

标注圆的直径尺寸时，直径数字前应加直径符号 ϕ。圆的中心线不能用作尺寸线。各种直径的标注形式如图 1.23 所示。

（2）半径尺寸

一般情况下，对于半圆或小于半圆的圆弧应标注其半径。半径的尺寸线应一端从圆心开始，另一端画箭头指向圆弧。半径数字前应加注半径符号 R。

较小圆弧的半径可按图 1.24 标注。

较大圆弧的半径，可按图 1.25 标注。

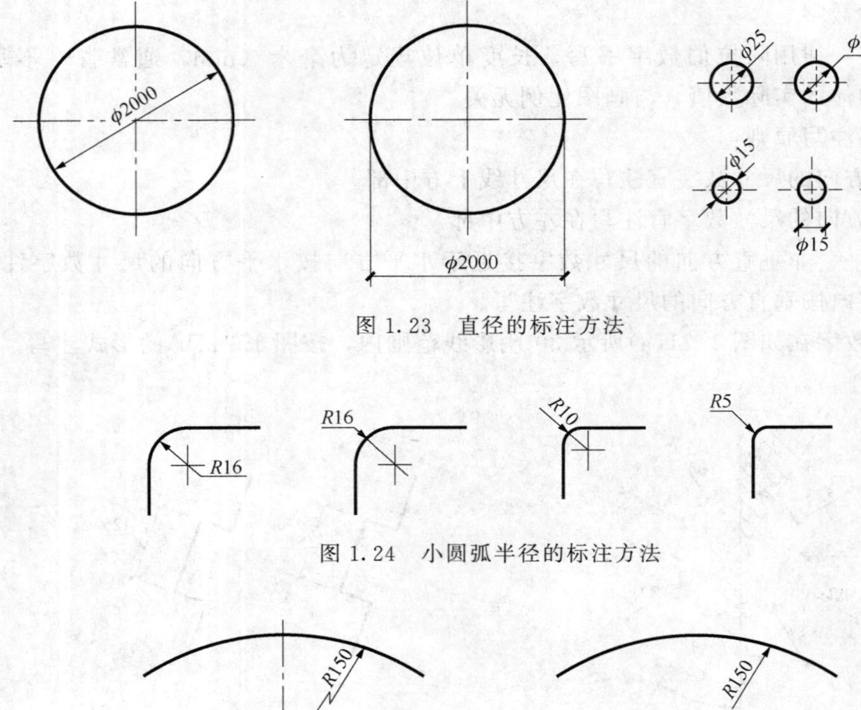

图 1.23　直径的标注方法

图 1.24　小圆弧半径的标注方法

图 1.25　大圆弧半径的标注方法

（3）球体尺寸

标注球的半径尺寸时，应在尺寸前加注符号 *SR*；标注球的直径尺寸时，应在尺寸数字前加注符号 $S\phi$。其注写方法与圆弧半径和圆直径的尺寸标注方法相同。

3. 弧长、弦长和角度的尺寸标注

（1）弧长尺寸

标注圆弧的弧长时，尺寸线应以与该圆弧同心的圆弧线表示，尺寸界线应垂直于该圆弧的弦，起止符号用箭头表示，弧长数字上方应加注圆弧符号“⌒”，按图 1.26 标注。

（2）弦长尺寸

标注圆弧的弦长时，尺寸线应以平行于该弦的直线表示，尺寸界线应垂直于该弦，起止符号用中粗斜短线表示，按图 1.27 标注。

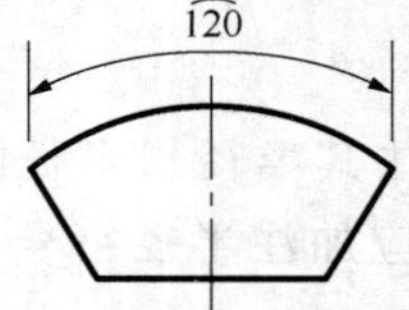

图 1.26　弧长的标注方法

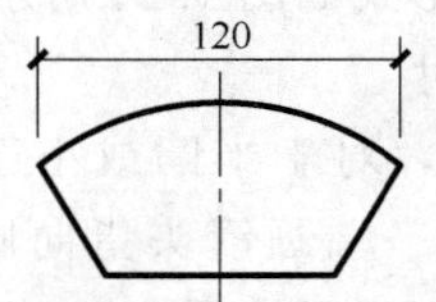

图 1.27　弦长的标注方法

(3) 角度尺寸

角度的尺寸线应以圆弧表示。该圆弧的圆心应是该角的顶点，角的两条边为尺寸界线。起止符号应以箭头表示，如没有足够位置画箭头可用圆点代替。角度数字应在水平方向注写，按图 1.28 标注。

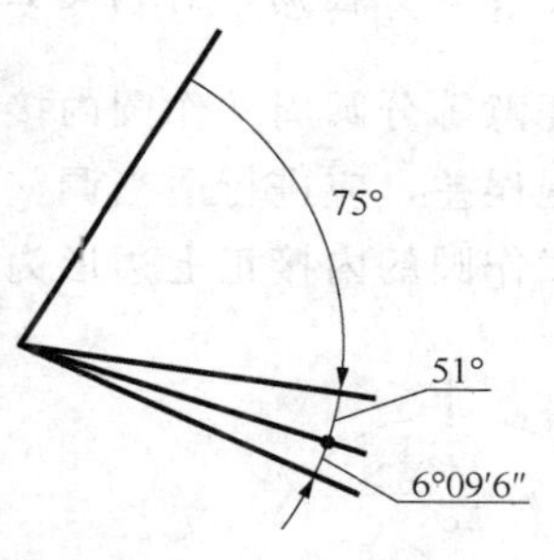

图 1.28　角度的标注方法

4. 坡度的尺寸标注

标注坡度时应加坡度符号“←”（单向箭头），箭头指向下坡方向［图 1.29（a，b）］。

坡度也可用直角三角形形式标注［图 1.29（c）］。

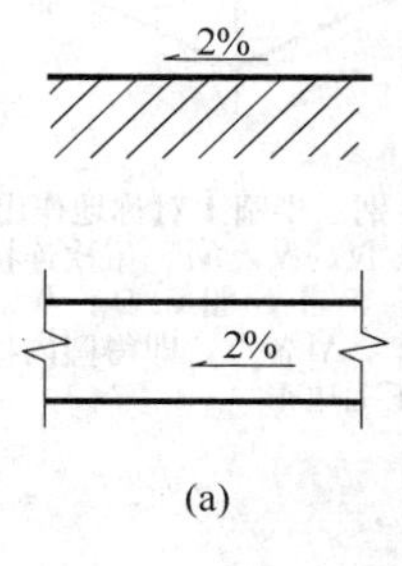

(a)

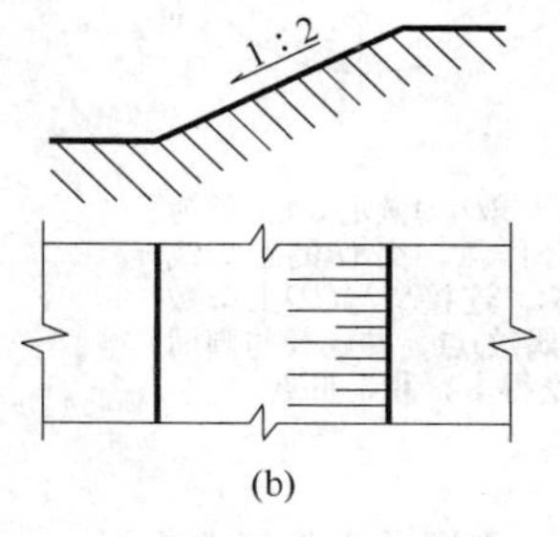

(b)

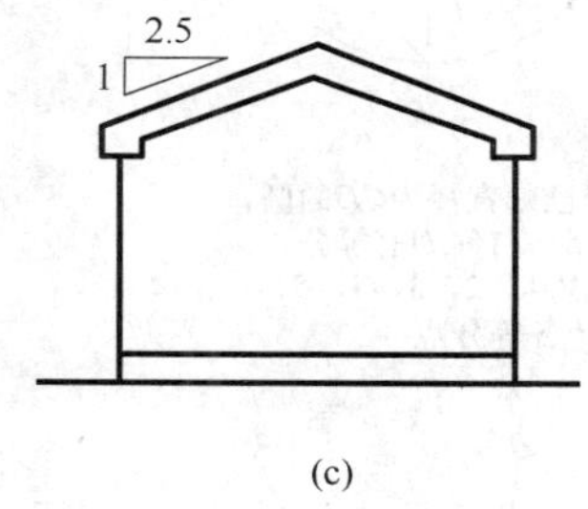

(c)

图 1.29　坡度的标注方法

1.3　几 何 作 图

建筑工程施工图实际上都是由直线、圆弧、曲线等几何图形组合而成的。为了正确地绘制和识读这些图纸，必须掌握几种最基本道德几何作图方法。

1.3.1　等分作图

1. N 等分线段

把已知线段 N 等分的方法如图 1.30 所示（以 $N=6$ 为例）。

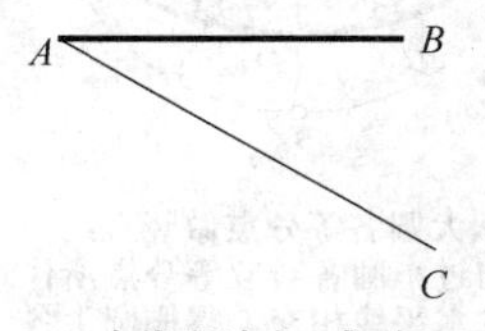

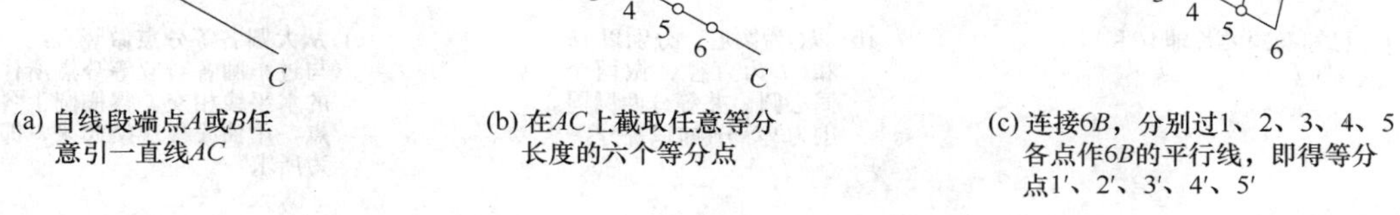

(a) 自线段端点A或B任意引一直线AC

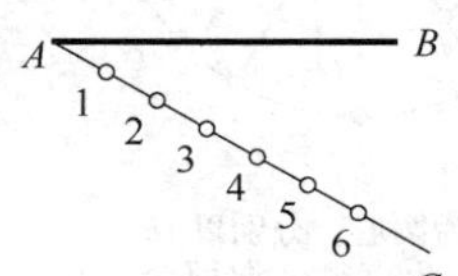

(b) 在AC上截取任意等分长度的六个等分点

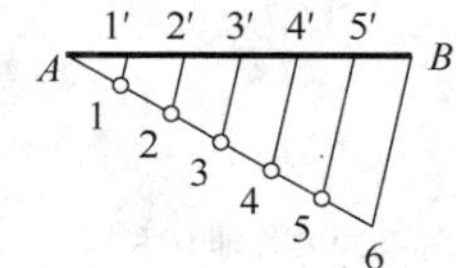

(c) 连接$6B$，分别过1、2、3、4、5各点作$6B$的平行线，即得等分点1′、2′、3′、4′、5′

图 1.30　6 等分线段 AB

2. N 等分圆周，作内接正 N 边形（等分直径法）

任意等分圆周并作圆内接正 N 边形的方法为一近似作法，当求得边长的等分点时会出现误差，应进行适当调整。

以作圆的内接正七边形为例，作图方法如图 1.31 所示。

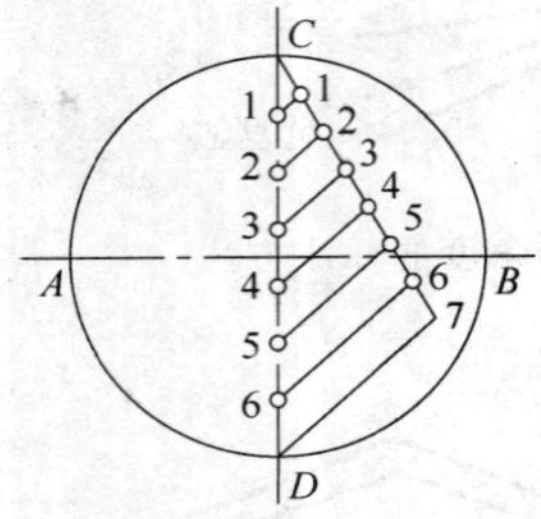

(a) 已知直径为CD的圆，将直径CD七等分，得1、2、3、4、5、6各等分点

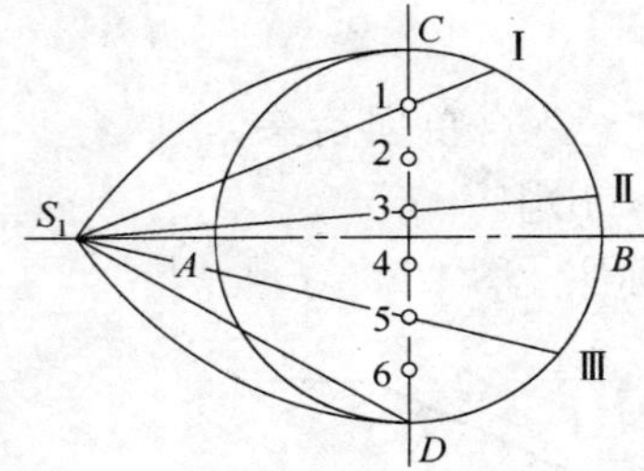

(b) 以C(或D)为圆心，CD长为半径作弧，交AB的延长线于S_1，连接S_1与CD上奇数(或偶数)点，并延长与圆周相交得Ⅰ、Ⅱ、Ⅲ点

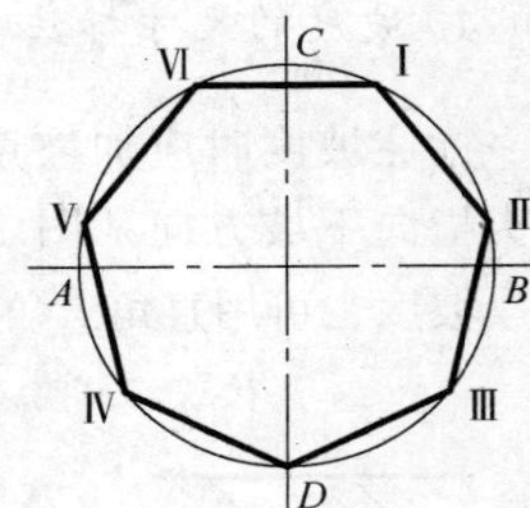

(c) 在别一半圆上对称地作出点Ⅳ、Ⅴ、Ⅵ，依次连接Ⅰ、Ⅱ、Ⅲ、D、Ⅳ、Ⅴ、Ⅵ各点，即得圆内接正七边形

图 1.31　作圆的内接正七边形

1.3.2　椭圆的画法

1. 同心圆法

用同心圆法作椭圆的方法和步骤如图 1.32 所示。

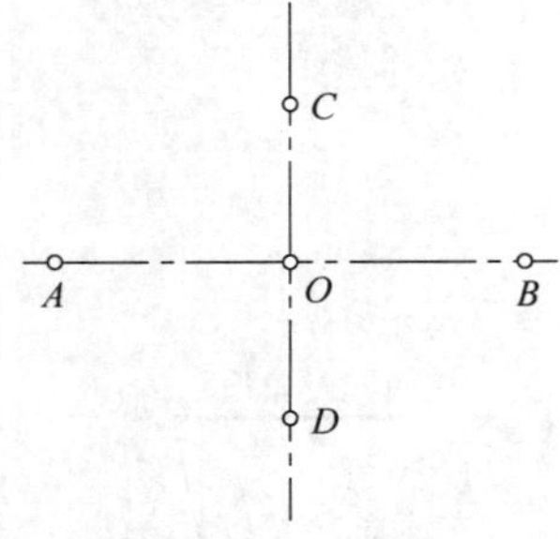

(a) 已知椭圆的长轴AB和短轴CD

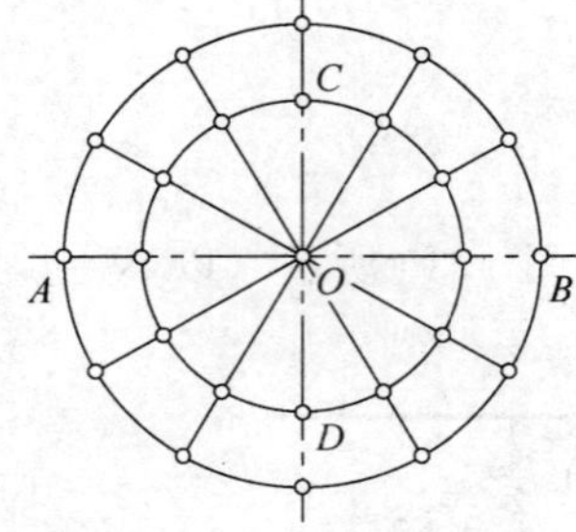

(b) 以O为圆心，分别以AB和CD为直径，做两个同心圆，并等分两圆周围为N等分(如12等分)

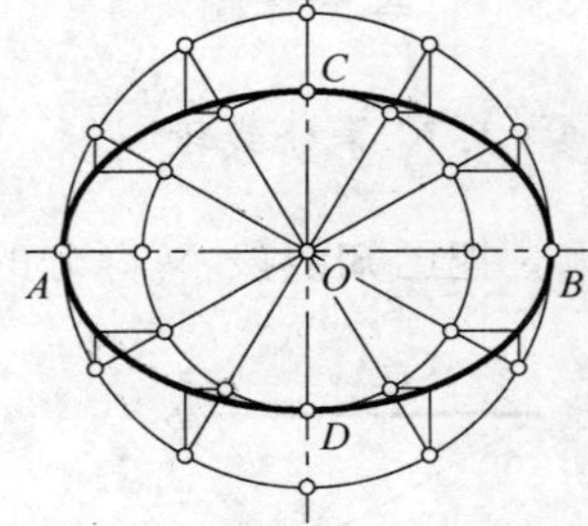

(c) 从大圆各等分点做竖直线，与过小圆各对应等分点所作的水平线相交，得椭圆上各点，用曲线板连接起来，即为所求

图 1.32　同心圆法作椭圆

2. 四心圆法

用四心圆法作椭圆的方法为近似方法，其方法和步骤如图 1.33 所示。

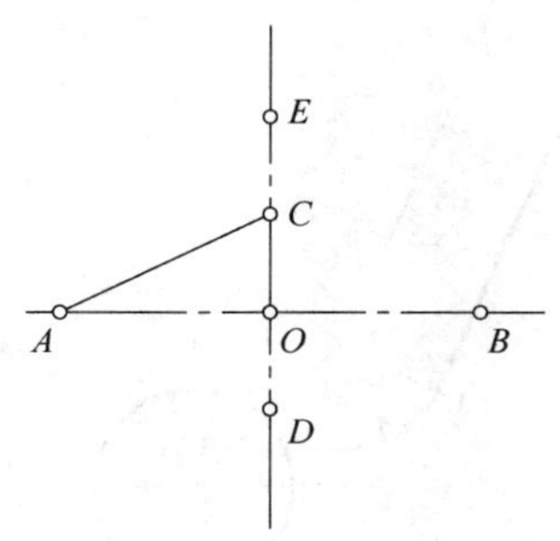

(a) 已知椭圆的长轴AB和短轴CD，连接AC

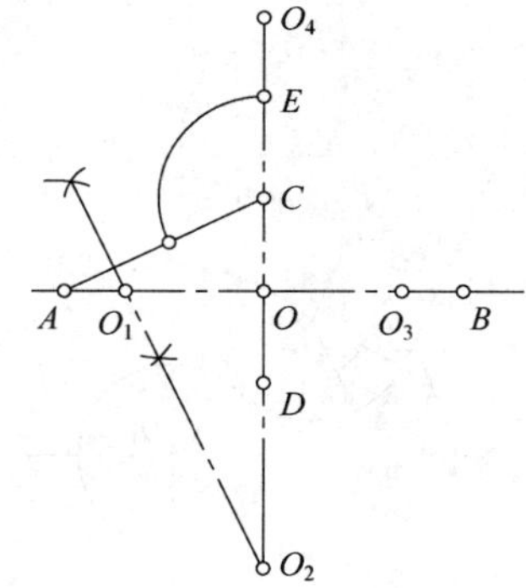

(b) 以O为圆心，OA为半径作弧交OC的延长线上于点E，以C为圆心，EC长为半径作弧交AC于F点，作AF的垂直平分线，交长轴于O_1，短轴于O_2，对称作$OO_1=OO_2$，$OO_3=OO_4$，求得四个圆心

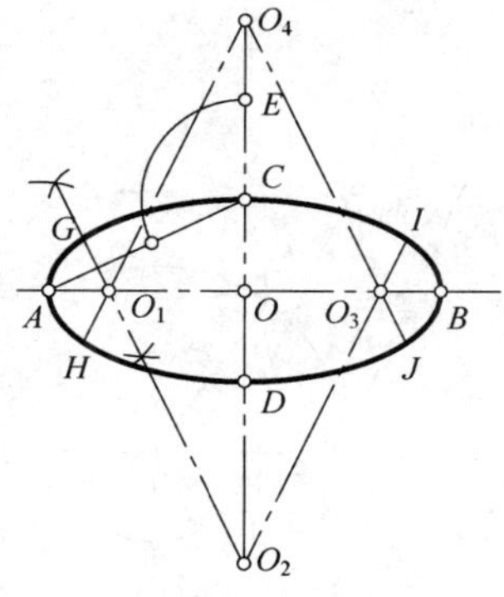

(c) 分别以O_1、O_2、O_3、O_4为圆心，O_1A、O_2C、O_2B、O_4D为半径作弧，使各弧在O_1O_2、O_1O_4、O_2O_3、O_3O_4的延长线上的G、H、I、J四点处相切

图 1.33 四心圆法作椭圆

1.3.3 圆弧连接

圆弧连接，实质上就是用已知半径的弧连接两直线，或连接两圆弧，或连接一直线一圆弧。其作图原理是相切，作图的关键是要准确地求出连接弧的圆心，准确地求出连接点（即切点）。下面介绍圆弧连接的几个基本作图方法。

1. 直线与直线间的圆弧连接

作图的方法和步骤见图 1.34。

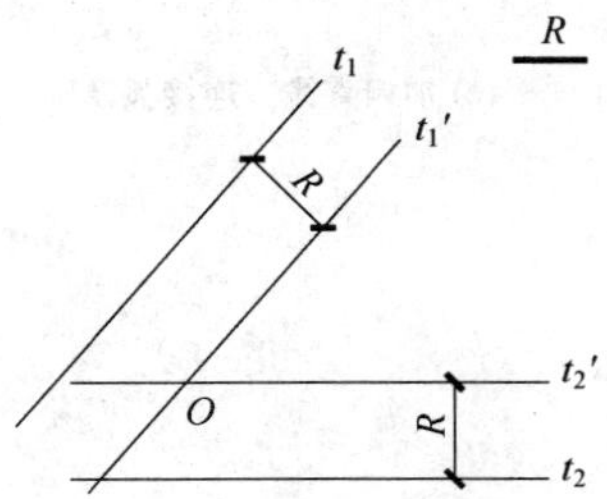

(a) 作与已知角两边t_1、t_2分别相距为R的平行线t_1'、t_2'交点O即为连接弧的圆心

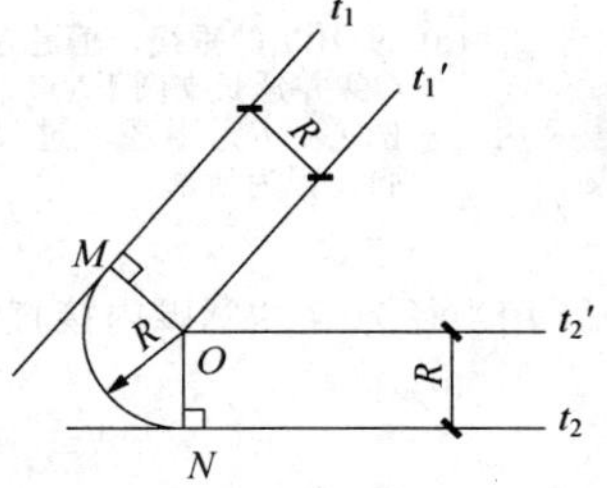

(b) 自O点分别向已知角两边作垂线，垂足M、N即为切点。以O为圆心、R为半径在切点M、N之间连接圆弧，即为所求

(c) 加粗圆角及角边线

图 1.34 用半径为 R 的圆弧连接两直线

2. 直线与圆弧间的圆弧连接

1）外切，如图 1.35 所示。

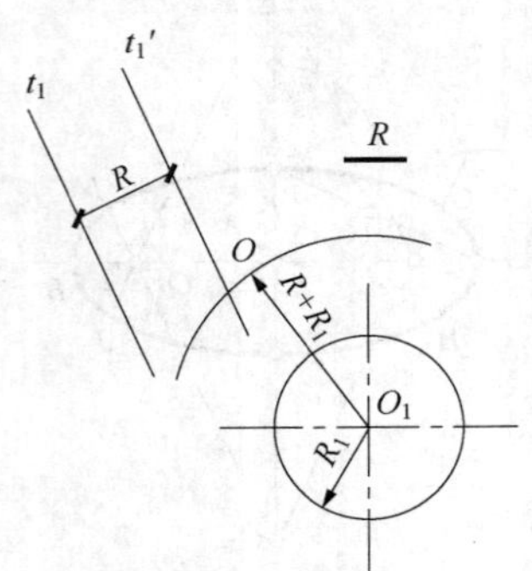

(a) 作与已知直线$t1$相距为R的平行线t_1和以O_1为圆心、$R+R_1$为半径的圆弧交于O，O即为连接弧的圆心

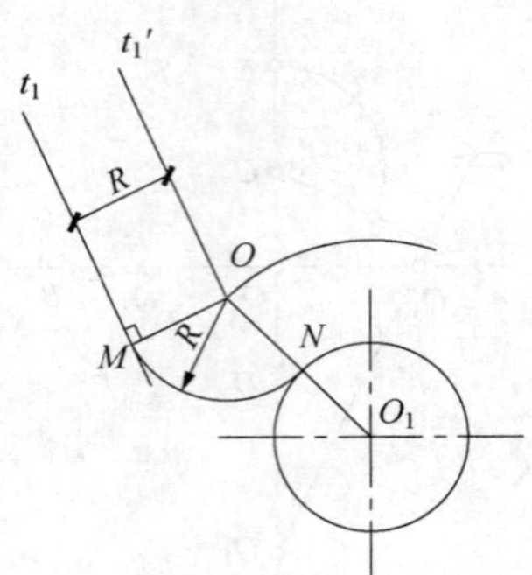

(b) 过O作t_1的垂线，垂足为M、连OO_1交圆于N点，以O为圆心、R为半径，过M、N作弧，即为所求

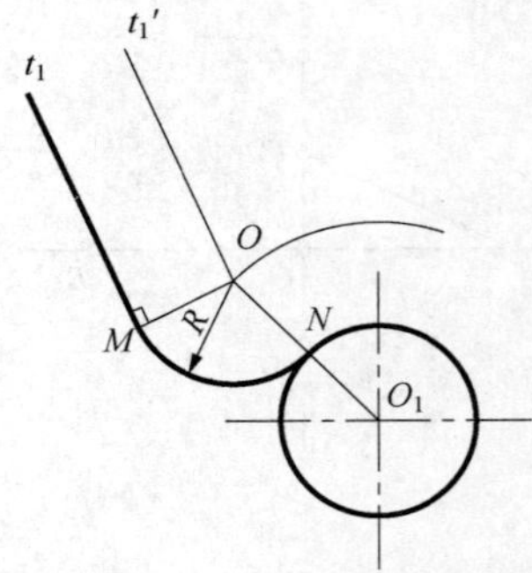

(c) 加粗直线，连接弧及圆

图 1.35　用半径为 R 的圆弧外接直线和圆弧

2）内切，如图 1.36 所示。

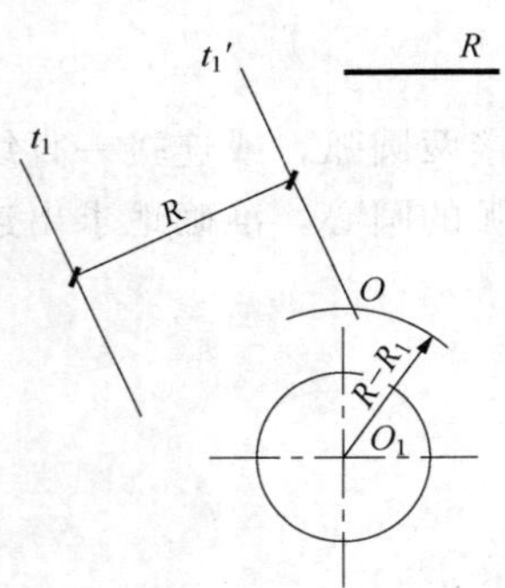

(a) 作与已知直线t_1相距为R的平行线t_1'和以O_1为圆心、$R-R_1$为半径的圆弧交于O，O即为连接弧的圆心

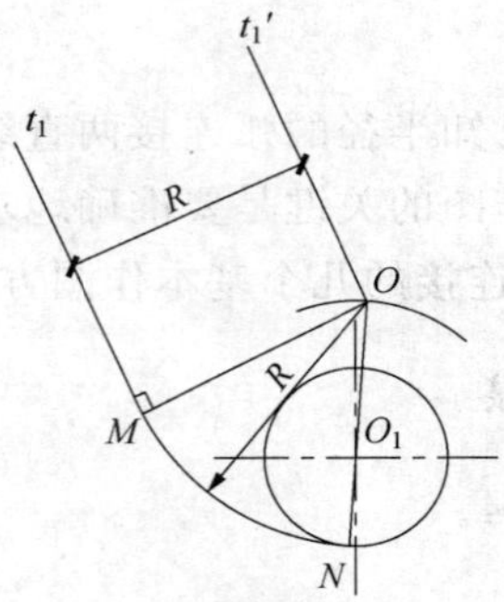

(b) 过O作t_1的垂线，垂足为M、连OO_1并延长交圆于N点，以O为圆心，R为半径，过M、N作弧，即为所求

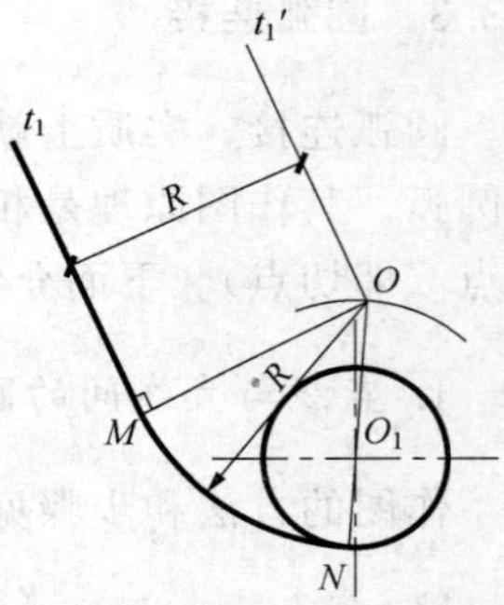

(c) 加粗直线，连接弧及圆

图 1.36　用半径为 R 的圆弧内接直线和圆弧

3. 圆弧与圆弧间的连接

1）外切，如图 1.37 所示。

2）内切，如图 1.38 所示。

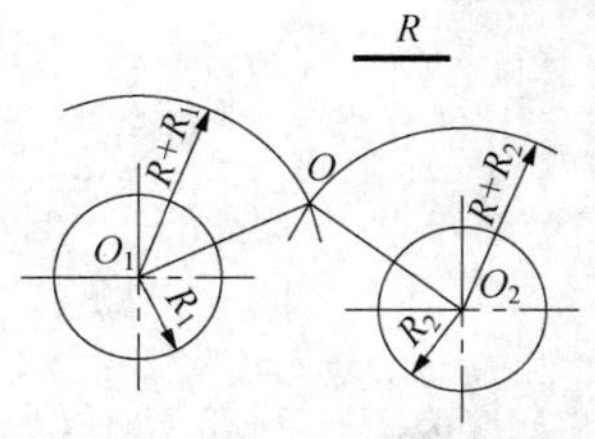

(a) 分别以O_1、O_2为圆心，$R+R_1$、$R+R_2$为半径作圆弧交于O，O即为连接弧的圆心

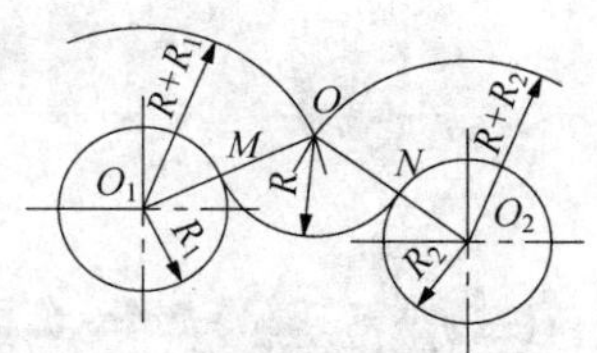

(b) 分别连OO_1、OO_2交圆于M、N两点，以O为圆心，R为半径，过M、N作弧，即为所求

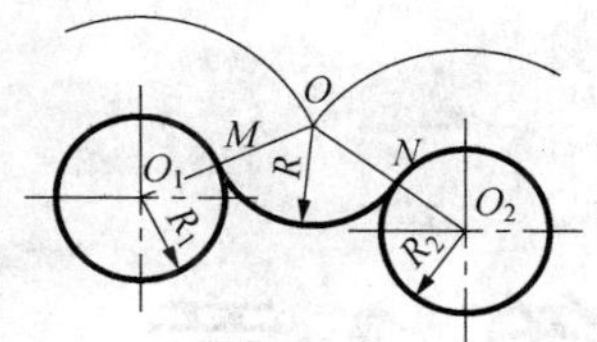

(c) 加粗，连接弧及圆

图 1.37　用半径为 R 的圆弧外接两圆弧

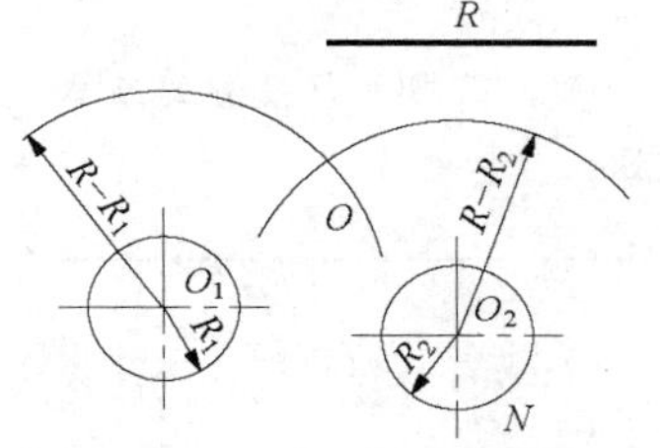

(a) 分别以O_1、O_2为圆心，$R-R_1$、$R-R_2$为半径作圆弧交于O，O即为连接弧的圆心

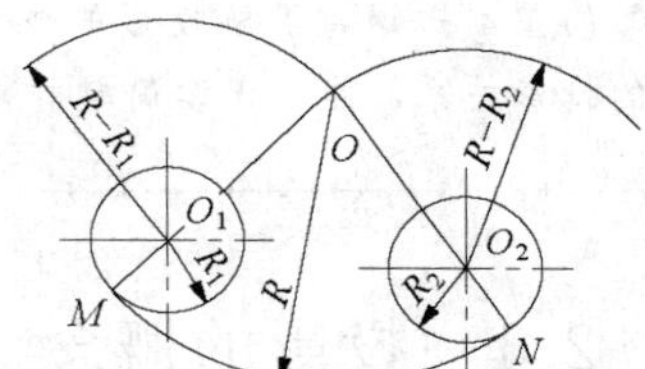

(b) 分别连OO_1、OO_2并延长交圆于M、N两点，以O为圆心，R为半径，过M、N作弧，即为所求

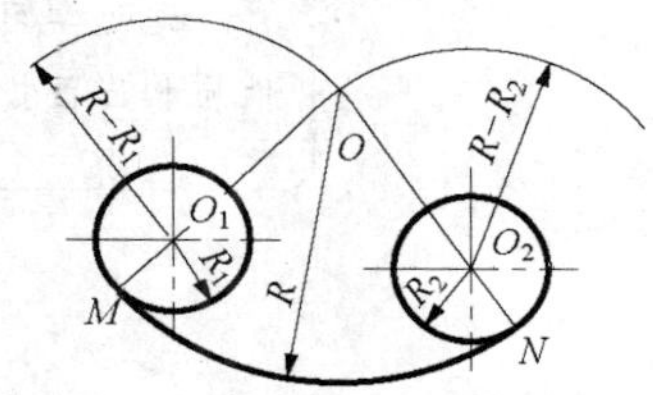

(c) 加粗，连接弧及圆

图 1.38　用半径为 R 的圆弧内接两圆弧

思考题

1.1　建筑制图的图幅规格有哪些？图幅尺寸各是多少？如何裁切？

1.2　什么是图框？图框尺寸有何规定？什么是横式、竖式图幅？

1.3　图线的线宽有哪几种？它们之间有何关系？

1.4　图线的线型主要有哪几种？各有何用途？图线的画法要求有哪些？

1.5　工程图中字体的基本要求和规定有哪些？

1.6　什么是图样的比例？比例如何换算？

1.7　标注尺寸的要求是什么？标注线段尺寸的四要素是什么？在绘制和标注中有哪些要求和注意事项？

1.8　直径、半径、球体、角度、弧长和弦长尺寸如何标注？

第 2 章　投影的基本知识

教学目标

通过学习投影的基本知识，了解投影的概念和分类，掌握平行投影的基本性质和三面投影的投影关系，能够识读简单的投影图。

2.1　投影的概念

2.1.1　投影的形成与三要素

影子，是日常生活中常见的一种自然现象。如图 2.1(a)所示，在电灯和桌面之间放一块三角板，在灯光的照射下，桌面上就会呈现该三角板的影子。三角板影子的轮廓可以看作通过三角板轮廓的光线与桌面相交的结果。

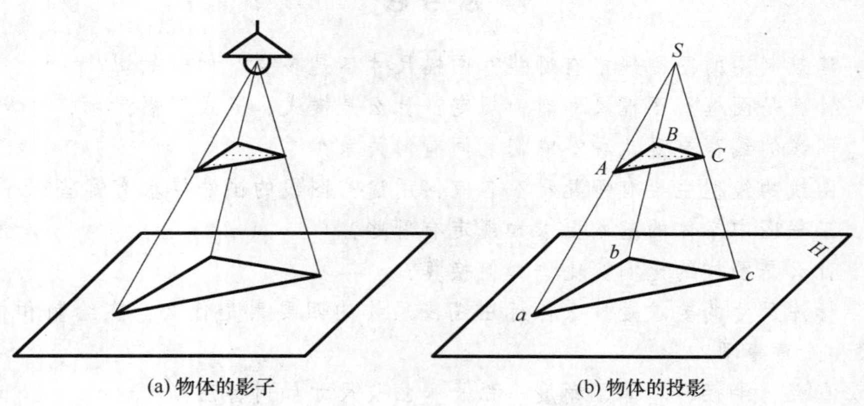

(a) 物体的影子　　(b) 物体的投影

图 2.1　投影的形成

投影概念可看成是由这种自然现象抽象出来的。如图 2.1(b)所示，相当于电灯的光源 S 称为投影中心，相当于桌面的平面 H 称为投影面，光线 SA、SB、SC 称为投射

线，产生的影子△*abc* 称为投影图，物体抽象称为形体（只考虑物体在空间的形状、大小、位置而不考虑其他），空间的点、线、面称为几何元素。

产生投影必须具备三个条件：①投射线；②投影面；③形体（或几何元素）。三者缺一不可，称为投影的三要素。

2.1.2　投影的分类

根据投影中心距离投影面的远近，投影可分为中心投影和平行投影两大类。

1. 中心投影

投射中心距离投影面为有限远时，所有投射线都交汇于投影中心 *S*，这种投影方法称为中心投影法，由此得到的投影图称为中心投影图，简称中心投影，如图 2.1(b) 所示。

2. 平行投影

投射中心距离投影面为无限远时，所有投射线成为平行线，这种投影方法称为平行投影法，由此得到的投影图称为平行投影图，简称平行投影。

根据投射线与投影面垂直与否，平行投影又分为正投影和斜投影，如图 2.2 所示。

1）正投影：投射线垂直于投影面所作出的平行投影为正投影。

2）斜投影：投射线倾斜于投影面所作出的平行投影为斜投影。

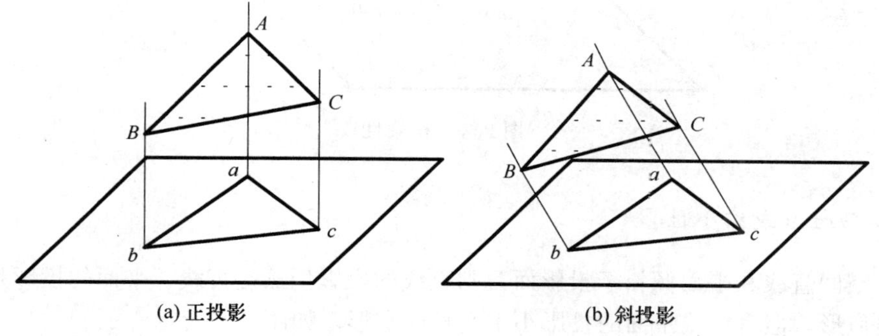

(a) 正投影　　(b) 斜投影

图 2.2　平行投影

2.1.3　平行投影的特性

由初等几何可知，平行投影具有下列性质。

1. 真实性

如果空间直线和平面平行于投影面，则其投影反映实长或实形。如图 2.3 所示，线段 *AB* 和△*CDE* 平行于 H 面，则它们在 H 面上的投影 *ab*=*AB*，△*cde*=△*CDE*。

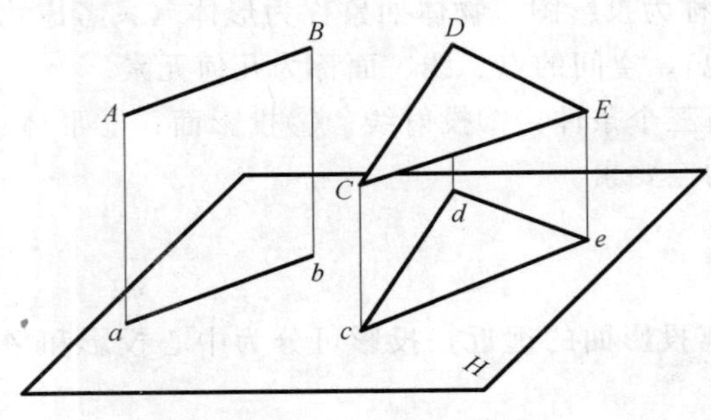

图 2.3　真实性

2. 积聚性

如果空间直线和平面垂直于投影面，则其投影积聚成点或直线。如图 2.4 所示，AB 和$\triangle CDE$ 都与 H 面垂直，则 AB 的投影 ab 积聚为一点，$\triangle CDE$ 的投影$\triangle cde$ 积聚为直线。

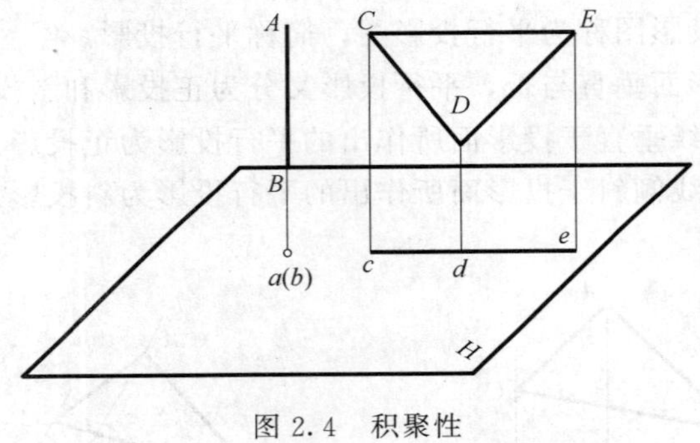

图 2.4　积聚性

3. 类似性（或缩小性）

如果空间直线和平面倾斜于投影面，则直线的投影仍然是直线，平面的投影是原平面图形的类似形，但直线或平面的投影小于实长或实形，如图 2.5 所示。

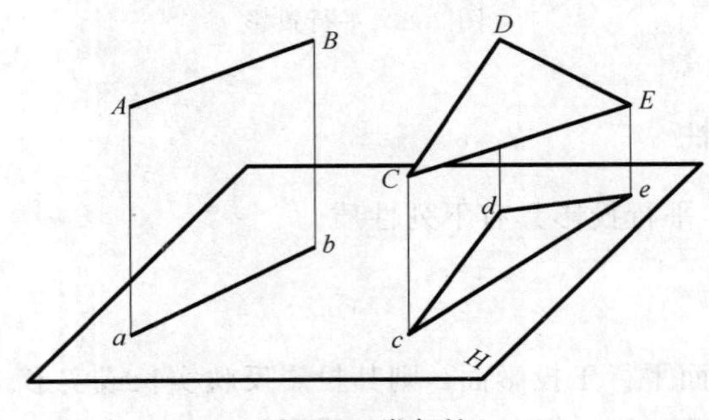

图 2.5　类似性

2.1.4　工程上常用的投影图

在建筑工程中，由于表达的目的和被表达的对象特性不同，往往采用不同的投影图，常用的投影图有以下四种。

1. 透视投影图

透视投影图简称透视图，它是用中心投影法绘制的，如图 2.6 所示。透视图的优点是比较符合视觉规律，图形逼真，立体感强；缺点是一般不能直接度量，绘制过程也较复杂。透视图常用于建筑物的效果表现图以及工业产品的展示图等，一般美术作品都符合透视投影的规律。

2. 轴测投影图

轴测投影图简称轴测图，它是用平行投影法绘制的，如图 2.7 所示。轴测图的优点是直观性强，缺点是不能反映物体各表面的准确形状，度量性差，作图方法复杂，一般用作工程图的辅助图样。

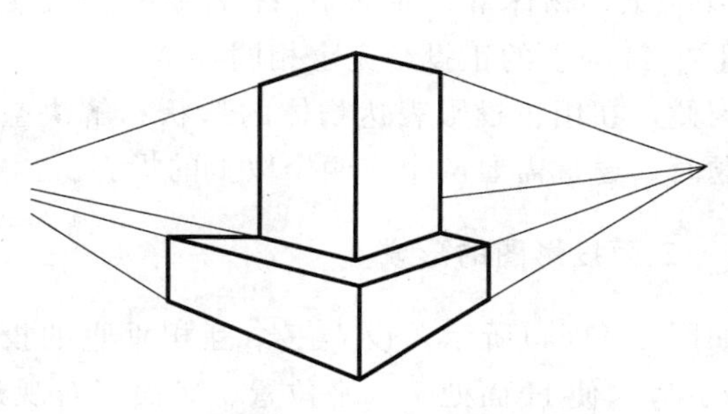

图 2.6　透视投影图

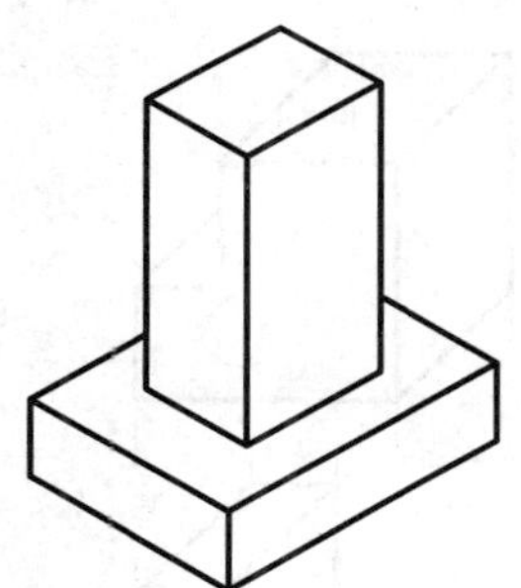

图 2.7　轴测投影图

3. 正投影图

用正投影法把物体向两个或两个以上的相互垂直的投影面进行投影，所得到的图样称为多面正投影图，简称正投影图，如图 2.8 所示。正投影图的优点是作图简便、度量性好，在工程中应用最广；缺点是直观性差，缺乏投影知识的人不易看懂。

4. 标高投影图

标高投影图是一种带有数字标记的单面正投影图，在土建工程中常用来绘制地形图、建筑总平面和道路等方面的平面布置图样。如图 2.9 所示，用间隔相等的水平面截切地形图，其交线即为等高线，作出它们在水平面上的正投影，并在其上标注出高程数字，即为标高投影图，从而表达出该处的地形情况。

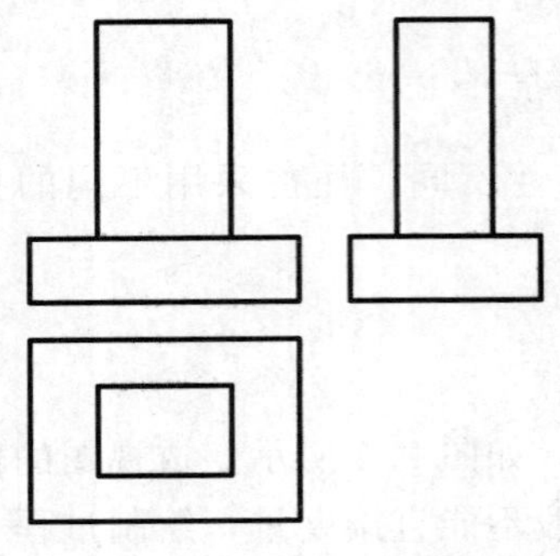
图 2.8　多面正投影图

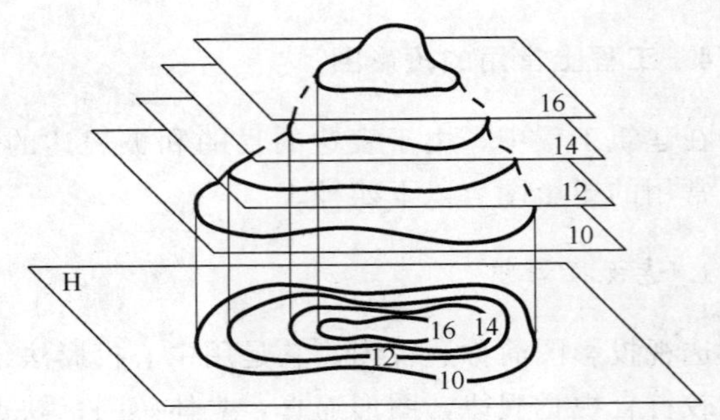

图 2.9　标高投影图

2.2　三面正投影图

如果使图 2.10 所示物体Ⅰ的底面平行于水平投影面 H，则底面在 H 面上的正投影反映实形；而与 H 垂直的棱线和棱面在 H 面上的正投影都有积聚性，反映不出它们的高度关系。可见，仅凭这一个正投影，尚不能确切、完整地表达出该物体的形状。如图 2.10所示，物体Ⅱ、Ⅲ等在 H 面上的正投影，与物体Ⅰ在 H 面上的正投影完全相同。

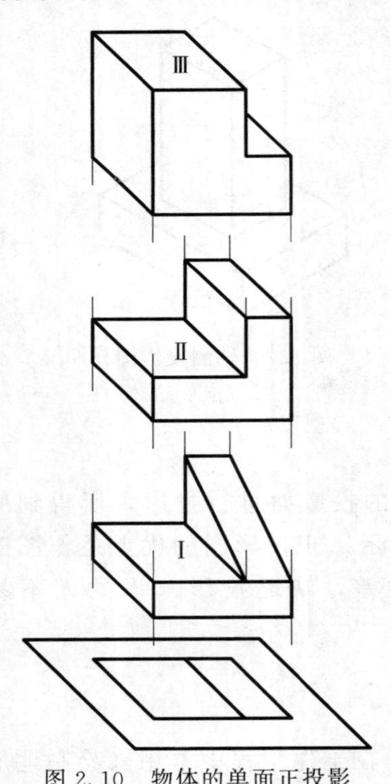

图 2.10　物体的单面正投影

因此，在用正投影表达物体的形状和解决空间几何问题时，通常需要两个或两个以上的投影。

2.2.1　三面投影图的形成

如图 2.11(a)所示，设立三个互相垂直的投影面 H、V、W（使 H 面处于水平位置、V 面正对观察者、W 面位于右侧）。将物体置于这三个投影面之间，并使物体的主要表面平行于投影面，用正投影法将物体分别向三个投影面进行投影（物体在 H 面上的投影称为水平投影，在 V 面上的投影称为正面投影，在 W 面上的投影称为侧面投影）。然后，使 V 面保持不动，把 H 面和 W 面分别绕其与 V 面的交线向下和向右旋转 90°，使之与 V 面重合［图 2.11(b)］。三个投影面的交线称为投影轴，其中 H 面与 V 面的交线称为 *OX* 轴，H 面与 W 面的交线称为 *OY* 轴，V 面与 W 面的交线称为 *OZ* 轴。三个投影轴的交点 *O* 称为原点［图 2.11(c)］。

2.2.2　三面正投影图的投影规律

空间形体都有长、宽、高三个方向的尺度，如果把物体沿左右方向的大小作为

长度，沿前后方向的大小作为宽度，沿上下方向的大小作为高度，那么从三面投影图的形成可以得出三面正投影图具有下述投影规律。

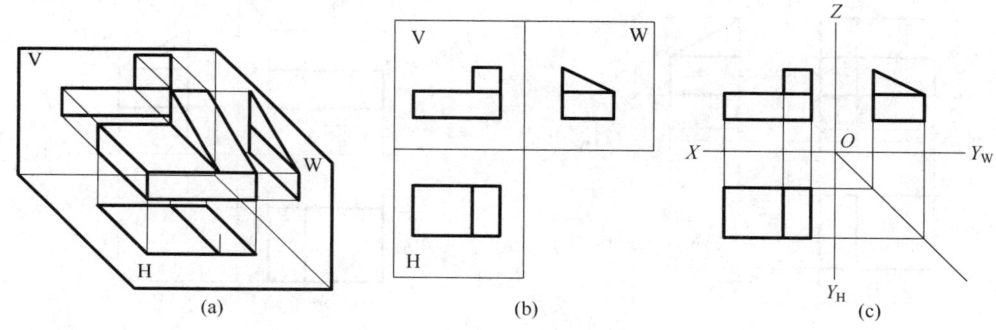

图 2.11　三面正投影图的形成

1. 投影对应规律

由图 2.12(a)可知，水平投影反映物体的长度和宽度；正面投影反映物体的长度和高度；侧面投影反映物体的宽度和高度。水平投影位于正面投影的正下方，且其长度相等；侧面投影位于正面投影的正右方，且其高度相等；水平投影与侧面投影的宽度相等。这种关系称为三面正投影图的对应关系，我们归纳为：

平面、正面长对正（等长）；

正面、侧面高平齐（等高）；

平面、侧面宽相等（等宽）。

“长对正”、“高平齐”、“宽相等”的三等关系是我们绘图和识图都要遵循的准则。

2. 方位对应规律

任何一个物体都有上、下、左、右、前、后六个方位。在三面投影图中，每个投影图反映其中四个方位的情况，即水平投影反映物体的左右和前后，正面投影反映物体的左右和上下，侧面投影反映物体的前后和上下。这种对应关系称为方位对应规律，如图 2.12(b)所示。

2.2.3　三面正投影图的画法

作图方法和步骤：

1）先画出水平和垂直十字相交线，表示投影轴，如图 2.13(a)所示。

2）根据三等关系，正面图和平面图的各个相应部分用铅垂线对正（等长）；正面图和侧面图的各个相应部分用水平线拉齐（等高），如图 2.13(b)所示。

3）利用平面图和侧面图的等宽关系，从 O 点作一条向下斜的 45°线，然后在平面图上向右引水平线，与 45°线相交后再向上引铅垂线，把平面图中的宽度反映到侧面投影中去，如图 2.13(c)所示。

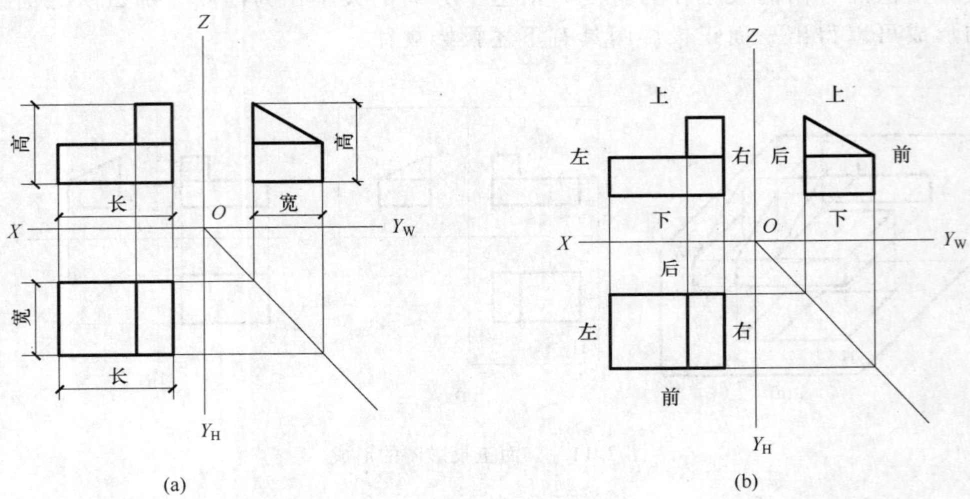

图 2.12　三面投影的对应关系

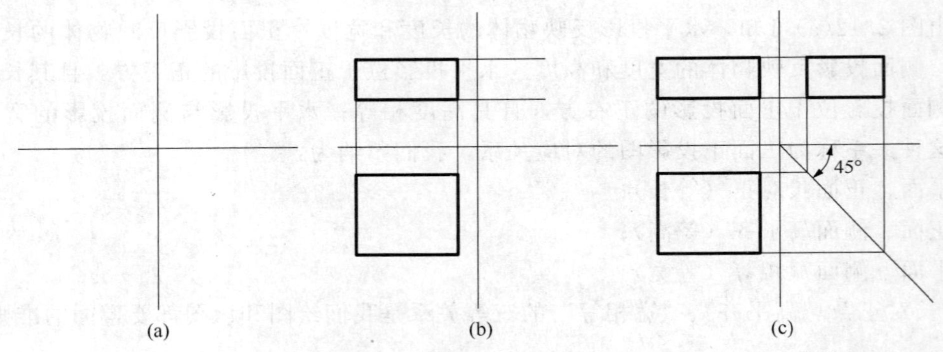

图 2.13　三面正投影图的作法及步骤

思考题

2.1　形成投影的要素有哪些？投影是如何分类的？

2.2　平行投影有哪些投影特性？

2.3　三面投影图是如何形成的？

2.4　在三面投影图中形体的长、宽、高是如何规定的？什么是“长对正”、“高平齐”、“宽相等”？

2.5　形体的三面投影各反映哪个长度和方位？

2.6　正投影图和正面投影图有区别吗？

第3章　点、直线、平面的投影

教学目标

本章主要介绍点、直线、平面的投影规律。通过学习，掌握平面上点、线、面的投影特点及相互关系，为分析立体上的点、线、面和进一步学习立体的投影奠定基础。

任何形体都可以看成是由面围成的，而面又是由线组成的，线则是由点运动而形成。为了正确而迅速地画出物体的投影，为绘制工程结构物打下坚实的理论基础，就必须掌握形体的投影特性和投影规律。

3.1　点的投影

3.1.1　点的三面投影

空间点及其投影的标注符号约定：

空间点用大写字母标记，如 A、B、C 等；

H 面投影用相应的小写字母标记，如 a、b、c 等；

V 面投影用相应的小写字母在其右上角加一撇标记，如 a'、b'、c'等；

W 面投影用相应的小写字母在其右上角加两撇标记，如 a''、b''、c''等。

如图 3.1(a)所示，在 H、V、W 三投影面体系中，设有一空间点 A，过点 A 分别向三个投影面作垂线，在 H、V、W 面上的投影分别为 a、a'和 a''，即为 A 点的水平投影、正面投影和侧面投影。如图 3.1(b)所示保持 V 面不动，分别将 H、W 按图示箭头方向旋转，使 H、W 面与 V 面处于同一个平面，然后去掉边框线，即得点的三面投影图，如图 3.1(c)所示。其中，Y 轴随 H 面旋转时以 Y_H 表示，随 W 面旋转时以 Y_W 表示。一般在投影图上只画出其投影轴，不画出投影面的边界。

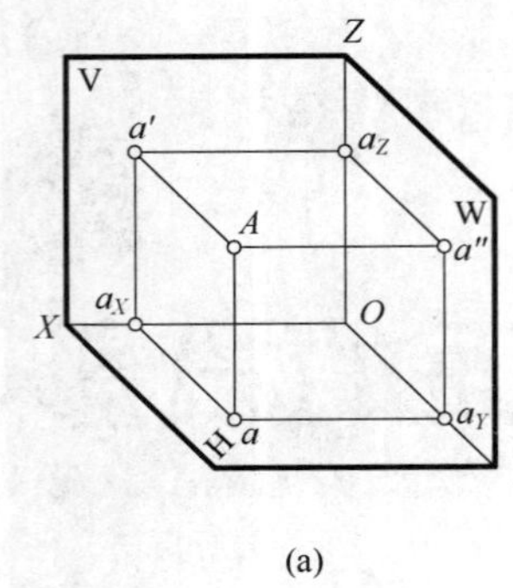

(a)

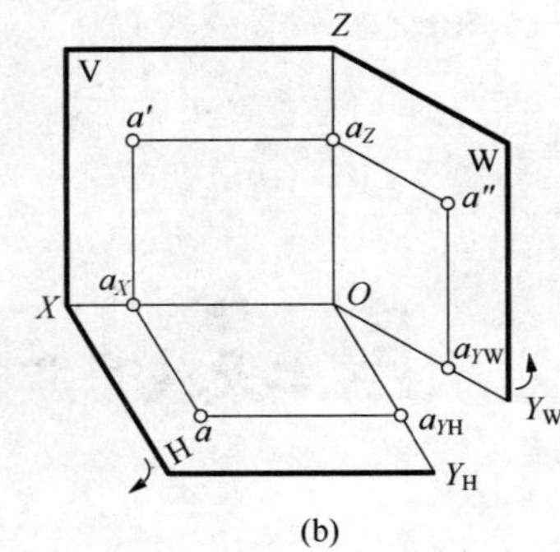

(b)

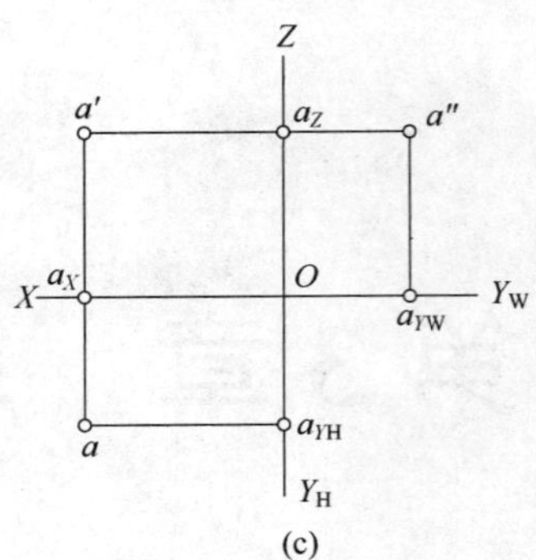

(c)

图 3.1　点三面投影的形成

3.1.2　点的投影与坐标

把三个投影面 H、V、W 作为坐标面，三条投影轴 OX、OY、OZ 作为坐标轴，三轴的交点 O 作为坐标原点，即构成一个坐标系。

由图 3.1(a)可知，空间点 A 及其三个投影 a、a'和a''和a_X、a_Y和a_Z 及原点 O 共八个点组成了一个长方体。根据长方体的几何性质分析可知：

A 点至 W 面的距离$=Aa''=aa_Y=a'a_Z=Oa_X$，以坐标 X 来标记；

A 点至 V 面的距离$=Aa'=aa_X=a''a_Z=Oa_Y$，以坐标 Y 来标记；

A 点至 H 面的距离$=Aa=a'a_X=a''a_Y=Oa_Z$，以坐标 Z 来标记。

根据以上分析，可归纳出空间点与它的三面投影之间的关系如下：

1）空间点 A 在 V 面上的投影 a'的位置由空间点 A 的 x，z 两个坐标来决定，因此 a'能表达点 A 距 H 面和 W 面的距离。

2）空间点 A 在 H 面上的投影 a 的位置由空间点 A 的 x，y 两个坐标来决定，因此 a 能表达点 A 距 V 面和 W 面的距离。

3）空间点 A 在 W 面上的投影 a''的位置由空间点 A 的 y，z 两个坐标来决定，因此 a''能表达点 A 距 V 面和 H 面的距离。

结论：空间点 A 若用坐标表示，可写成 $A(x,y,z)$，那么它的三个投影坐标分别可以表示为 $a(x,y)$、$a'(x,z)$ 和 $a''(y,z)$。

3.1.3　点的三面投影规律

通过以上的分析可以得出三投影面体系中点的投影规律：

1）点在任何投影面上的投影仍然是点。

2）点的 V 面投影和 H 面投影的连线垂直于 OX 轴，即长对正。

3）点的 V 面投影和 W 面投影的连线垂直于 OZ 轴，即高平齐。

4）点的 H 面投影到 OX 轴的距离等于其 W 面投影到 OZ 轴的距离，即宽相等。

根据点的投影规律，在点的三面投影体系中，任何两个面的投影即可反映出此点的

三个量值，所以由点的任意两面投影即可作出其第三面投影，也可由点的三个坐标值作出其三面投影图。

3.1.4　由点的两面投影补作第三面投影

点的任何两面投影必能反映出空间的三个坐标值。例如，点 A 的水平投影 $a(x,y,0)$ 和正面投影 $a'(x,0,z)$ 就反映了空间点 A 的 x，y，z 坐标。因此，已知点的两投影，就能确定出点的空间位置，从而补画出点的第三面投影。

【例 3.1】　已知点 $A(4,2,6)$，先由坐标求作出两面投影，再补作第三面投影。

【解析】　如图 3.2(a)所示，先作出投影轴，然后在 OX 轴上量取 4 个单位，得到 a_x点，过 a_x作 OX 轴的垂线。在此垂线上，自 a_x点向下量取 2 个单位，得到 A 点的水平投影 a；自 a_x点向上量取 6 个单位，得到 A 点的正面投影 a'。

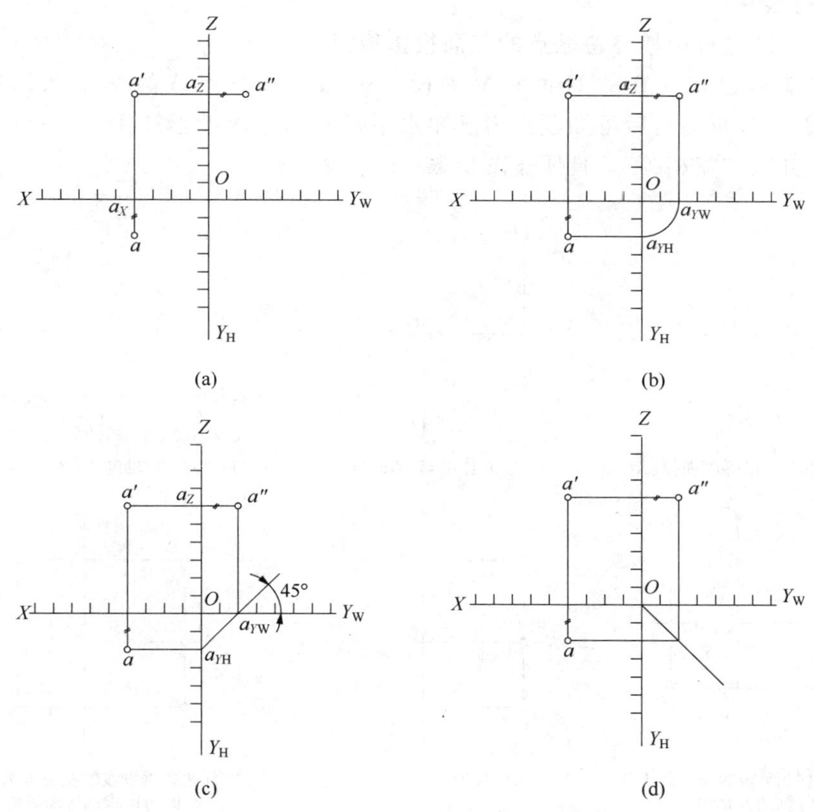

图 3.2　由两面投影补作第三面投影

由点 A 的两面投影补作第三面投影的作图步骤如下：

1）自 a'作一条平行于 OX 轴的水平线，则 a''一定在这条水平线上。

2）因 a 到 OX 轴的距离等于 a''到 OZ 轴的距离，即 $aa_x = a''a_z = y$，所以用几何作图法将这段距离转移过去，即可求得 a''。

以下介绍四种由点 A 的两面投影补作第三面投影的方法：

1）截量法：如图 3.2(a)所示，用分规截取 $aa_X = a''a_Z$，从而确定出 a'' 的位置。

2）画弧法：如图 3.2(b)所示，自 a 点作一直线 $aa_Y // OX$ 轴，与 OY_H 交于 a_{YH}。再以 O 为圆心，Oa_{YH} 为半径画弧，弧与 OY_W 交于 a_{YW}，在点 a_{YW} 处向上作垂线，与过 a' 所作 OX 轴的平行线相交，交点即为 a''。

3）弦截法：如图 3.2(c)所示，自 a 点作一直线 $aa_Y // OX$ 轴，与 OY_H 交于 a_{YH}，再用三角板过 a_{YH} 作一条 45°的斜线，斜线交 OY_W 于点 a_{YW}，在点 a_{YW} 处向上作垂线，与过 a' 所作 OX 轴的平行线相交，交点即为 a''。

4）45°角平分线法：如图 3.2(d)所示，先经过 O 点作一倾斜 45°的斜线作为辅助线，然后自点的水平投影 a 作一平行于 OX 轴的平行线，平行线交于 45°斜线上，再自交点向上作垂线，与过 a' 所作 OX 轴的平行线相交于一点，此点即为 a''。

以上四种方法中，几何作图时多用 45°角平分线法，本章中的以下例题所采用的均为 45°角平分线法。

注意：作图过程中始终遵循点的三面投影规律。

【例 3.2】 已知点 A 的 H 面和 V 面投影 a、a'，求作点 A 的 W 面投影 a''。

【解析】 分析题目后可知题意为已知水平投影和正面投影补作侧面投影。运用知识点“高平齐”、“宽相等”，具体作图步骤见图 3.3。

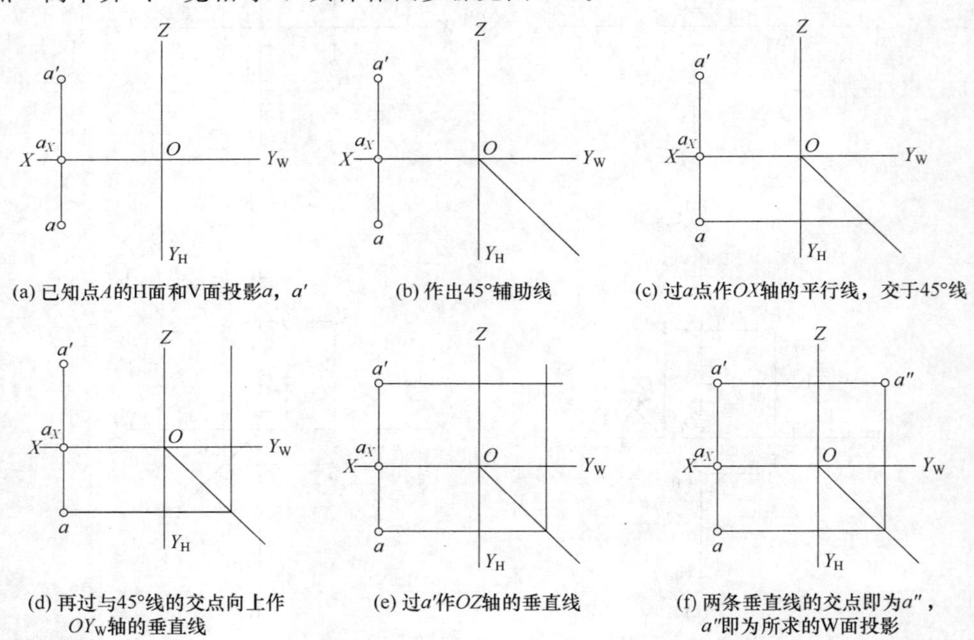

(a) 已知点A的H面和V面投影a，a'　(b) 作出45°辅助线　(c) 过a点作OX轴的平行线，交于45°线

(d) 再过与45°线的交点向上作OY_W轴的垂直线　(e) 过a'作OZ轴的垂直线　(f) 两条垂直线的交点即为a''，a''即为所求的W面投影

图 3.3　根据 H 面和 V 面投影补作 W 面投影

【例 3.3】 已知点 B 的 H 面和 W 面投影 b、b''，求作点 B 的 V 面投影 b'。

【解析】 分析题目后可知题意为已知水平投影和侧面投影补作正面投影。运用知识点“长对正”、“高平齐”，具体作图步骤见图 3.4。

根据以上两道例题，读者可自行思考如果已知点的正面投影和侧面投影补作水平投

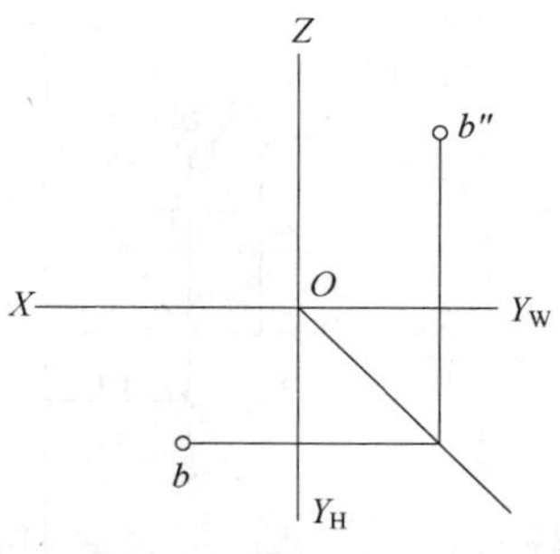

(a) 已知点B的H面和W面投影b，b″

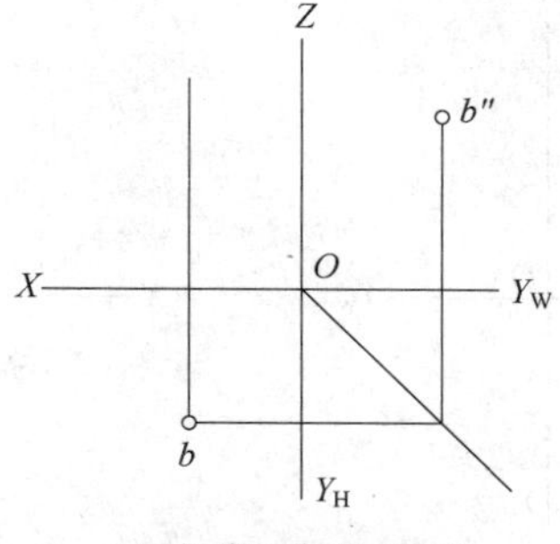

(b) 过b作OX轴的垂直线

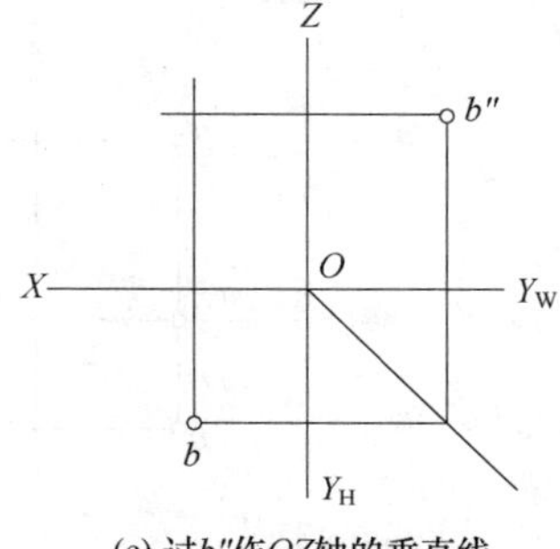

(c) 过b″作OZ轴的垂直线

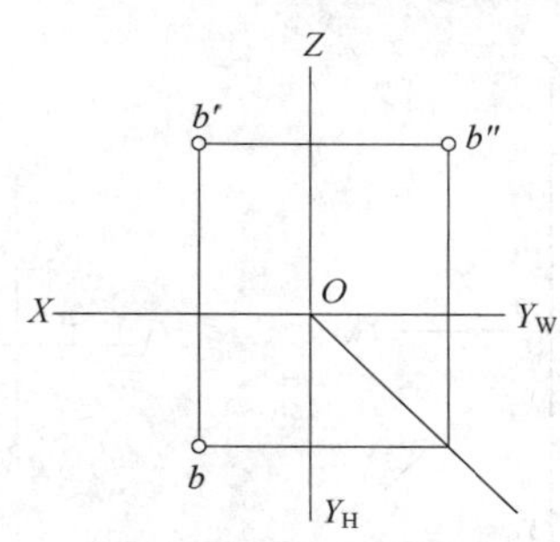

(d) 两垂直线的交点即为b′，b′即为所求的V面投影

图 3.4　根据 H 面和 W 面投影补作 V 面投影

影的过程。

【例 3.4】　已知点 A 的坐标（10，8，13），作出该点的三面投影图。

【解析】　分析题目后可知题意为由点的坐标值求点的三面投影。由坐标可知点 A 的 $x=10$，$y=8$，$z=13$，点 A 既不在投影面上也不在投影轴上。此处提供两种作法提示：第一，可根据 x、y、z 的值在坐标轴上分别量取求得三面投影；第二，可根据坐标量取求得两个投影面的投影，然后利用“二补三”作出第三面投影。本例题的解法为后者，解题过程见图 3.5。

在特殊情况下，点会处在投影面上或投影轴上，此时点的投影特征为：

当点在某一个投影面上时，则点的三个坐标中有一个坐标为 0，且有两个投影位于投影轴上。

当点位于某一投影轴上时，则点的三个坐标中有两个坐标为 0，且有两个投影位于投影轴上，另一投影位于原点处，和原点重合。

当点位于坐标原点时，则点的三个坐标均为 0，且三个投影均位于原点，和原点重合。

【例 3.5】　已知点 B 的坐标（13，8，0），作出该点的三面投影图。

【解析】　分析题目后可知题意为由点的坐标值求点的三面投影。分析数值后可知有一特殊点，即 $z=0$，则可知点 B 一定在 H 面上，则 b 定在 H 面上，且和 B 重合为一点，b' 定在 OX 轴上，且和 b_X 重合，b'' 定在 OY 轴上。由此可得出点 B 的空间位置，如图 3.6(a)所示。解题过程见图 3.6(b～f)。

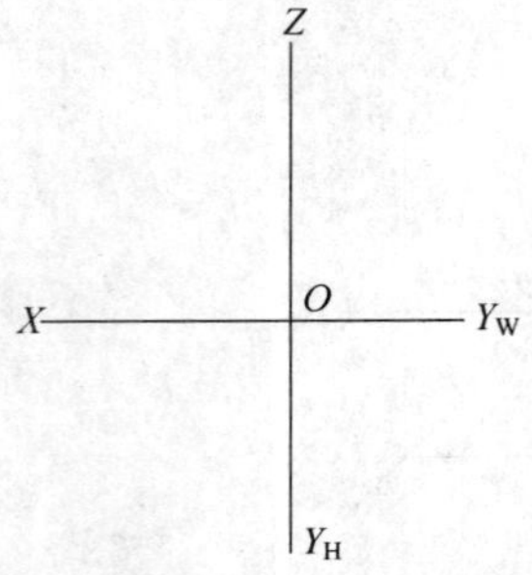

(a) 作出投影轴

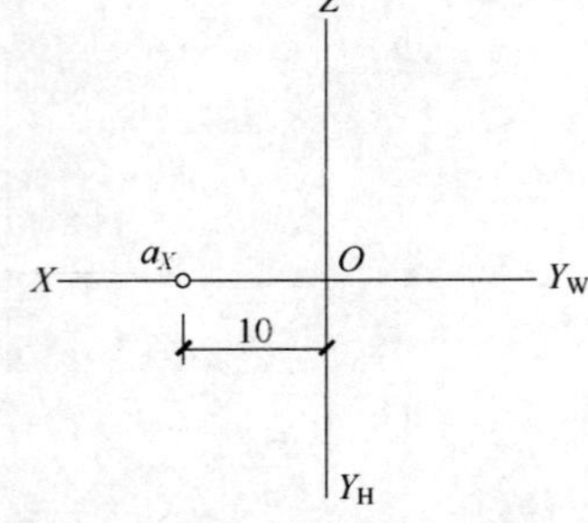

(b) 在OX轴上量取Oa_X=10，即得a_X

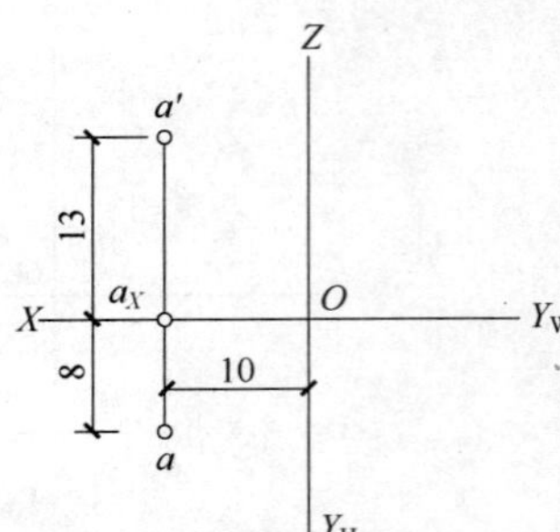

(c) 过a_X作OX轴的垂直线，在垂线上量取aa_X=8，$a'a_X$=13，即得a和a'

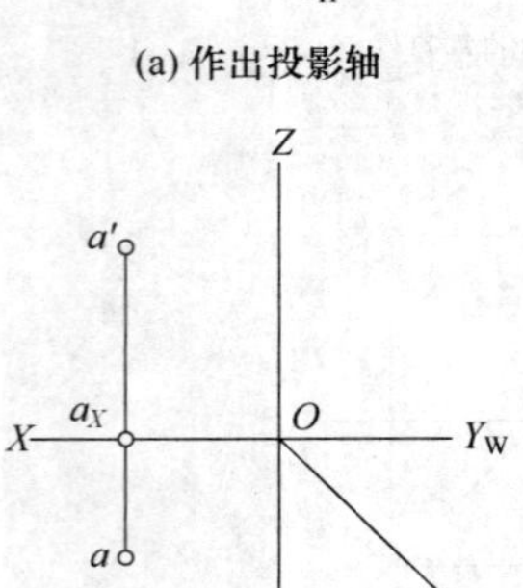

(d) 作45°辅助线

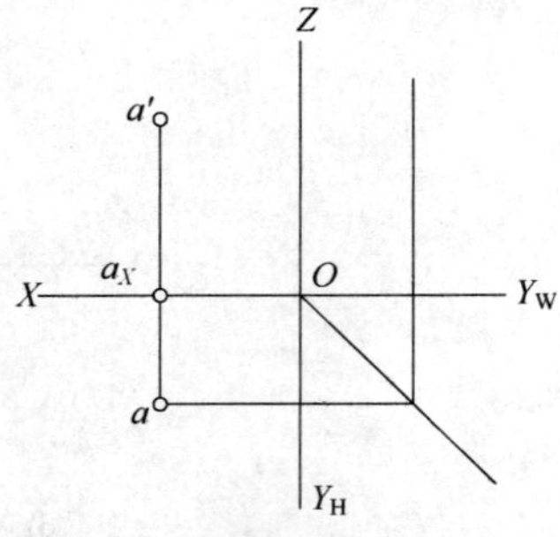

(e) 过a作OX轴的平行线交于45°线，再过交点向上作OY_W的垂直线

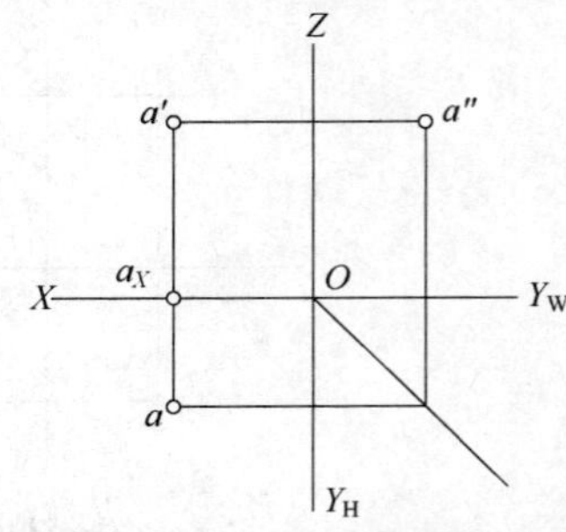

(f) 过a'作OZ轴的垂直线，两条垂直线的交点即为a''

图 3.5　根据坐标作出三面投影图

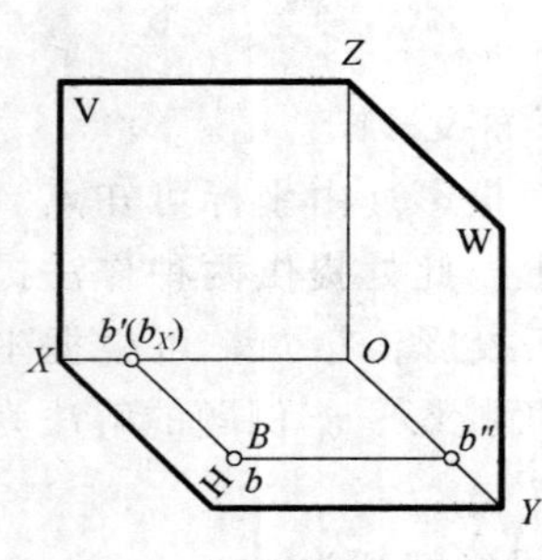

(a) 空间示意图

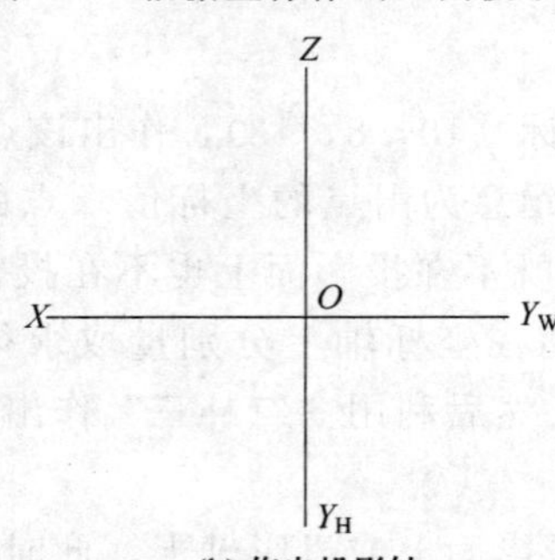

(b) 作出投影轴

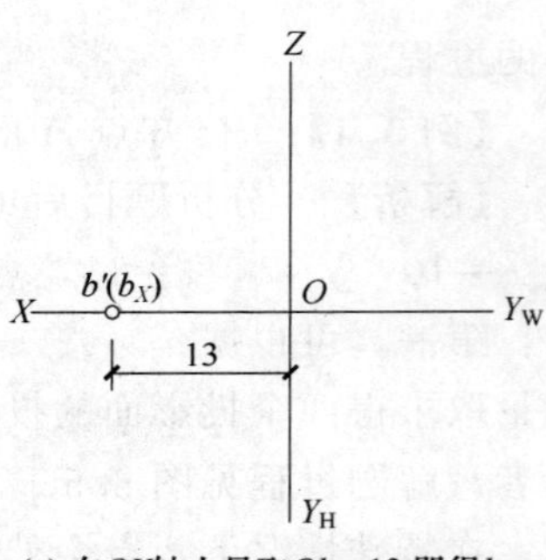

(c) 在OX轴上量取Ob_X=13,即得b_X，b_X和b'重合，即b'在X轴上

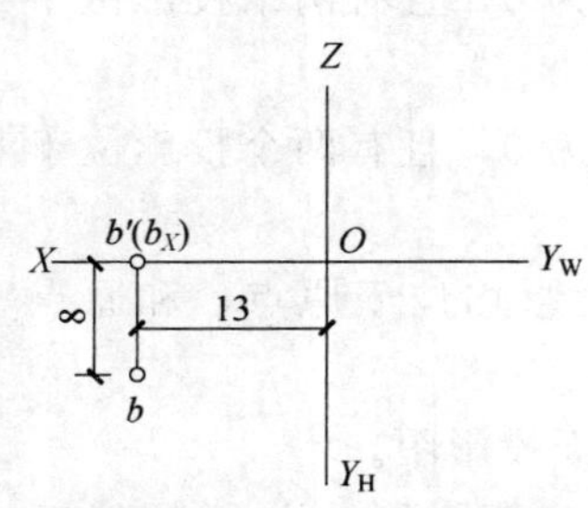

(d) 过b_X作OX轴的垂直线，在垂线上量取bb_X=8，即得b

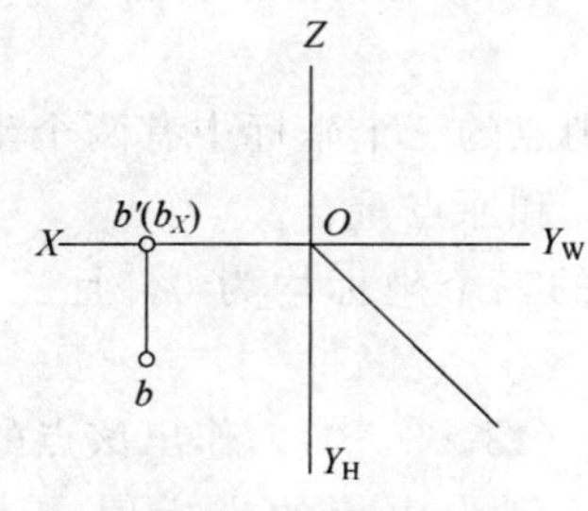

(e) 作45°辅助线

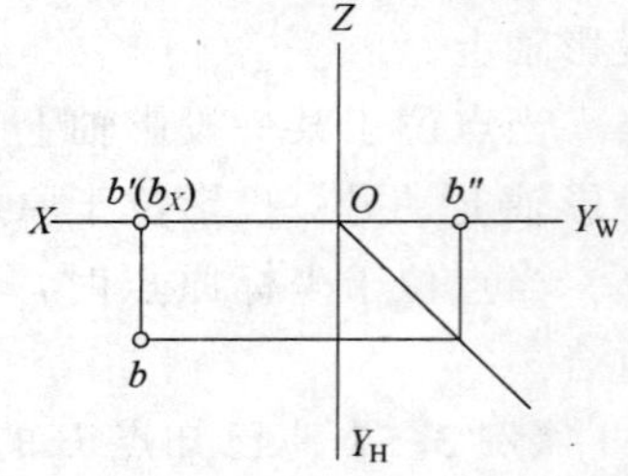

(f) 过b作OX轴的平行线，再过其与45°线的交点向上作垂线，交于OY_W轴，交点为b''，b、b'和b''即为点的三面投影

图 3.6　根据坐标作出三面投影图（点在投影面上）

【例 3.6】　已知点 C 的坐标（0，10，0），作出该点的三面投影图。

【解析】　分析题目后可知题意为由点的坐标值求点的三面投影。分析数值后可知有两特殊点，即 $x=0$ 和 $z=0$，则可知点 C 一定在 Y 轴上，可得出点 C 的空间示意图，如图 3.7(a)所示。解题过程见图 3.7(b～f)。

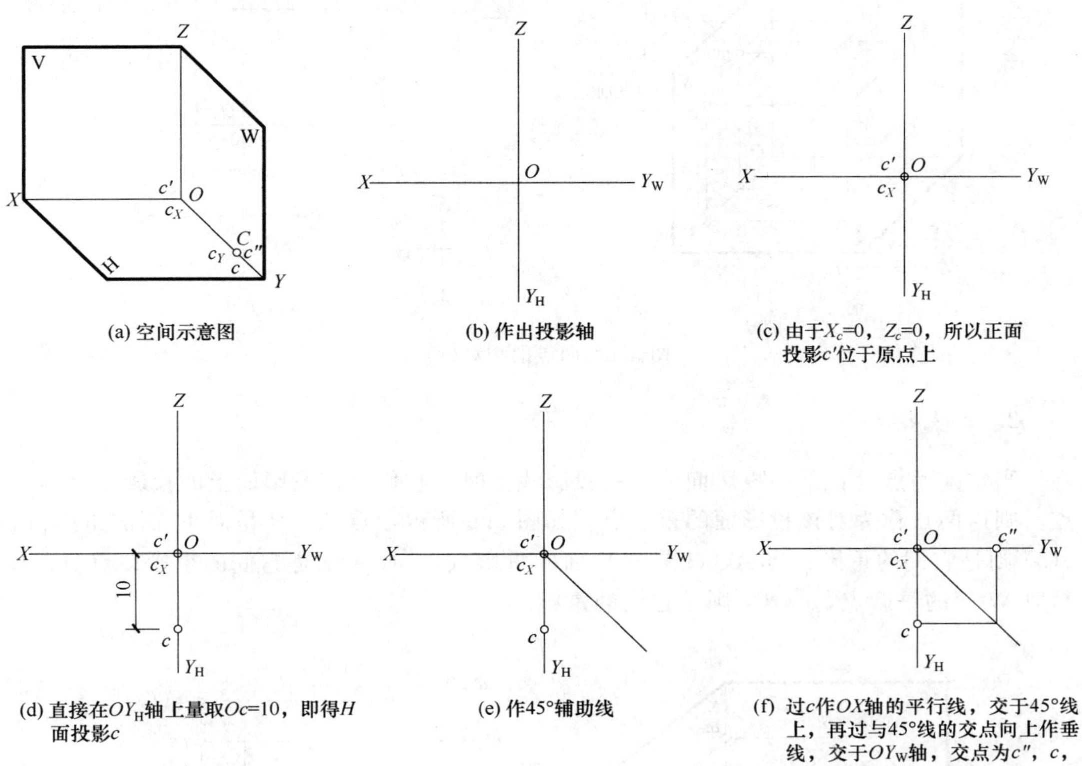

图 3.7　根据坐标作出三面投影图（点在投影轴上）

3.1.5　两点的相对位置及其重影点

1. 两点的相对位置

空间点的位置可以用绝对坐标表示，也可用相对坐标表示。空间中两点的相对位置是指选取一个点为基点，来判断另外一点是在基点的前后、左右和上下的相对位置关系，如图 3.8(a)所示。

在投影体系中：

x 坐标确定点在投影面中的左右两个方位；

y 坐标确定点在投影面中的前后两个方位；

z 坐标确定点在投影面中的上下两个方位。

若以 A 点为基准点，则 $x_a>x_b$，$y_a>y_b$，$z_a<z_b$，如图 3.8(b)所示，可知 A 点在 B 点的左、前、下方。同理，以 B 为基准点，B 点在 A 点的右、后、上方。

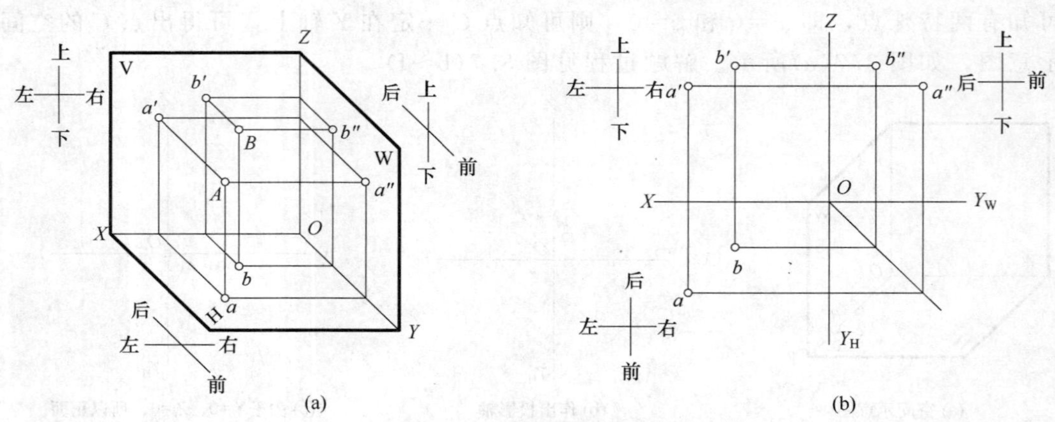

图 3.8　两点的相对位置

2. 重影点

当空间两点处在某一投影面的同一投影线上时，它们在该投影面上的投影重合为一点，则这两点称为对该投影面的重影点。如图 3.9 所示，点 A、B 是对 H 面的重影点，$a(b)$ 则是它们的重影；点 A、C 是对 V 面的重影点，$a'(c')$ 则是它们的重影；点 A、D 是对 W 面的重影点，$a''(d'')$ 则是它们的重影。

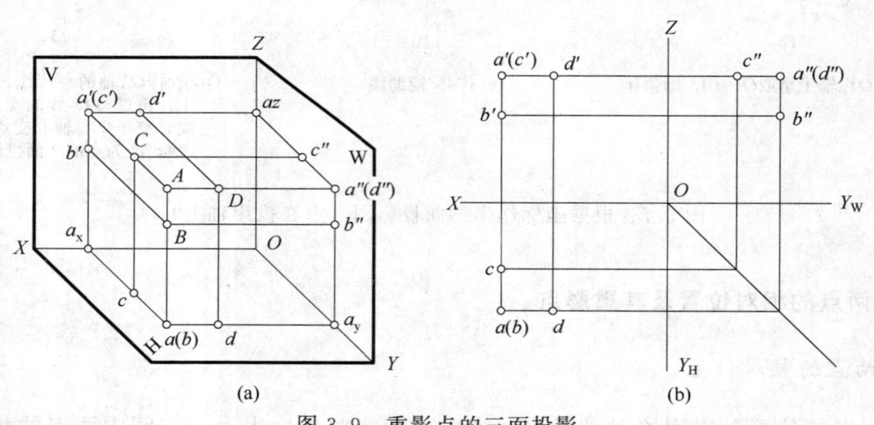

图 3.9　重影点的三面投影

在投影图中往往需要判断并标明重影的可见性。通常规定把不可见的点的投影加上括号，如 (b)、(c')、(d'')。可见点的具体判断方法：沿投射方向看，例如 A 和 B，从上向下垂直于 H 面看时，A 点将 B 点遮挡，为此 A 点可见，B 点不可见，重影点标注为 $a(b)$。由此可知，对水平投影面、正立投影面、侧立投影面的重影点，它们的可见性应该是上遮下、前遮后、左遮右。此外注意，一个点在一个方向上看是可见的，在另外一个方向看去则不一定是可见的，必须根据该点和其他点的相对位置来确定。

3.2　直线的投影

根据初等几何中的“两点决定一条直线”，可知要确定一条直线，只需确定直线上的两点，所以要画一条直线的投影，只需绘制空间直线上相应两点的投影，将同一投影面内的两点的投影连成直线，即为空间直线在相应投影面内的投影。如图 3.10 所示为直线的投影图。

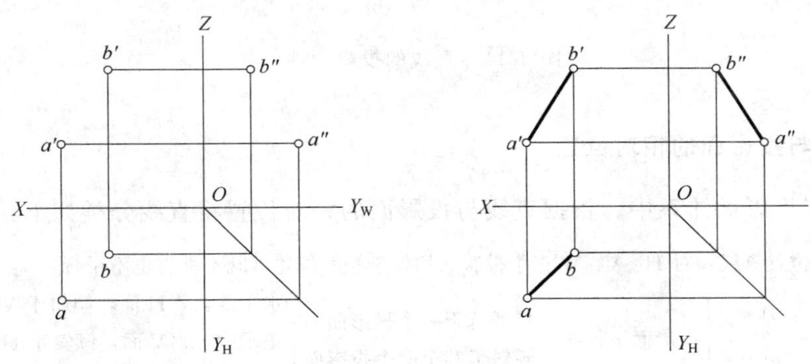

图 3.10　直线的投影图

3.2.1　直线的表示方法

直线的表示方法有两种：

1）端点表示法，如直线 AB。

2）单一字母表示法，如直线 L。

3.2.2　直线的投影特性

空间直线相对于一个投影面的位置有倾斜、平行和垂直三种，这三种位置关系有不同的投影特性。

1. 收缩性

如图 3.11(a)所示，当直线 AB 倾斜于投影面时，其投影仍然为直线，但直线的投影 ab 小于它的实长，比原长缩短了，投影的这种性质称为收缩性。

2. 实长性

如图 3.11(b)所示，当直线 AB 平行于投影面时，其投影仍然为直线，且直线的投影 ab 等于 AB 原长，即投影长度与空间直线长度相等，投影的这种性质称为实长性。

3. 积聚性

如图 3.11(c)所示，当直线 AB 垂直于投影面时，投影 ab 积聚为一点，投影的这种

性质称为积聚性。

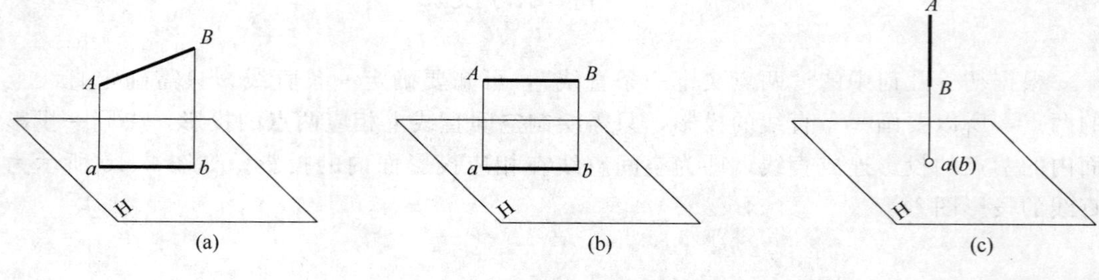

图 3.11　直线的投影特性

3.2.3　直线与投影面的相对位置

直线在三投影面体系中，根据直线与投影面的相对位置将直线分类如下：

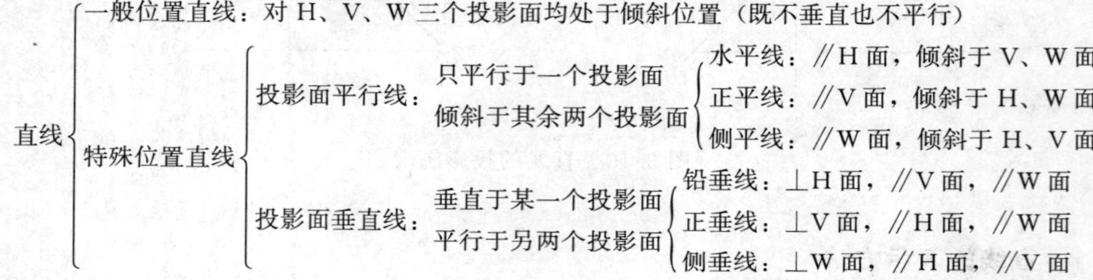

1. 一般位置直线

对三个投影面均处于倾斜位置的直线（既不垂直也不平行）称为一般位置直线。由图 3.12 可知一般位置直线的投影特性：在三个投影面上的投影均为倾斜线，且长度均小于实长；在投影面内不能反映直线对各个投影面的倾角。

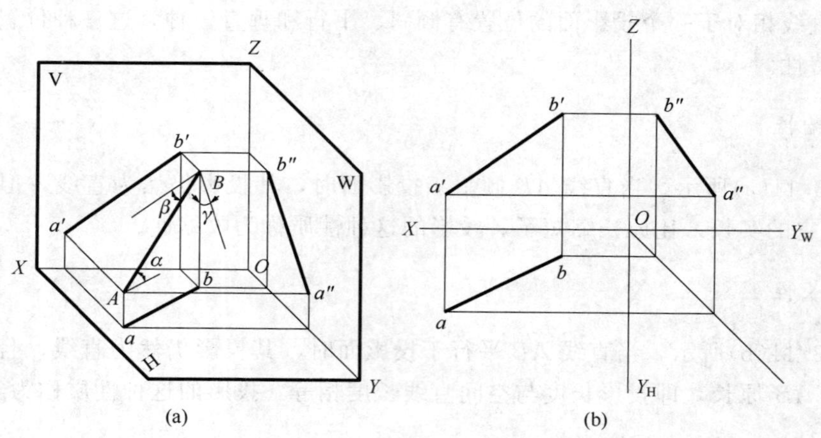

图 3.12　一般位置直线及直线对投影面的倾角

2. 投影面平行线

1）投影面的平行线是指平行于一个投影面，倾斜于另外两个投影面的直线。

2）其投影特征如表 3.1 所示。

3）根据平行线的投影特征，可判别直线与投影面的相对位置关系。一条直线的三个面的投影中，如果有一个面的投影为斜直线，另外两个面的投影为横平线或竖直线，则可判定该直线为投影面的平行线，且平行于斜直线所在的平面。

表 3.1　投影面平行线的投影特性

平行线	水平线 （//H 面，对 V、W 面倾斜）	正平线 （//V 面、对 H、W 面倾斜）	侧平线 （//W 面，对 H、V 面倾斜）
直观图			
投影图			
实例			
特征	$ab=AB$ $a'b'//OX$ $a''b''//OY$ 反映 β 和 γ 角	$c'd'=CD$ $cd//OX$ $c''d''//OZ$ 反映 α 和 γ 角	$e''f''=EF$ $ef//OY$ $e'f'//OZ$ 反映 α 和 β 角
	小结：（1）直线在所平行的投影面上的投影反映实长 （2）直线的另外两面投影平行于相应的投影轴，均小于实长 （3）反映实长的投影与投影轴所成的夹角等于空间直线对其余两个投影面的倾角		
判别	一斜两直线，定是平行线；斜线在哪面，平行哪个面		

3. 投影面垂直线

1）投影面的垂直线是指垂直于一个投影面、平行于另外两个投影面的直线。

2）其投影特征如表 3.2 所示。

3）根据垂直线的投影特征可判别直线与投影面的相对位置关系。一条直线的三个面的投影中，如果有一个面的投影积聚为一点，另外两个面的投影为反映实长的直线，则可判定该直线为投影面的垂直线，且垂直于点所在的平面。

表 3.2　投影面垂直线的投影特性

垂直线	铅垂线 （⊥H 面，∥V 和 W 面）	正垂线 （⊥V 面、∥H 和 W 面）	侧垂线 （⊥W 面，∥H 和 V 面）
直观图			
投影图			
实例			
特征	（1）ab 积聚成一点，有积聚性 （2）$a'b'=a''b''=AB$ （3）$a'b'=\perp OX$，$a''b''\perp OY_W$	（1）$c'd'$ 积聚成一点，有积聚性 （2）$cd=c''d''=CD$ （3）$cd\perp OX$，$c''d''\perp OZ$	（1）$e''f''$ 积聚成一点，有积聚性 （2）$ef=e'f'=EF$ （3）$ef\perp OY_H$，$e'f'\perp OZ$
	小结：（1）直线在所垂直的投影面上的投影积聚成一点，有积聚性 （2）直线的另外两面投影反映实长，且垂直于相应的投影轴		
判别	一点两直线，定是垂直线；点在哪个面，垂直哪个面		

【例 3.7】　已知水平线 AB 的长度为 30mm、$\beta=30°$ 和 A 点的两面投影 a 和 a'，求作直线 AB 的三面投影。

【解析】　首先了解水平线的投影特点：在 H 面上是一斜线，斜线反映实长，另外两面投影为直线，在 H 面上还能反映出 β 和 γ 角。作图过程如图 3.13 所示。

讨论： 根据已知条件，依据 B 点和 A 点的位置的变换，思考本题共有几种答案。

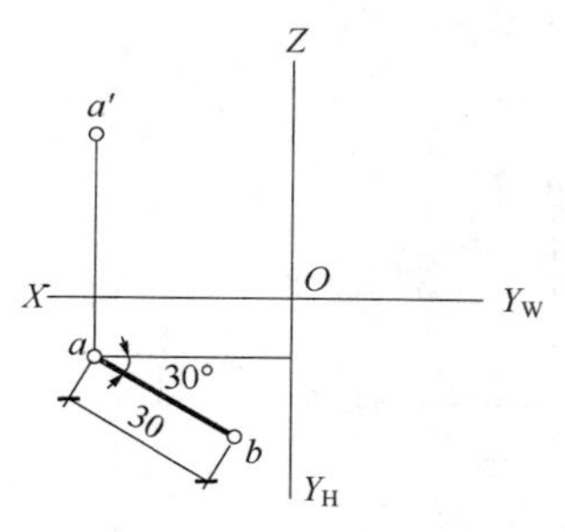

(a) 过a作直线ab，直线ab与OX轴成30°，且长度为30mm，ab即为直线AB的H面投影

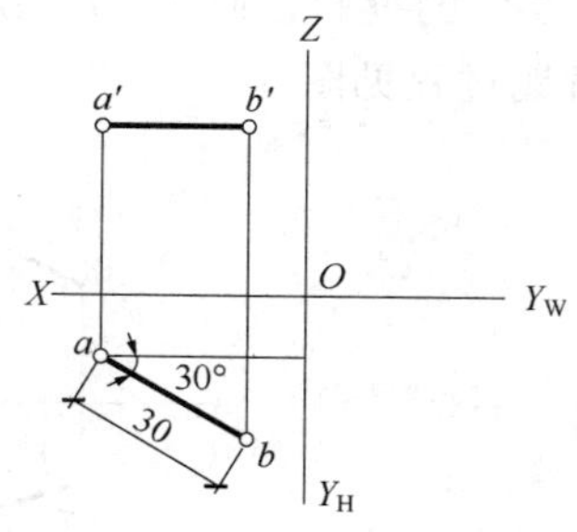

(b) 过a'作一直线平行于OX轴，与过b作OX轴的垂线相交于点b'，连接$a'b'$即为直线AB的V面投影(根据“长对正”原理)

(c) 根据两面投影补作第三面投影，由a和a'作出a''，再由b和b'作出b''，连接$a''b''$即得直线AB的W面投影(根据“高平齐”和“宽相等”原理)

图 3.13　求解水平线的三面投影

3.2.4　直线上点的投影特性

1. 从属性

点在线上，则点的各个投影必定在该直线的同面投影上；反之，点的各个投影在直线的同面投影上，则该点一定在空间直线上。这种性质称为点投影的从属性。

如图 3.14 所示，点 C 为直线 AB 上的一点，则点 C 的三面投影 c、c'和 c''必定在直线 AB 的同面投影 ab、$a'b'$、$a''b''$上。

2. 定比性

直线上点分线段成正比，则分线段的各个同面投影之比等于其线段之比。这种性质称为点投影的定比性。

如图 3.14 所示，点 C 为直线 AB 上的一点，点 C 将直线段 AB 分成 AC 和 CB 两段。则两直线段 AC、CB 和其投影之间的关系为：$AC : CB = ac : cb = a'c' : c'b' = a''c'' : c''b''$。

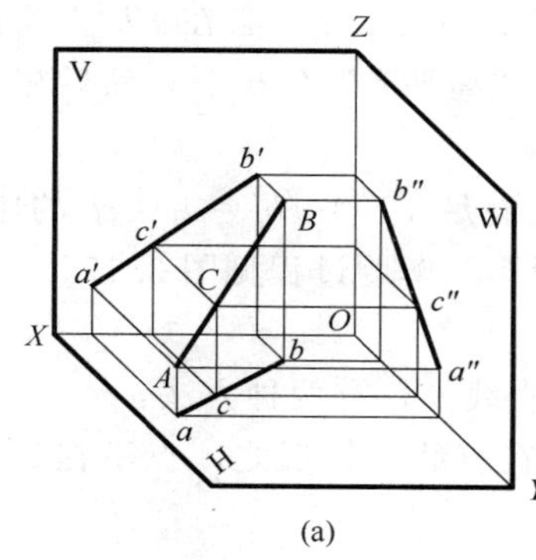

(a)

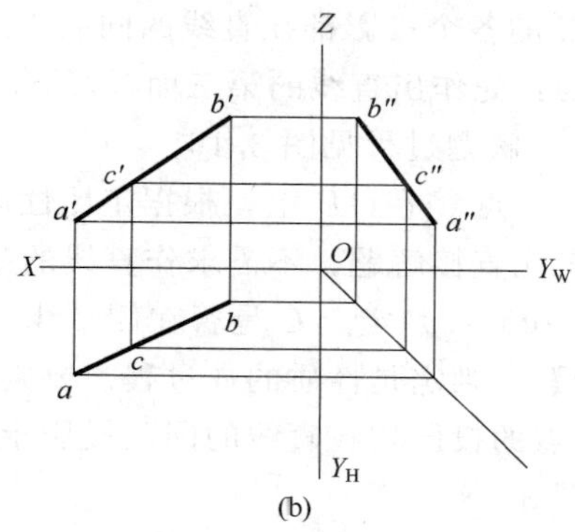

(b)

图 3.14　直线上点的投影

【例 3.8】 求直线 AB 上一点 C 的投影，使 $AC:CB=3:2$。

【解析】 运用定比求解，解题过程见图 3.15。

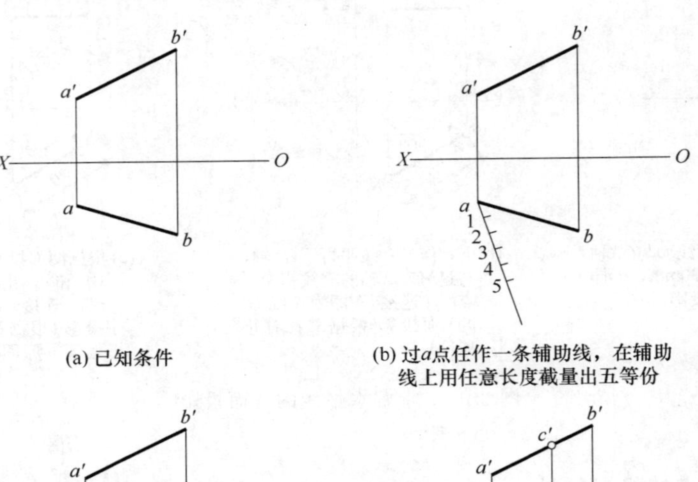

(a) 已知条件

(b) 过a点任作一条辅助线，在辅助线上用任意长度截量出五等份

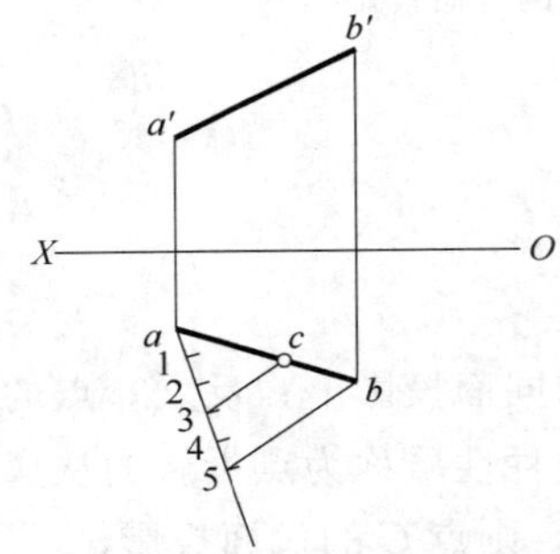

(c) 连接b5，过3作3c//5b,交ab于c点，则c即为所求C点的水平投影

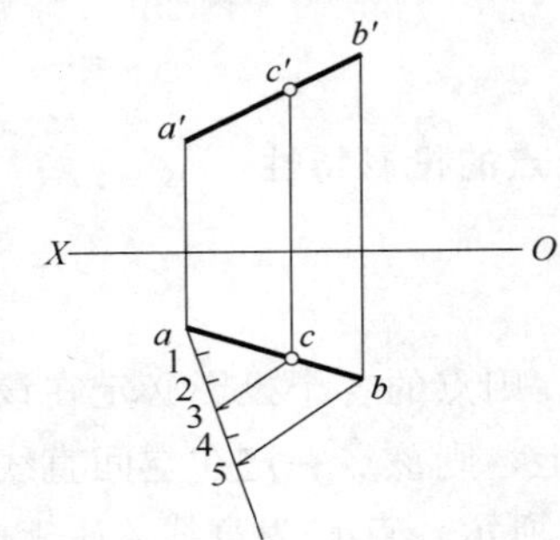

(d) 过c点向上作OX轴的垂线交a′b′于c′，则c′即为所求的C点正面投影

图 3.15　直线上取点

【例 3.9】 已知侧平线 AB 的两投影 ab、$a'b'$ 和直线上的点 C 的正面投影 c'，求水平投影 c。

【解析】 本题用两种解法，分别用直线上点的从属性和定比法解题。

方法一：AB 为侧平线，所以不能直接由 c' 作出 c。根据从属性，可知点 C 在直线上，则点 C 的各个投影都在直线的同面投影上，即 c 必在 ab、c'' 必在 $a''b''$ 上，由此推知作图思路为：先作出直线的第三面投影 $a''b''$，利用“高平齐”作出 c''，然后根据“二补三”作出 c。解题过程见图 3.16。

方法二：点 C 在 AB 上，根据定比性质，必定满足 $a'c':c'b'=ac:cb$ 的比例关系，所以利用定比直接解题，不需求作直线的第三面投影。解题过程见图 3.17。

【例 3.10】 判定点 C 是否在侧平线 AB 上。

【解析】 判定是性质的逆过程。要判定点在直线上，有两种方法：

1）若点的投影均在直线的同面投影上，则点在直线上；反之，点不在直线上。解题过程见图 3.18。

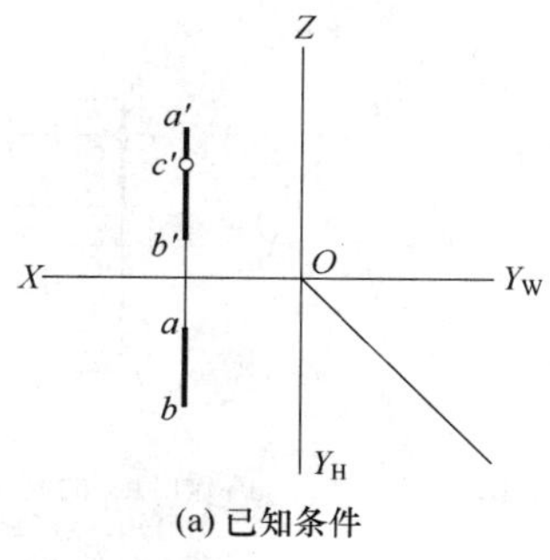

(a) 已知条件

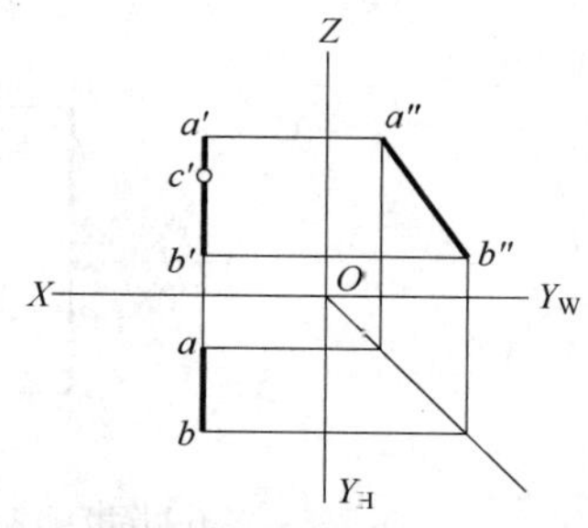

(b) 根据两面投影补作第三面投影，作出直线AB的侧面投影$a''b''$

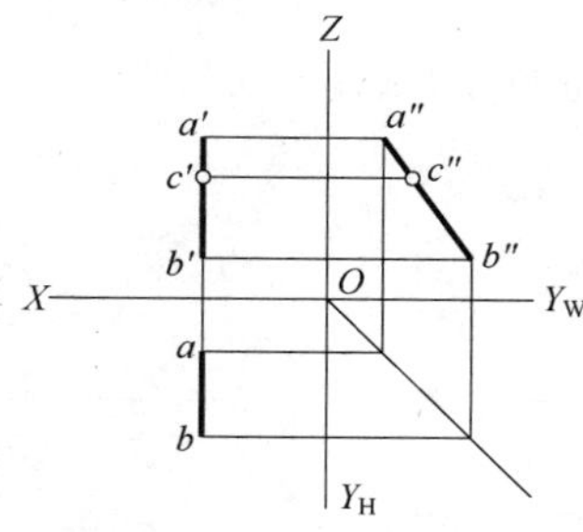

(c) 过c'作OX轴的水平线，交$a''b''$于c''，c''即为点C的W面投影

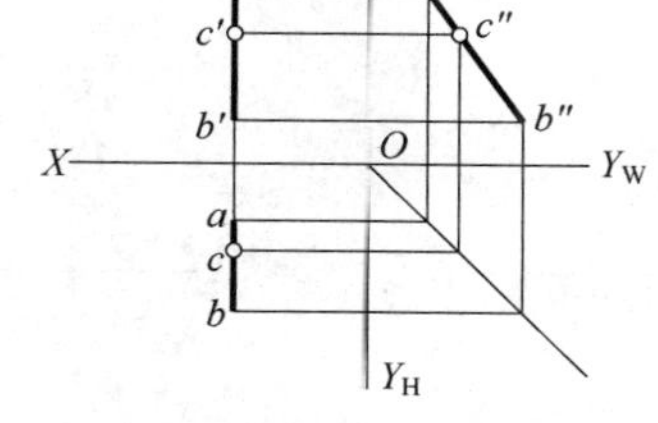

(d) 由c'和c''作出c，c即为水平投影

图 3.16　求作直线上的点（从属性）

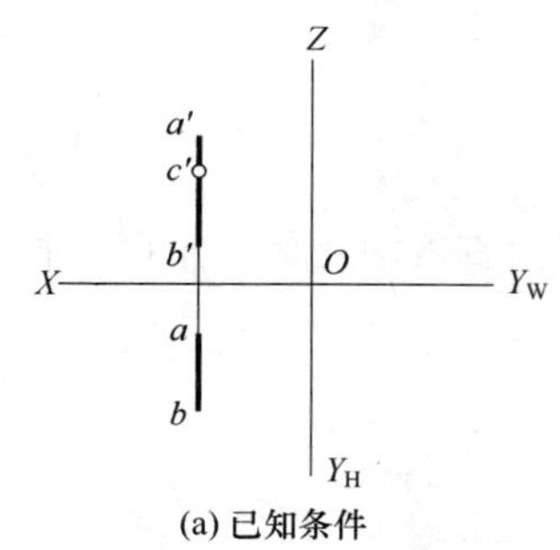

(a) 已知条件

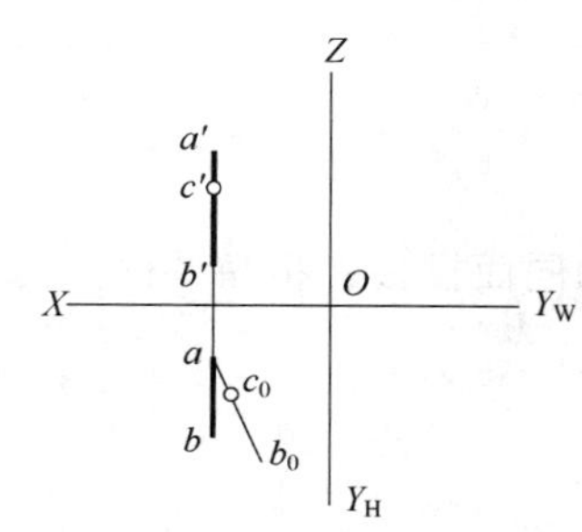

(b) 过a点任作一条辅助线，在辅助线上量取$ac_0=a'c'$，$c_0b_0=c'b'$

(c) 连接bb_0，过c_0作$c_0c//b_0b$，交ab于c点，即为所求的水平投影c

图 3.17　求作直线上的点（定比性）

2）点分线段成定比，则点在直线上；反之，点不在直线上。解题过程见图 3.19。

3.2.5　两直线的相对位置

空间两直线的相对位置可归纳为三种情况——两直线平行、两直线相交和两直线交叉。其中，注意相交和交叉两直线都包含垂直的特殊情况。

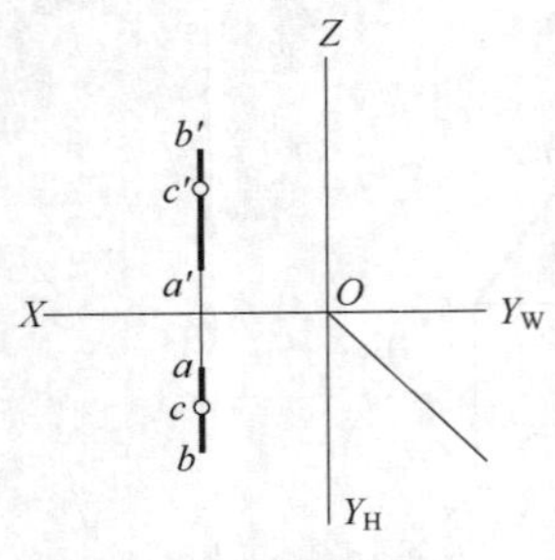

(a) 已知条件

(b) 作出直线AB的侧面投影$a''b''$

(c) 作出点C的侧面投影c''，由图示意可知，点C的侧面投影c''不在直线AB的同面投影$a''b''$上，所以得知点C不在直线AB上

图 3.18　判断点是否在直线上（从属性）

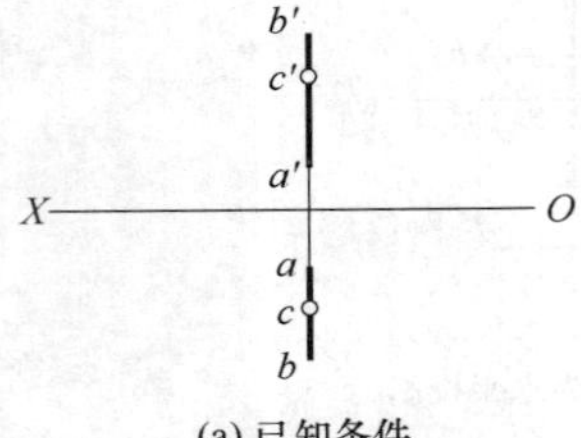

(a) 已知条件

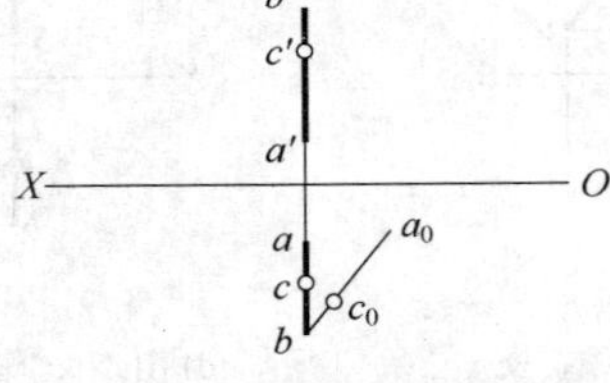

(b) 过b点任作一条辅助线，在辅助线上量取$bc_0=b'c'$，$c_0a_0=c'a'$

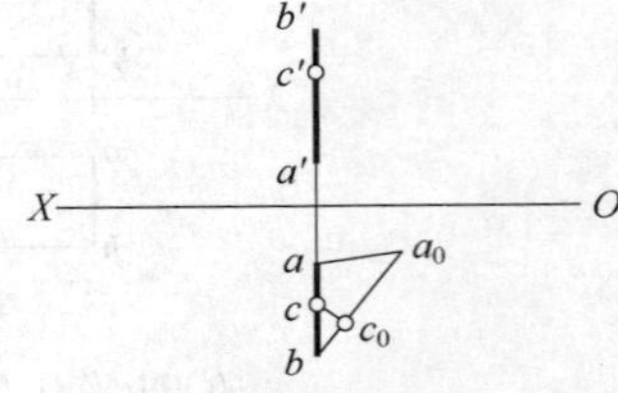

(c) 连接aa_0和cc_0后得知aa_0不平行于c_0c，所以不满足定比性，确定点C不在直线AB上

图 3.19　判断点是否在直线上（定比性）

1. 两直线平行

(1) 投影特性

空间两直线平行，则它们的同面投影必相互平行，且空间两直线的比值等于同面投影的比值，如图 3.20 所示。

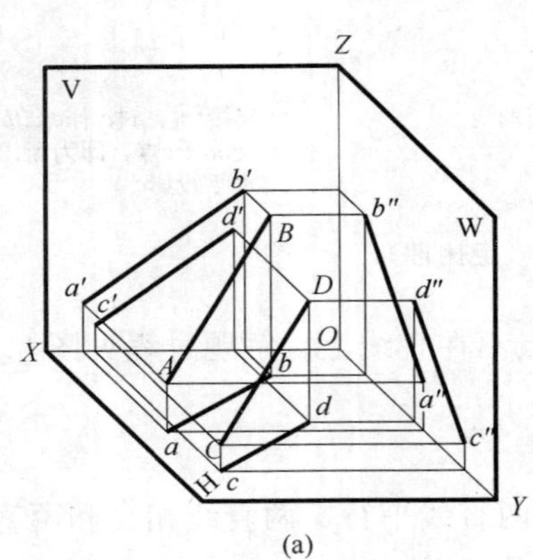

(a)

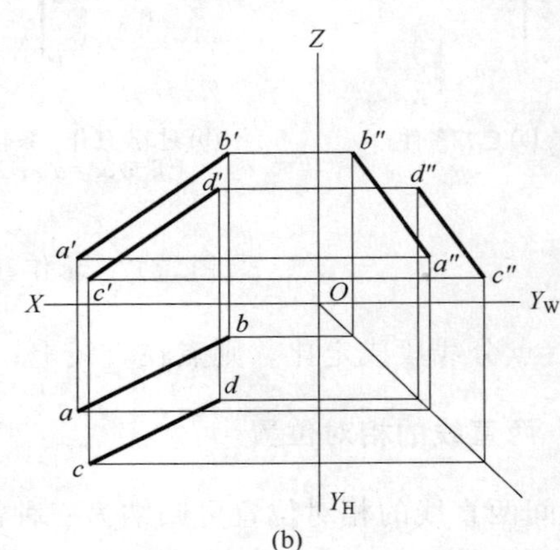

(b)

图 3.20　两直线平行

(2) 判定

若两直线的各组同面投影相互平行，则两直线在空间中必是平行的。

以下分为两种情况来讨论：

1) 对于一般位置直线，只要任意两组同面投影分别平行，则可判定这两直线在空间是平行的。

2) 若两直线为某一投影面的平行线，则要用两直线所平行的那个投影面的投影来判断。如图 3.21(a)所示，图示两水平线 AB 和 CD 的 H 面和 V 面投影均平行，即 $ab // cd$，$a'b' // c'd'$，则可确定两直线平行，即 $AB // CD$。如图 3.21(b)所示，侧平线 AB 和 CD 的 H 面和 V 面投影是平行的，但是不能确定空间两直线是否平行，所以必须作出这两条侧平线在 W 面的投影，才能判定两直线是否空间平行。如图 3.21(b)所示，作出 W 面投影以后，由于 $a''b''$ 不平行于 $c''d''$，由此断定直线 AB 不平行于 CD。

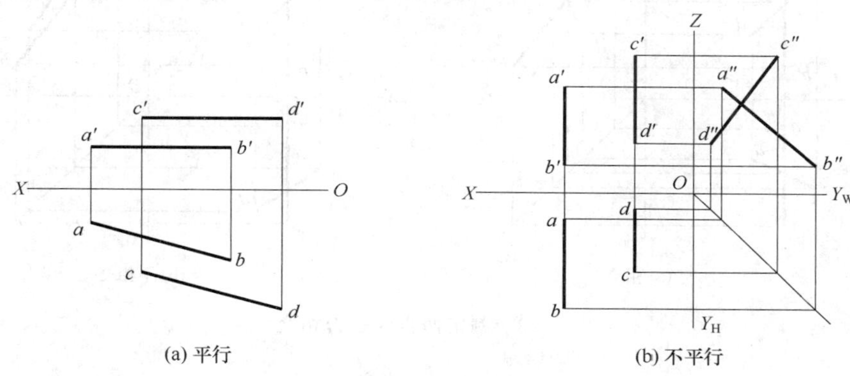

图 3.21　判定两直线是否平行

2. 两直线相交

(1) 投影特性

两直线相交，则它们的同面投影必相交，而且交点是空间同一点的投影，即此交点满足点的三面投影特性，如图 3.22 所示。

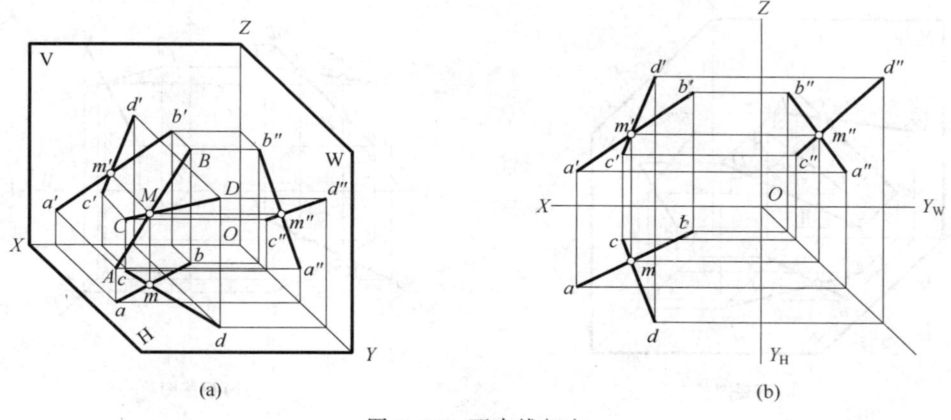

图 3.22　两直线相交

（2）判定

若两直线的各组同面投影分别相交，且满足交点是空间中同一点的三面投影特性，则两直线在空间中必是相交的。

以下分为两种情况来讨论：

1）对于两条一般位置直线，只要两组同面投影分别相交，且满足交点是空间同一点的三面投影特性，即可判定两直线在空间中是相交的。

2）若两直线中有一条是某一投影面的平行线，则要验证直线在所平行的投影面上的投影是否相交，且满足交点是空间同一点的三面投影特性，如图 3.23 所示。

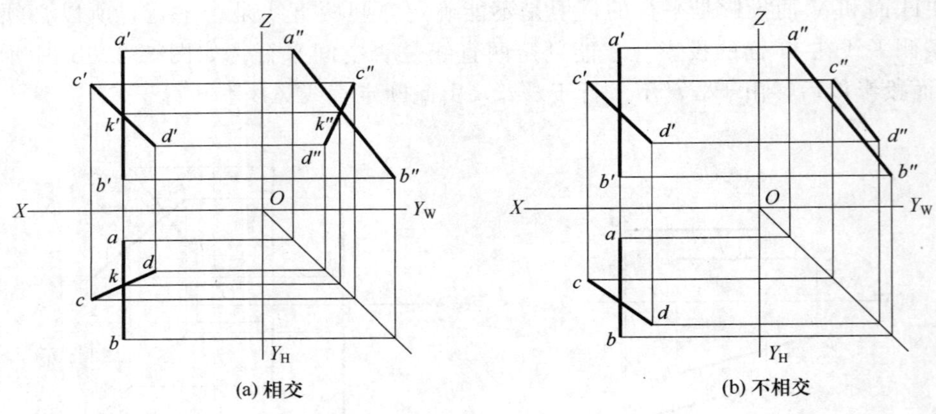

图 3.23　判定两直线是否相交

3. 两直线交叉

（1）投影特性

空间中两直线既不平行也不相交，则称之为两直线交叉。交叉两直线的各组同面投影可能有平行的，但是不会同时分别平行；同面投影可能有相交，但是交点绝不符合同一点的三面投影特性，因为这三个点投影并不是空间中同一点的三面投影，如图 3.24 所示。

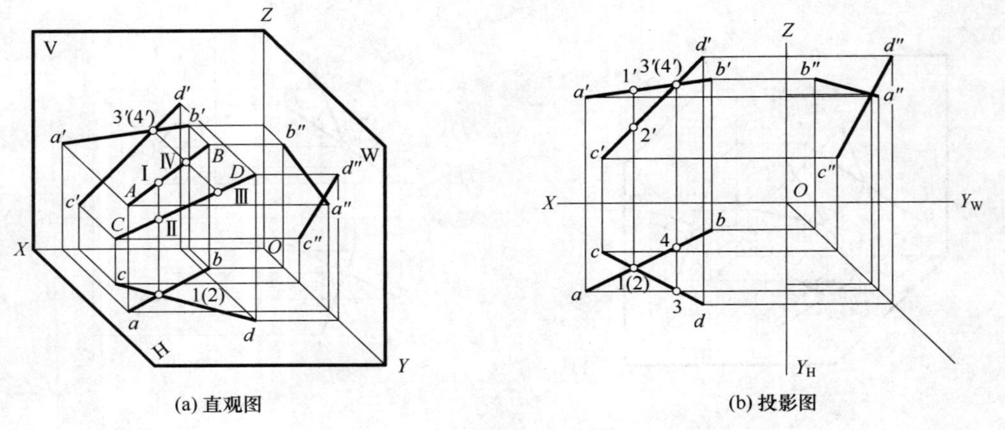

图 3.24　两直线交叉

(2) 交叉两直线重影点可见性的判别

两条直线交叉，其同面投影的交点为该投影面重影点的投影，可根据其他面上的点判断可见性。如图 3.24 所示，Ⅰ、Ⅱ点为 H 面的重影点，通过 V 面投影来判别，V 面投影中Ⅰ在上，Ⅱ在下，所以从上向下看时，Ⅰ可见，而Ⅱ不可见，H 面标注重影点为 1(2)。同理，Ⅲ、Ⅳ点为 V 面的重影点，通过 H 面投影来判别，H 面投影中，Ⅲ在前，而Ⅳ在后，所以从前向后看时，Ⅲ可见，而Ⅳ不可见，V 面标注重影点为 $3'(4')$。

【例 3.11】 已知两直线 AB 和 CD 相交，求直线 CD 的 V 面投影。

【解析】 根据相交两直线的投影特点，可知交点必在同面投影上，由此求出 m'。两点确定一条直线，d' 即在 $c'm'$ 确定的直线上，最后再根据 d 点即可求得 d'。解题过程见图 3.25。

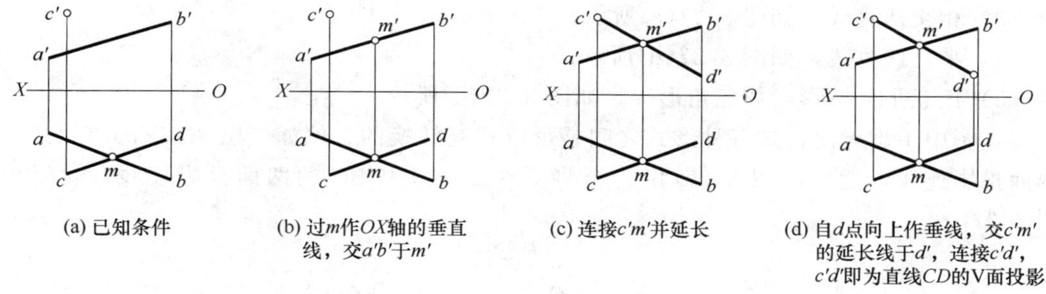

图 3.25　求作相交两直线投影

【例 3.12】 已知水平线 AB 与铅垂线 MN 相交于 M 点，试作两直线的三面投影。

【解析】 本题考查点为：水平线特性、铅垂线特性、两直线相交和重影点判别可见性。AB 为水平线，则 H 面投影为一斜线；MN 为铅垂线，则 H 面投影为一重影点；两直线相交，则交点必在各同面投影上，且满足同一点的三面投影特性。解题过程见图 3.26。

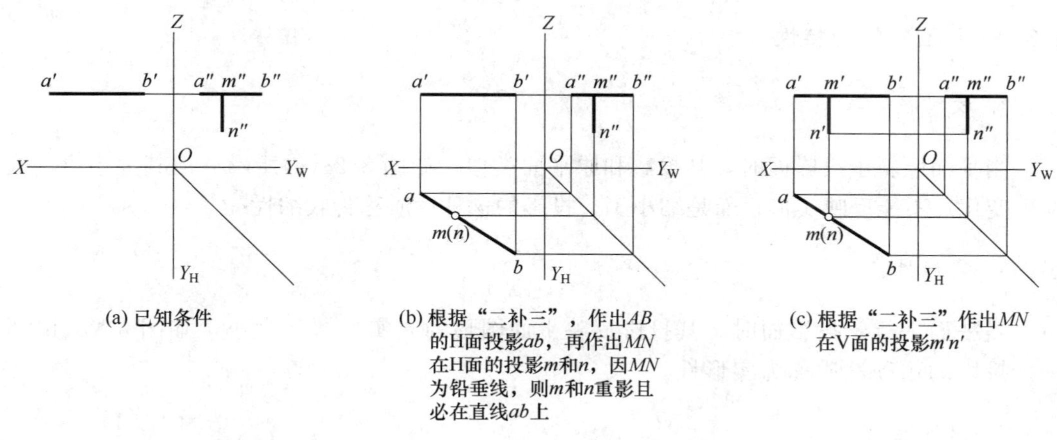

图 3.26　求作直线投影

3.3 平面的投影

平面可看成是由直线组成的，而直线又是由点组成的，那么在许多的点中必然有几个主要点，能够决定平面的形状、大小和位置，抓住这些点，也就抓住了平面的特点，所以平面的投影实质还是以点投影为基础。

3.3.1 平面的几何元素表示法

如图 3.27 所示，平面的几何元素表示法有如下五种方式：

1）不在同一直线上的三点，如图 3.27(a)所示。

2）一直线和直线外一点，如图 3.27(b)所示。

3）相交两直线，如图 3.27(c)所示。

4）平行两直线，如图 3.27(d)所示。

5）任意平面图形，如三角形等，如图 3.27(e)所示。

在图中不难看出，这五种形式之间是可以相互转换的。例如，图 3.27(a)将 AB 的两面投影连线，就得出图 3.27(b)；再将图 3.27(b)中 BC 的两面投影连线，就得出图 3.27(c)。

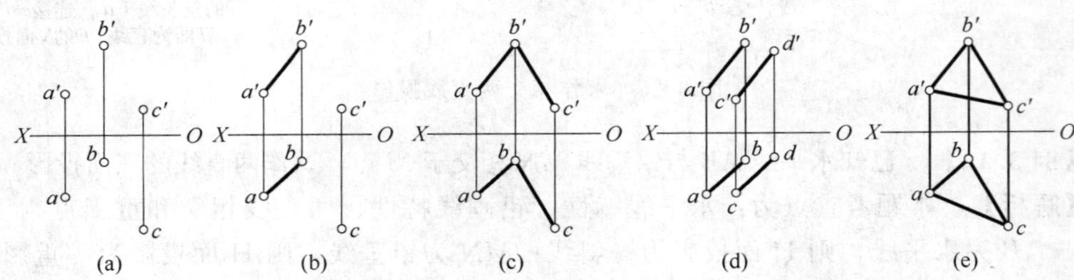

图 3.27　用几何元素法表示平面

3.3.2 平面的投影特性

1. 收缩性

当平面倾斜于投影面时，其投影和原平面类似，如图 3.28(a)所示，但其大小可能会发生变化，不能反映实形，而是缩小了，投影的这种性质称为收缩性。

2. 实形性

当平面平行于投影面时，其投影反映平面图形的真实形状和大小，如图 3.28(b)所示，投影的这种性质称为实形性。

3. 积聚性

当平面垂直于投影面时，如图 3.28(c)所示，投影积聚为一条直线，投影的这种性

质称为积聚性。

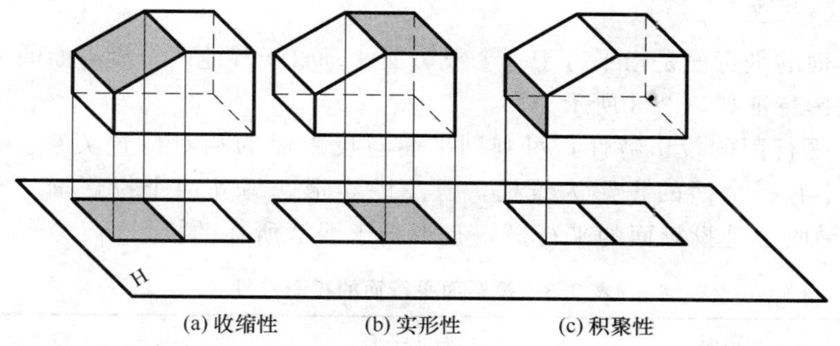

图 3.28　平面的投影特性

3.3.3　平面与投影面的相对位置

在三投影面体系中，根据平面与投影面的相对位置将平面分类如下：

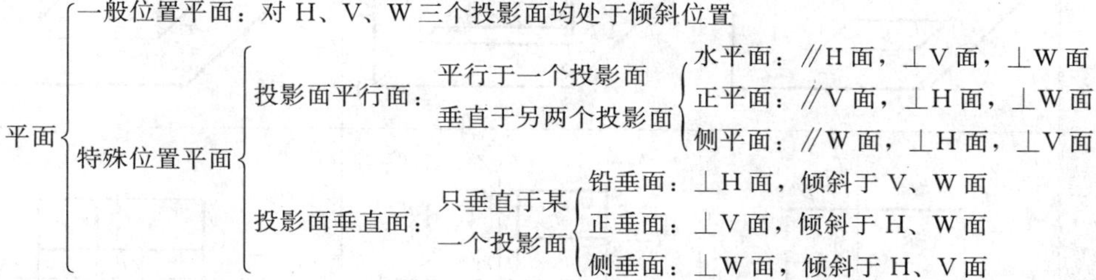

1. 一般位置平面

对各个投影面都倾斜的平面称为一般位置平面。

由图 3.29 可知一般位置平面的投影特性：在三个投影面上的投影均不反映平面的实形，也无积聚性，均为类似形。

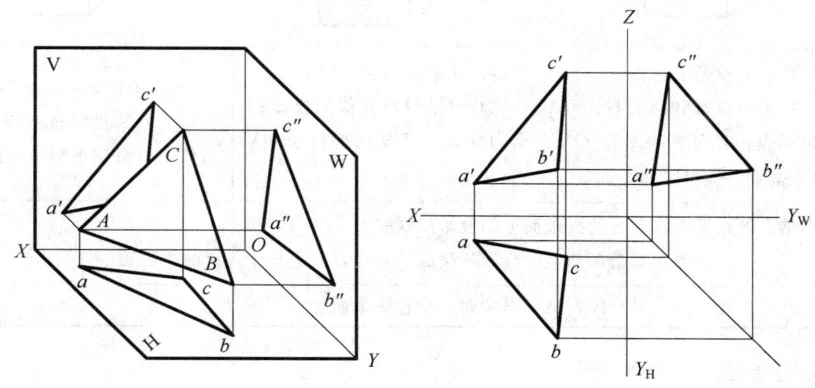

图 3.29　一般位置平面的投影特性

2. 投影面平行面

1）投影面的平行面是指平行于一个投影面，垂直于其他两个投影面的平面。

2）其投影特征如表 3.3 所示。

3）根据平行面的投影特性，可判别平面与投影面的相对位置关系。若一个平面的三个投影中有一个面的投影为线框，且反映实形，另外两个投影面为横平线或竖直线，则该平面必是投影面的平行面，且平行于线框所在的投影面。

表 3.3　投影面平行面的投影特性

平行面	水平面 （//H 面，⊥V、W 面）	正平面 （//V 面、⊥H、W 面）	侧平面 （//W 面，⊥H、V 面）
直观图	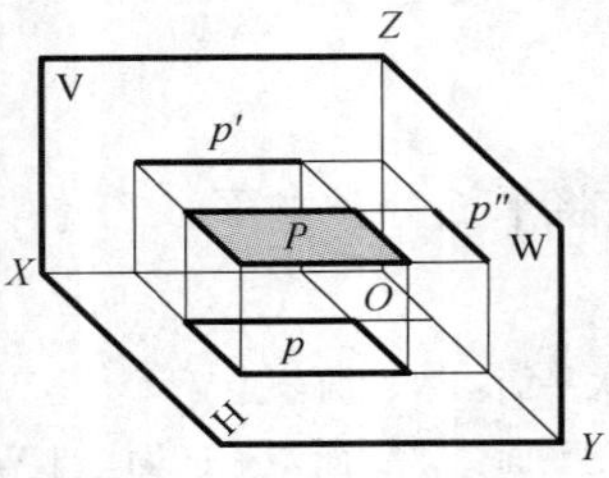	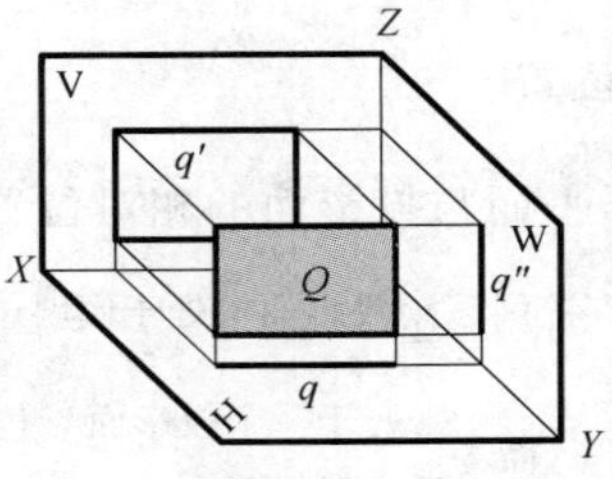	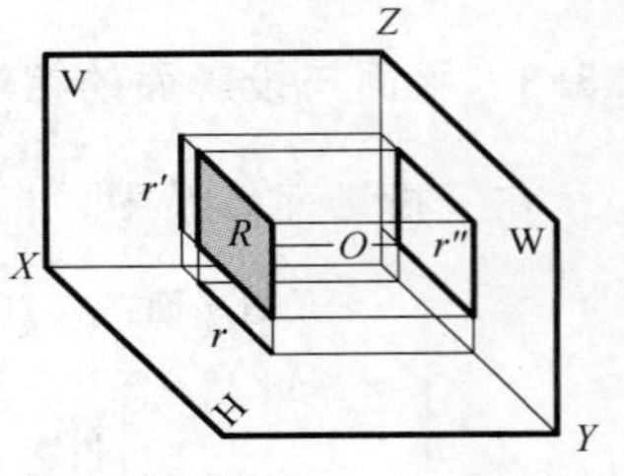
投影图	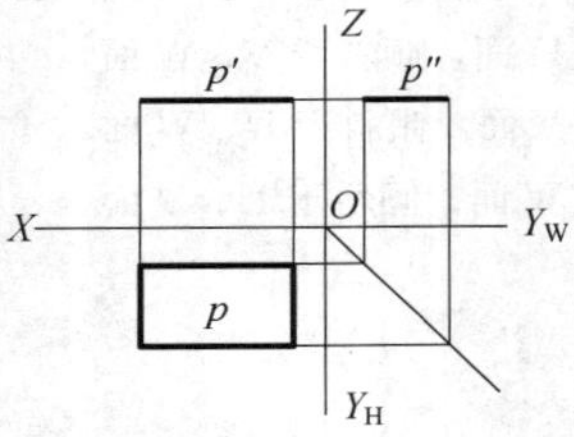	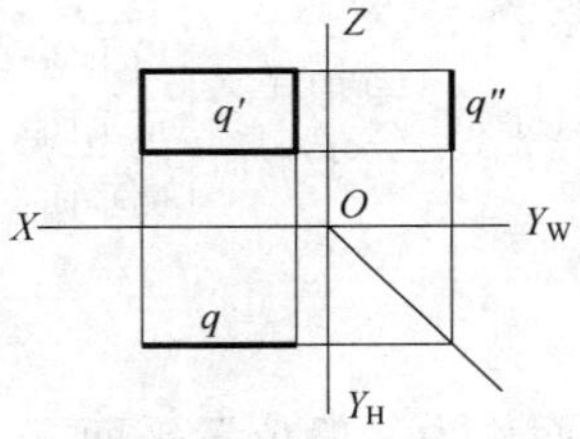	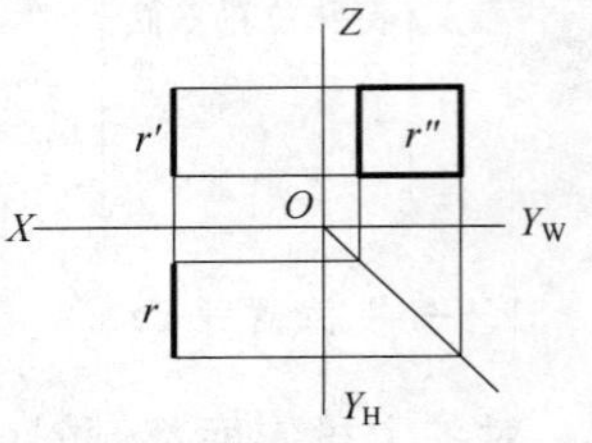
实例	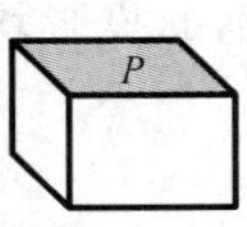	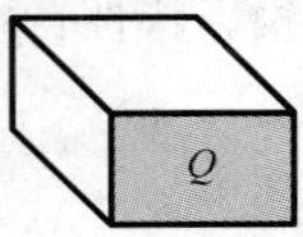	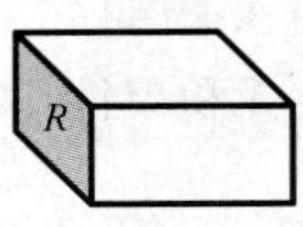
特征	（1）水平投影表达实形 （2）正面投影和侧面投影积聚为直线，且分别平行于 OX 和 OY_W 轴	（1）正平投影表达实形 （2）水平投影和侧面投影积聚为直线，且分别平行于 OX 和 OZ 轴	（1）侧面投影表达实形 （2）水平投影和正面投影积累为直线，且分别平行于 OY_W 和 OZ 轴
	小结：（1）平面在平行的投影面上的投影反映实形 （2）平面在其余两面上的投影积聚成一直线，且平行于相应的投影轴		
判别	一框两直线，定是平行面；框在哪个面，平行哪个面		

3. 投影面垂直面

1）投影面的垂直面是指垂直于某一个投影面，而倾斜于其他两个投影面的平面。

2）其投影特征如表 3.4 所示。

3）根据垂直面的投影特性可判别平面与投影面的相对位置关系。若一个平面的三个投影中有两个面的投影为平面类似的线框，另外一个投影面为一条斜直线，则该平面必是投影面的垂直面，且垂直于斜直线所在的投影面。

表 3.4 投影面垂直面的投影特性

垂直面	铅垂面（⊥H 面，对 V、W 面倾斜）	正垂面（⊥V 面、对 H、W 面倾斜）	侧垂面（⊥W 面，对 H、V 面倾斜）
直观图			
投影图			
实例			
特征	（1）水平投影积聚为一斜直线，有积聚性；反映 β 和 γ 角 （2）正面投影和侧面投影均为原空间图形的类似图形	（1）正面投影积聚为一斜直线，有积聚性；反映 α 和 γ 角 （2）水平投影和侧面投影均为原空间图形的类似图形	（1）侧面投影积聚为一斜直线，有积聚性；反映 α 和 β 角 （2）水平投影和正面投影均为原空间图形的类似图形
	小结：（1）平面在所垂直的投影面上的投影积聚成一直线，有积聚性，且它与相应投影轴的夹角反映平面对另外两个投影面的倾角 （2）平面在其余两面投影为空间平面图形的类似图形，均小于实形		
判别	两框一斜线，定是垂直面；斜线在哪面，垂直哪个面		

【例 3.13】 已知等腰三角形 ABC 的顶点 A 的两面投影 a 及 a'，求过 A 点的等腰三角形 ABC 的三面投影。该三角形为铅垂面，高度为 10mm，$\beta=30°$，底边 BC 为水平线，长度为 10mm。

【解析】 $\triangle ABC$ 为铅垂面，则其水平投影积聚为一直线，该直线和 OX 轴所成夹角为 β；$\triangle ABC$ 的高为铅垂线，则 V 面投影反映实长；底边 BC 为水平线，则 H 面反映实长。解题过程见图 3.30。读者自行思考其余答案。

【例 3.14】 已知正方形平面 $ABCD$ 垂直于 V 面以及 AB 的两面投影，求作此正

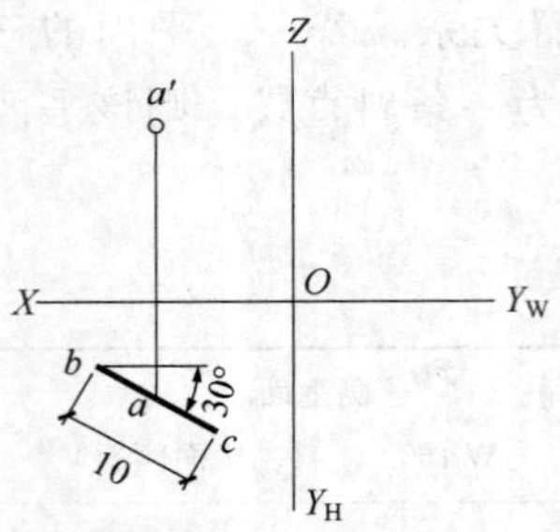

(a) 过a作一直线bc，与OX轴成30°，且使ba=ac=5mm

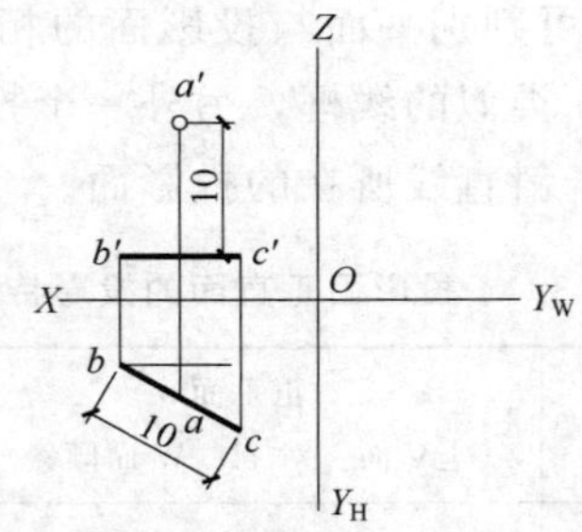

(b) 过a'向下截取10mm，根据“长对正”作出BC的正面投影$b'c'$

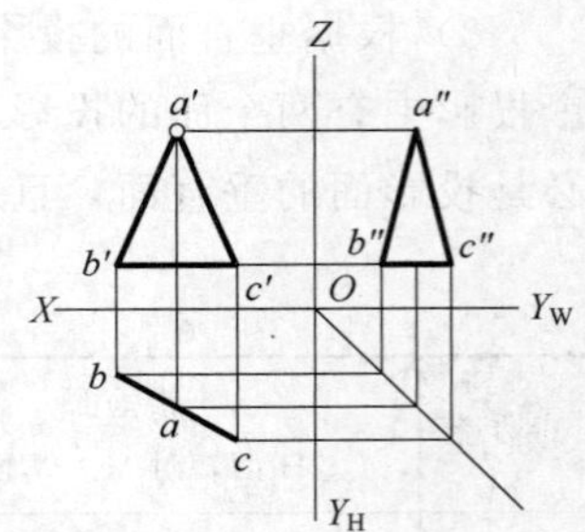

(c) 连接$a'b'$和$a'c'$，根据“二补三”作出ABC的侧面投影

图 3.30　求作等腰三角形的投影

方形的三面投影图。

【解析】　由已知条件可知，正方形 $ABCD$ 垂直于 V 面，即 $ABCD$ 为一正垂面，因此，AB 边和 CD 边是正平线，AD 边和 BC 边是正垂线，正方形的边长即为 $a'b'$ 的长度。解题过程见图 3.31。

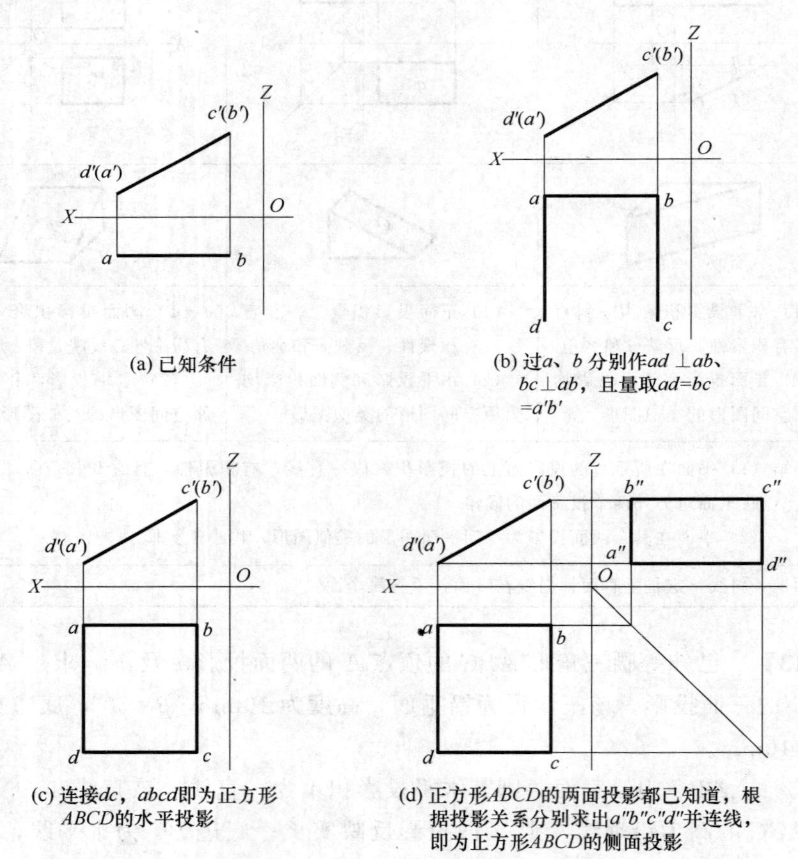

(a) 已知条件

(b) 过a、b 分别作$ad \perp ab$、$bc \perp ab$，且量取ad=bc=$a'b'$

(c) 连接dc，$abcd$即为正方形$ABCD$的水平投影

(d) 正方形$ABCD$的两面投影都已知道，根据投影关系分别求出$a''b''c''d''$并连线，即为正方形$ABCD$的侧面投影

图 3.31　求作正方形的投影

3.3.4 平面内的点和线

若一点在平面内的一条直线上，则该点必定在这个平面内。

直线在平面内的几何条件如下：

1）直线通过平面内的两点。如图 3.32 所示，AB、BC 为平面内直线，则 DE 在平面内。

2）直线通过平面内的一点，且平行于该平面上的一条直线。如图 3.32 所示，BC 在平面内，M 点在平面内，作 $MN/\!/BC$，则 MN 在平面内。

满足以上两个条件之一的直线，即为该平面内的直线。

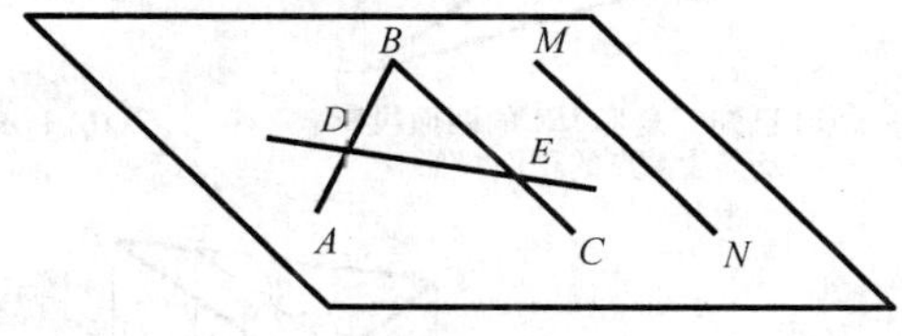

图 3.32 直线在平面内的几何条件

【例 3.15】 已知三角形 ABC 及其上一点 M 的投影 m'，求作点 M 的水平投影 m。

【解析】 此题介绍两种作法：一种采用一般位置线为辅助线；另一种方法采用特殊位置线为辅助线。作题时注意点和线的对应关系，例如图 3.34 中的 e' 在 $a'b'$ 上，则 e 在 ab 上，不能作到 bc 上。

方法一：解题过程如图 3.33 所示。

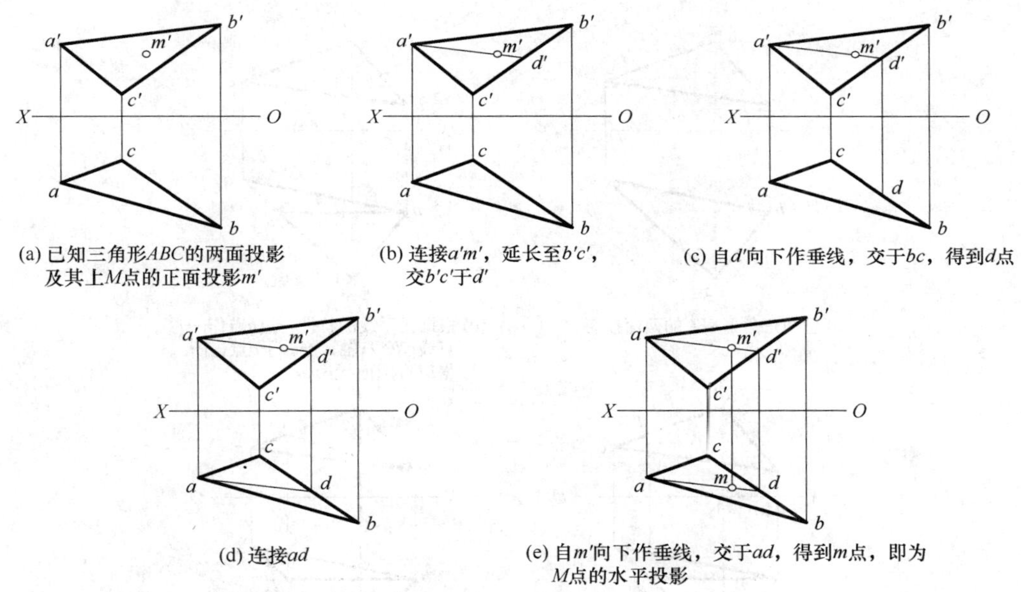

(a) 已知三角形ABC的两面投影及其上M点的正面投影m'

(b) 连接a'm'，延长至b'c'，交b'c'于d'

(c) 自d'向下作垂线，交于bc，得到d点

(d) 连接ad

(e) 自m'向下作垂线，交于ad，得到m点，即为M点的水平投影

图 3.33 补出平面上的点投影（方法一）

方法二：解题过程如图 3.34 所示。

【例 3.16】 已知三角形 ABC 的两面投影，在三角形平面内任作一正平线。

【解析】 正平线的投影特性是：水平投影平行于 OX 轴，所以首先作出水平投影，然后作出正面投影。解题过程见图 3.35。读者自行思考水平线和侧平线的绘制。

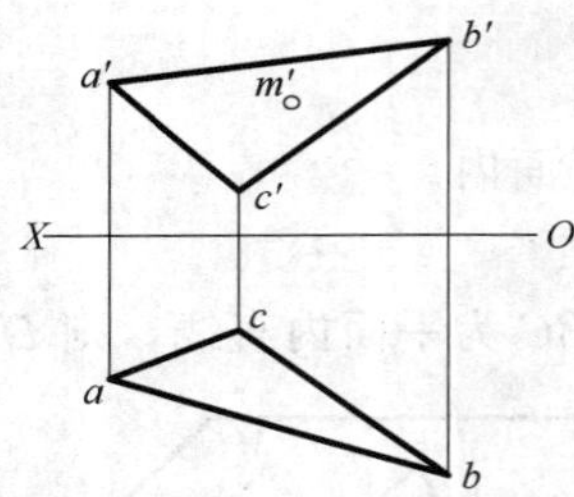

(a) 已知三角形ABC的两面投影及其上M点的正面投影m'

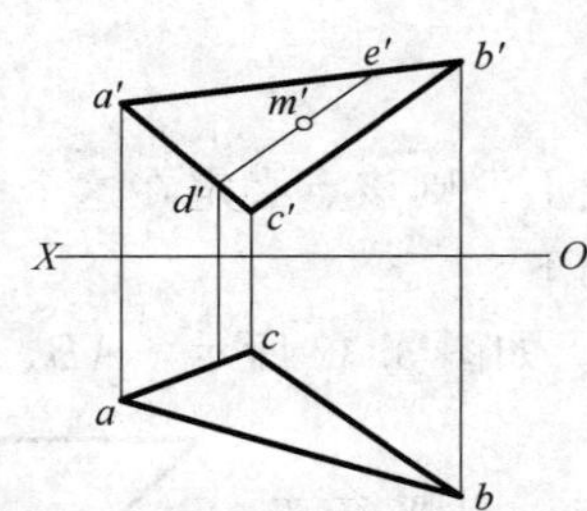

(b) 过m'作一直线$d'e'//b'c'$

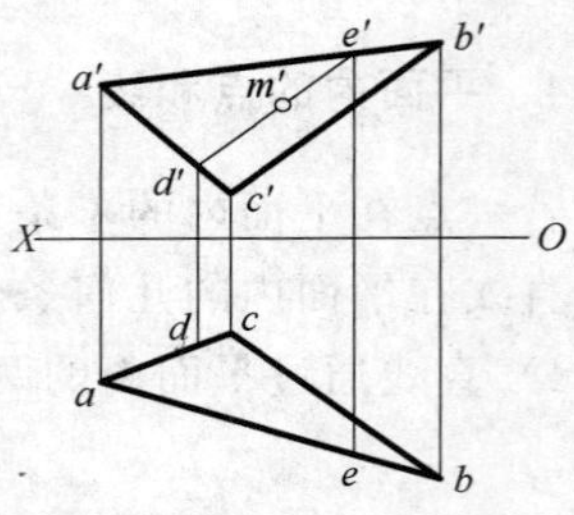

(c) 自d'和e'分别向下作垂线，分别交ac和ab于d点和e点

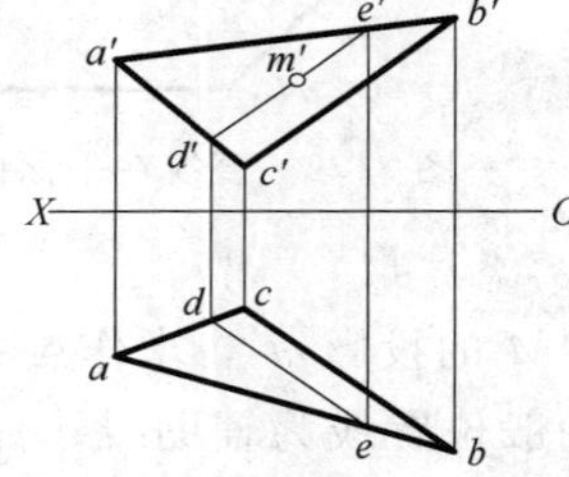

(d) 连接de

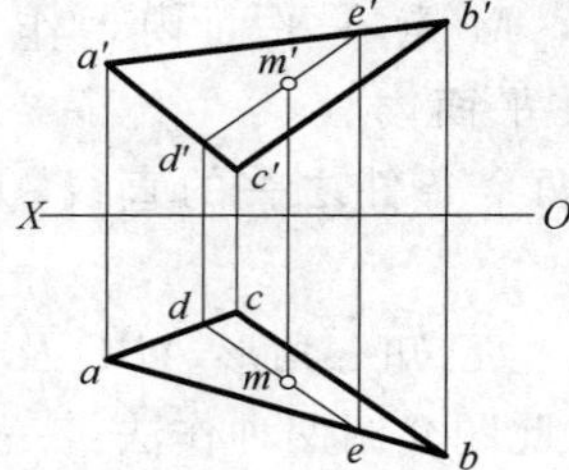

(e) 自m'向下作垂线，交于de，得到m点，即为M点的水平投影

图 3.34　补出平面上的点投影（方法二）

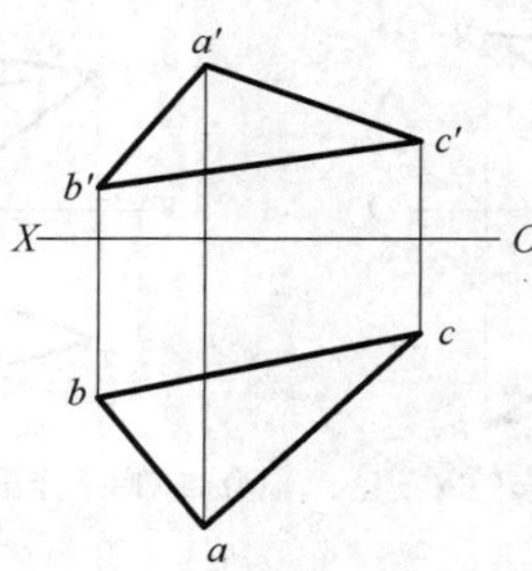

(a) 已知三角形ABC的两面投影

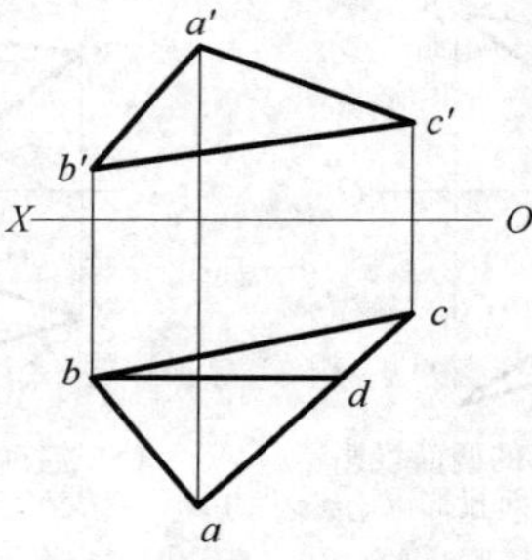

(b) 根据正平线的特性，过b点作一直线$bd//OX$轴，交ac于d点，即得BD的H面投影bd

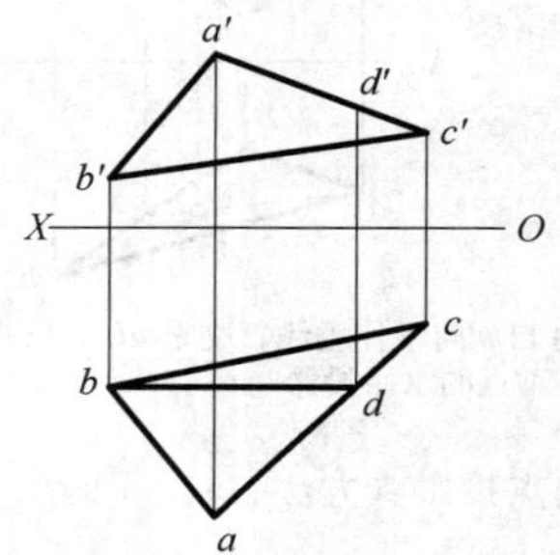

(c) 过d点向上作垂线，交$a'c'$于d'

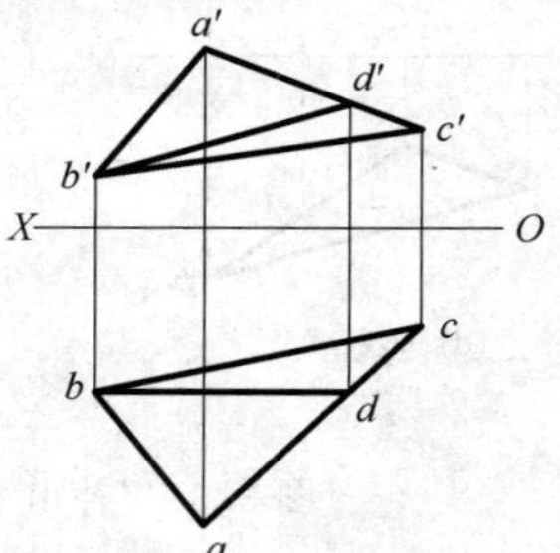

(d) 连接$b'd'$，即为正平线BD的V面投影$b'd'$

图 3.35　在平面内作正平线投影

【例 3.17】　完成四边形平面的水平投影。

【解析】　对角线 AC 和 BD 的连线交点必在平面 $ABCD$ 上。解题过程见图 3.36。

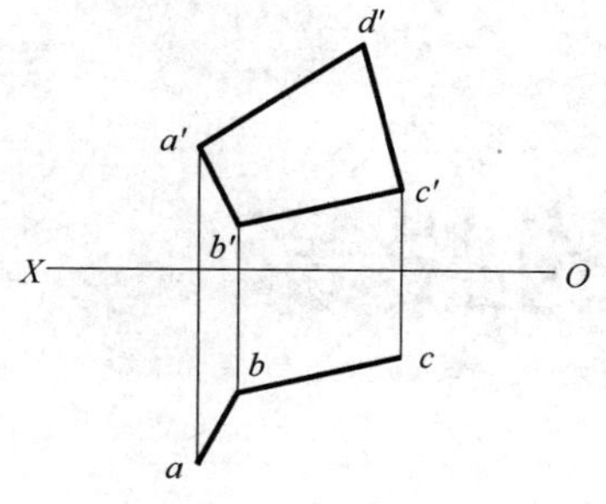

(a) 已知条件

(b) 连接$a'c'$和$b'd'$，交点为e'

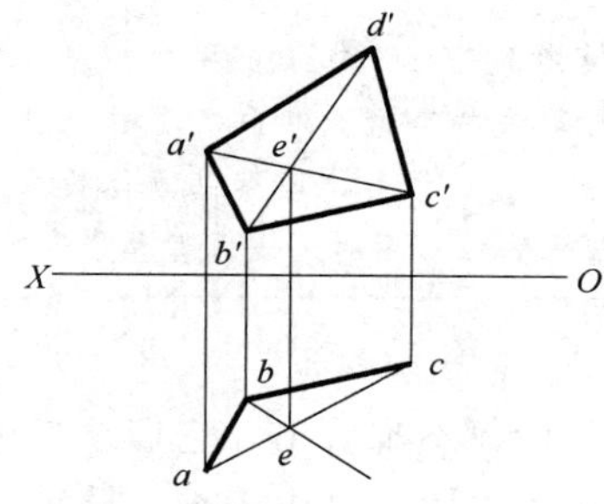

(c) 连接ac，自e'向下作OX轴的垂线，交ac于e，连接be并延长

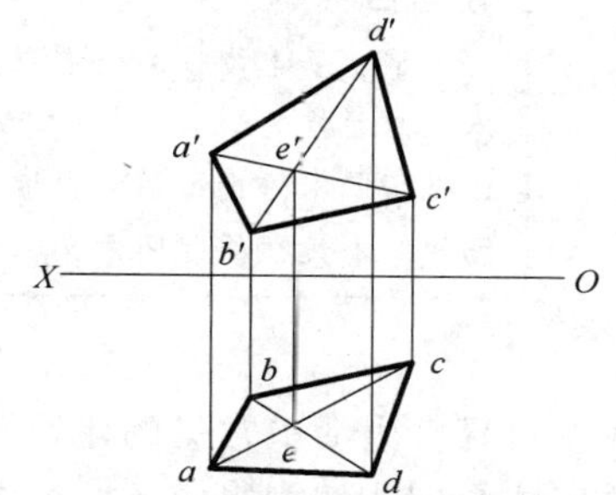

(d) 自d'向下作OX轴的垂线，交be延长线于d，连接ad和cd，$abcd$即为所求

图 3.36　求作平面的水平投影

思考题

3.1　点的三面投影规律是什么？

3.2　点的三面投影是如何标注的？

3.3　根据点的两投影如何求第三投影，即“二补三”？

3.4　如何根据点的坐标作出其三面投影图和直观图？

3.5　什么叫重影点？其可见性如何判别？

3.6　试述直线上点的投影特性。

3.7　试述平行两直线的投影特性。

3.8　试比较相交两直线和交叉两直线的投影特性。

3.9　叙述投影面的平行线、投影面的垂直线以及一般位置直线的投影特点。

3.10　叙述投影面的平行面、投影面的垂直面以及一般位置平面的投影特点。

3.11　怎样在已知平面上取直线和点？

3.12　怎样在已知平面上作投影面的平行线？

第 4 章　基本体的投影

教学目标

学习基本体投影是学习建筑形体投影的基础。本章主要介绍基本体中平面体、曲面体的形成、分类、表面取点与取线的空间分析和投影作图方法，同时还介绍基本体投影图的识读和尺寸标注。通过学习，理解基本体投影图中每条线和每个线框的空间意义，熟练掌握基本体投影图的形成原理和投影特点。

如果我们对日常生活中常见的建筑形体进行分析，不难看出，它们总是可以看成由一些简单几何体叠砌或切割组成的。如图 4.1 所示的房屋，是由棱柱、棱锥、棱台等组成的；图 4.2 所示的水塔，是由圆柱、圆锥、圆台等组成的。我们把这些组成建筑形体的最简单但又规则的几何体称为基本形体。常见的基本形体分为平面体和曲面体两大类。

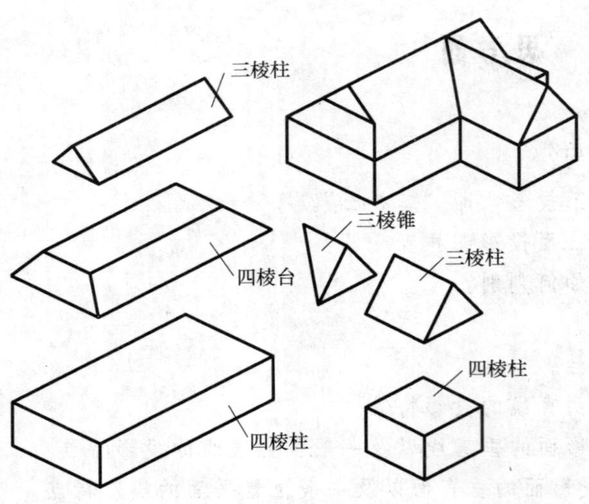

图 4.1　房屋形体分析

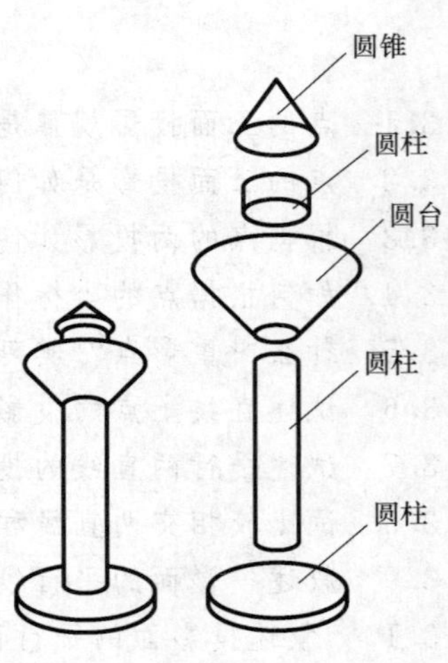

图 4.2　水塔形体分析

4.1　平面体的投影

表面是由平面围成的形体称为平面体。基本平面体包括棱柱体、棱锥体和棱台体。作平面体的投影图，关键在于作出平面体上的点、直线和平面的投影。在建筑工程中，大多数建筑构件都是平面体，如梁、板、柱、墙等。因此，对平面体的投影特点和分析方法应当熟练地掌握。

下面重点介绍基本平面体的投影特性、识读、绘制方法及表面定点和线的方法。

4.1.1　棱柱体的投影

由两个互相平行的多边形平面和其余平面均为四边形且每相邻两个四边形平面的交线互相平行的平面围成的基本平面体称为棱柱体。两个互相平行的平面称为底面，其余各面称为棱面，棱面与棱面的交线称为棱线，棱面与底面的交线称为底面边线。两底面间的距离称为棱柱体的高。棱线垂直于底面的棱柱称为直棱柱（图 4.3），棱线与底面斜交的棱柱称为斜棱柱（图 4.4），底面为正多边形的直棱柱称为正棱柱。棱柱依据底面多边形的边数分为三棱柱、四棱柱、五棱柱、六棱柱等。

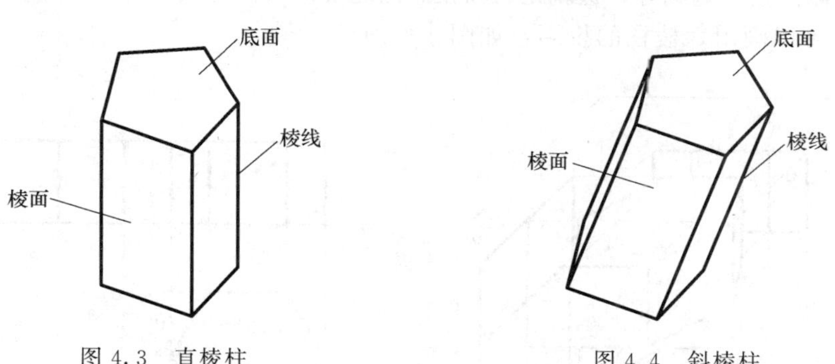

图 4.3　直棱柱　　　　图 4.4　斜棱柱

现以直三棱柱为例来分析棱柱体的投影特性。如图 4.5 所示，三棱柱由五个平面组成，上、下两个底面（三角形），左、右、后三个棱面（矩形）。为了便于绘制棱柱体的三面正投影图，通常将棱柱体的底面与投影面平行或垂直放置，由此得出五个平面的空间位置，即两个水平面（上、下底面）、一个正平面（后棱面 $ADFC$）和两个铅垂面（左棱面 $ABED$ 和右棱面 $BCFE$）。

由于知道五个面的空间位置，就可得出五个面在三个投影面中的投影，在每个投影图中我们都能找到这五个面的投影。

正面投影是两个矩形，它是两铅垂面（左、右棱面）在 V 面上的投影（可见，但不反映实形）。两个矩形的外围线框构成的大长方形是正平面（后棱面）的投影（不可见，但反映实形）。大矩形的上、下两条边线是两水平面（上、下底面）的积聚投影。

水平投影是一个三角形，它是上、下两底面的投影（上、下底面重影，上底可见，下底不可见），并反映实形。三角形的三条边是三个棱面的投影（具有积聚性）。

侧面投影是一个矩形，它是左、右两个棱面的投影（左可见右不可见，不反映实

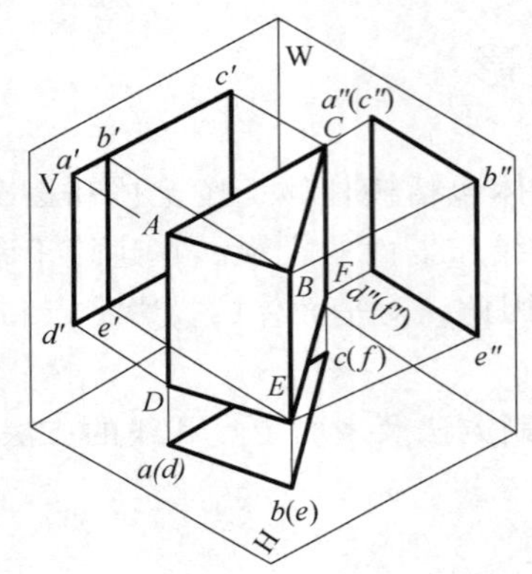

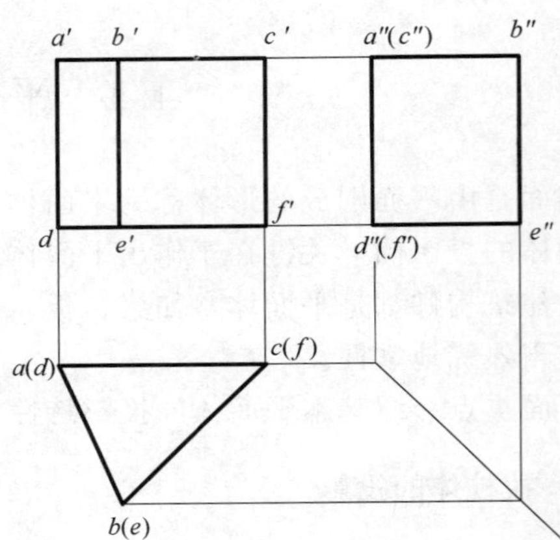

图 4.5　三棱柱的投影

形）。矩形上、下两个边分别是上底面和下底面的积聚投影，矩形边线$a''d''$是后棱面的积聚投影。

三棱柱投影的对应关系：正面投影和水平投影长对正、正面投影和侧面投影高平齐、水平投影和侧面投影宽相等，这就是三面投影图之间的“三等关系”。

同理，可以画出六棱柱的投影，如图 4.6 所示。

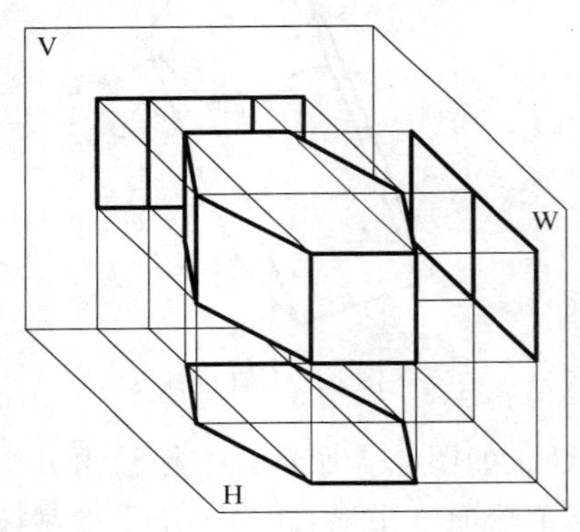

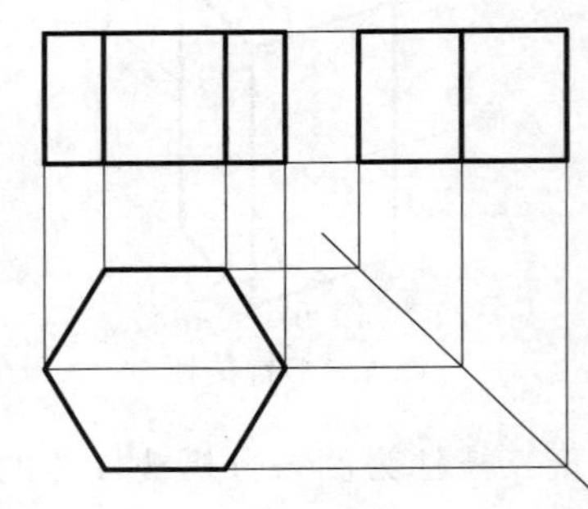

图 4.6　六棱柱的投影

综合分析，棱柱体的投影规律为：

1）底面平行的投影面上的投影为多边形，多边形的边数反映棱柱体的棱数。

2）另两个投影面上为 N 个矩形围成的大矩形。

4.1.2　棱锥体的投影

由一个多边形平面和若干个有公共顶点的三角形平面围成的基本平面体称为棱锥体。多边形平面称为底面，其余各面称为棱面，棱面与棱面的交线称为棱线，棱面与底面的交线称为底面边线，棱面的公共顶点称为锥顶。锥顶到底面间的距离称为棱锥体的高。底面为正多边形的棱锥称为正棱锥。

现以正三棱锥为例来分析棱锥体的投影特性。如图 4.7 所示，三棱锥由四个面组成，即一个底面（水平面△ABC）和三个棱面（后棱面△SAC 是侧垂面，左棱面△SAB 和右棱面△SBC 是一般位置平面）。

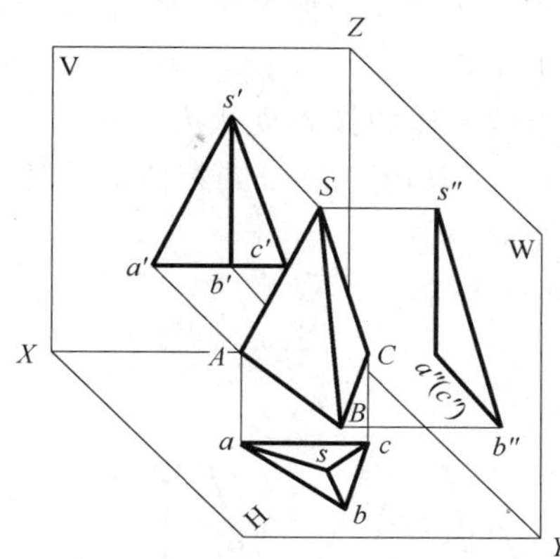

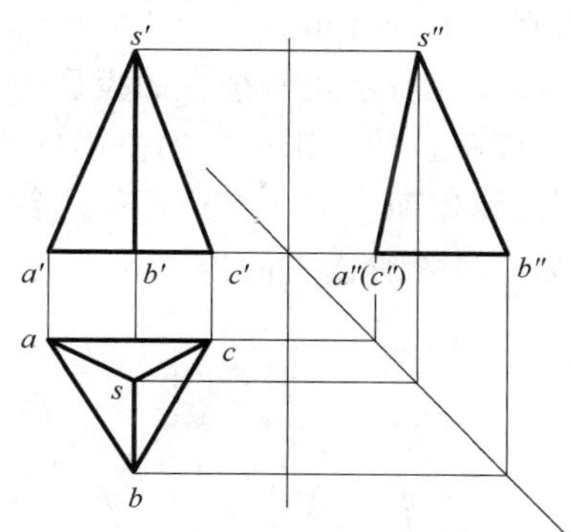

图 4.7　正三棱锥的投影

正面投影是两个三角形，它是左、右棱面的投影，同时两个三角形组合出的大三角形 $s'a'c'$ 是后棱面△SAC 的投影（不可见），大三角形的下边线是底面的积聚投影。

水平投影是三个具有公共交点的三角形，它们分别是三个棱面的投影（不反映实形），同时三个三角形围成的大三角形△abc 则是底面的实形投影（不可见）。

侧面投影是一个三角形，它是左、右棱面的重合投影（左边可见，右边不可见），三角形的下边线是底面的积聚投影，三角形的边线 $s''a''$ 是后棱面的积聚投影。

同理可得出正六棱锥的投影，如图 4.8 所示。

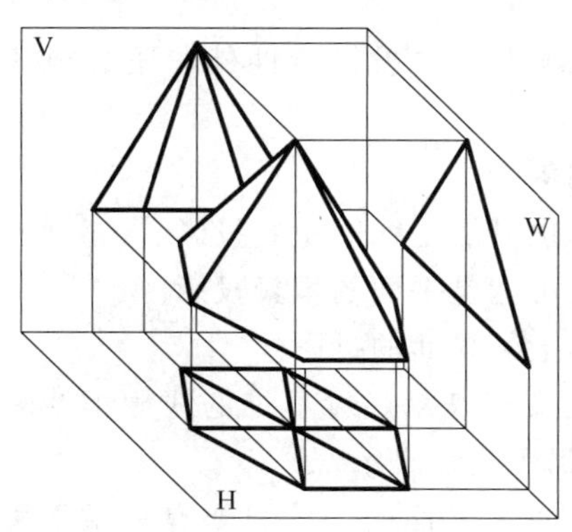

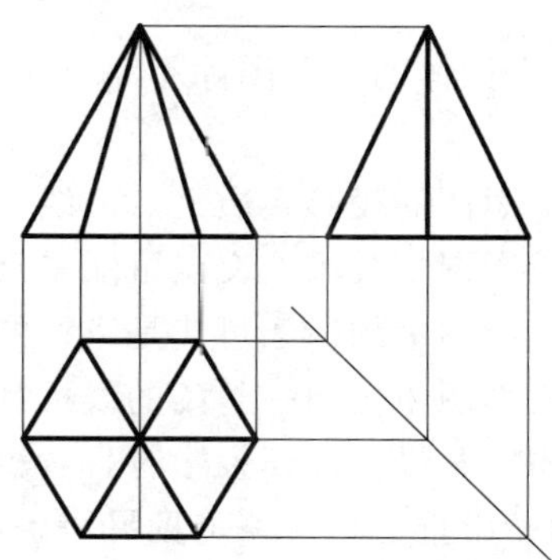

图 4.8　正六棱锥的投影

综合分析，棱锥体的投影规律为：

1）底面平行的投影面上的投影外轮廓为多边形，其内部是以该多边形边数为底边、以棱锥的顶点为公共顶点的 N 个三角形。多边形的边数和内部三角形的个数均反映棱锥体的棱数。

2）另两个投影面上的投影为 N 个具有公共顶点的三角形围成的大三角形。

4.1.3 棱台体的投影

棱锥体被平行于其底面的平面截割，截面与底面间的部分称为棱台体。所以，棱台体的两个底面平行且相似，所有的棱线延长后交于一点。

以如图 4.9 所示正六棱台的投影为例，可得出棱台体的投影规律为：

1）底面平行的投影面上的投影外轮廓为多边形，其内部由与其相似的多边形与之相应的顶点相连而构成，多边形的边数反映棱台体的棱数。

2）另两个投影面上的投影为 N 个梯形围成的大梯形。

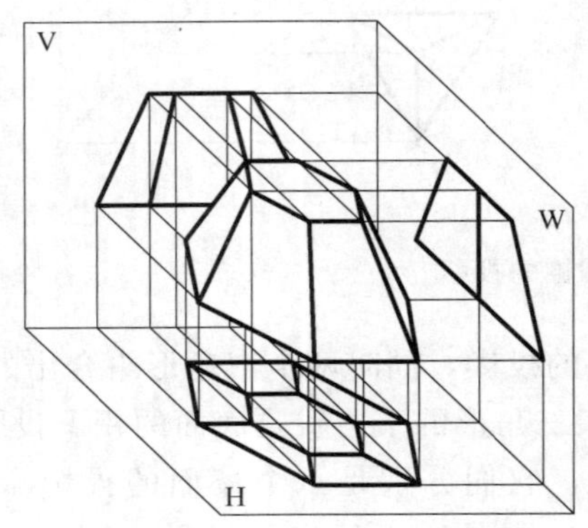

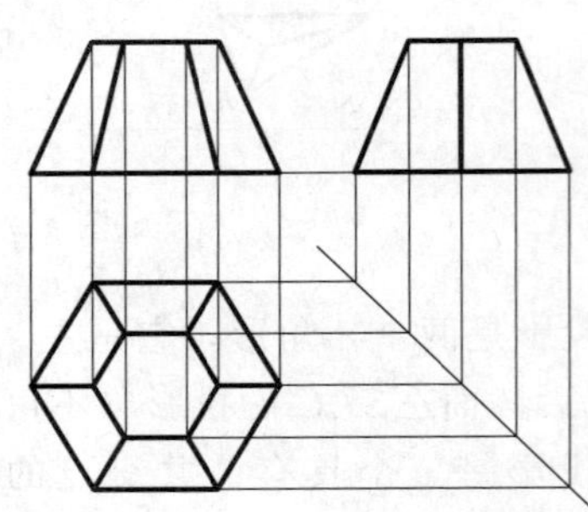

图 4.9　正六棱台的投影

4.1.4 平面体投影图的识读

识读平面体的投影图除了掌握上述各个基本形体的投影特性外，还必须注意以下几点：

1）平面体的投影实质是点、线、面投影的集合。

2）投影图中线段的交点可能是点的投影，也可能是线的积聚投影。

3）投影图中的线条可能是直线的投影，也可能是平面的积聚投影。

4）投影图中任何一封闭的线框都表示立体上某平面的投影。

5）当向某投影面作投影时，看得见的线用实线表示，看不见的线用虚线表示。当两条线的投影重合，一条可见另一条不可见时仍用实线表示。

6）当平面的所有边线都可见时该平面才可见。平面的边线只要有一条不可见，该平面就是不可见的。

4.1.5 平面体表面上的点和线

平面体是由若干平面依次围成的，求平面体表面上的点和线实质就是求围成平面体的若干平面上的点和线。求解思路是：

1）先分析平面建筑形体的性质及各个表面与投影面的相对位置关系。

2）分析已知的点或线位于平面体的哪个表面上。

3）若点或线所在平面为特殊平面，依据特殊平面具有积聚性的特点，先求出平面积聚投影上的点或线的投影；若点或线所在平面为一般平面，利用过已知点作辅助线的方法求出该点或线的投影。

4）由点的已知投影和求出的第二面投影，利用三等投影关系求出点的第三面投影。

5）判断点或线的各个投影的可见性。

【例 4.1】　已知三棱柱的 H、V 投影及体表面上的点 P、Q，以及线 MN 的一个投影，求体的 W 投影及点 P、Q，以及线 MN 的另两个投影。

【解析】　(1) 投影分析

如图 4.10(a)所示，该棱柱体的棱线垂直于 H 面，因而三个棱面均为铅垂面，上、下底面为水平面。直线 MN 的 V 面投影可见，故在左棱面上且点 M 在左棱线上；点 P 的 V 面投影不可见，故在后棱面上；点 Q 的 H 面投影可见，故在上底面上。根据投影面垂直面的投影特性可知，三个棱面的 H 面投影积聚为三角形的三条边线，W 面为一个矩形线框（左、右两条棱线重影）。三条棱线的 H 面投影积聚为三角形的三个顶点。

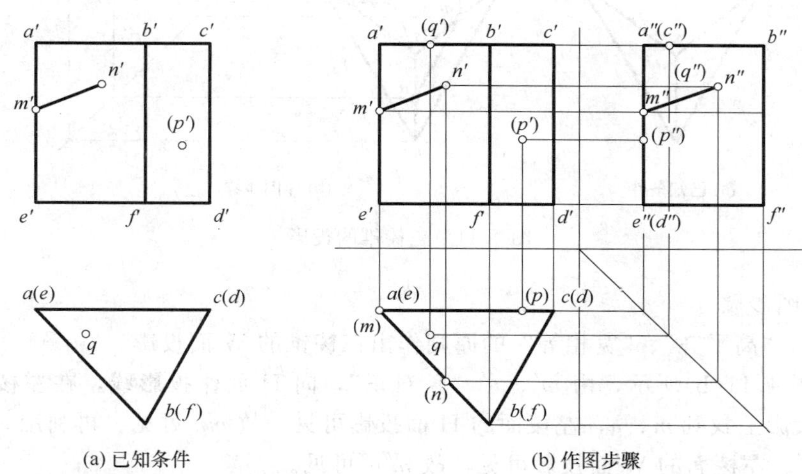

图 4.10　三棱柱的投影

(2) 作图步骤

1）利用“高平齐”、“宽相等”的原则作出三棱柱的 W 面投影。

2）如图 4.10(b)所示，由 m'、n'、p'“长对正”向 H 面作投影线，在左棱线、左棱面和后棱面的积聚投影上得到 m，n，p，因它们各自的上面还有其他点，故 H 面投影均不可见。再利用“三等投影关系”作出 m''，n''，p''。点 P 的左侧还有其他点，故 p''不可见；左棱面的 W 投影可见，故 $m''n''$可见。

3）由点 Q 的 H 面投影“长对正”向 V 面作投影线，在上底面的积聚投影上找到 q，再利用三等投影关系作出 q''。点 Q 的左侧还有其他点，故 q''不可见。

【例 4.2】 已知三棱锥 S-ABC 及其体上点 E、F 和直线 MN 的 H、V 面投影，求它们的其余投影。

【解析】 (1) 投影分析

如图 4.11(a)所示，三棱锥的左、右棱面均为一般位置平面，后棱面为侧垂面，底面为水平面。直线 MN 的 V 面投影可见，故在左棱面上且点 M 在左棱线上，点 N 在前棱线上；点 E、F 的 V 面投影不可见，故在后棱面上。根据投影特性可知，棱锥底面的 H 面投影为三角形轮廓，三个棱面的 H 面投影为其内具有公共顶点的三个三角形，W 面为一个三角形线框（左、右两条棱线重影）。

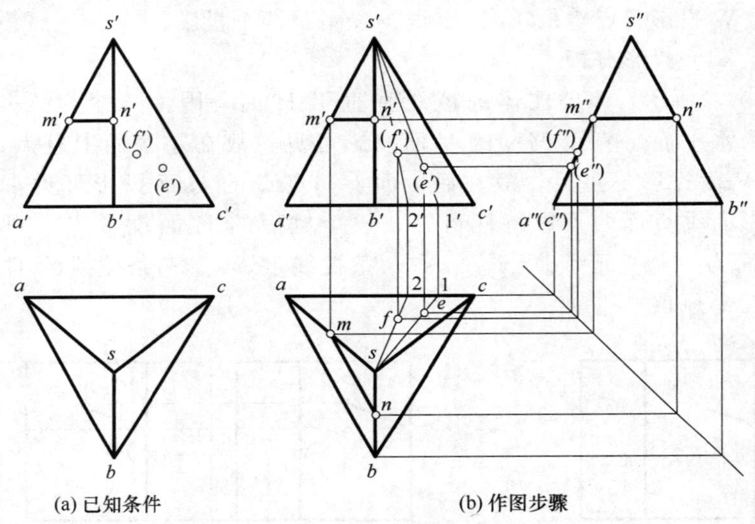

图 4.11 三棱锥的投影

(2) 作图步骤

1) 利用“高平齐”、“宽相等”的原则作出三棱锥的 W 面投影。

2) 如图 4.11(b)所示，由 m'、n'“长对正”，向 H 面作投影线，在左棱线、前棱线的 H 面投影上找到 m、n，左棱面的 H 面投影可见，故 mn 可见。再利用三等投影关系作出 $m''n''$。左棱面的 W 面投影可见，故 $m''n''$可见。

3) 过点 e'，f'作辅助线，在 H 面上作出辅助线的 H 面投影，求出 e、f，或利用后棱面在 W 面投影面上的积聚性作出 e''，f''。因它们各自的左侧还有其他点，故 W 面投影均不可见。最后利用投影关系作出点 E、F 的第三面投影。

4.1.6 平面体的尺寸标注

平面体只要标注出它的长、宽和高的尺寸，就可以确定它的大小。尺寸一般注在反映实形的投影上，尽可能集中标注在一两个投影的下方和右方，必要时才注在其上方和左方。一个尺寸只需要标注一次，尽量避免重复。正多边形可标注其外接圆周直径表示其大小。平面体的尺寸标注如图 4.12 所示。

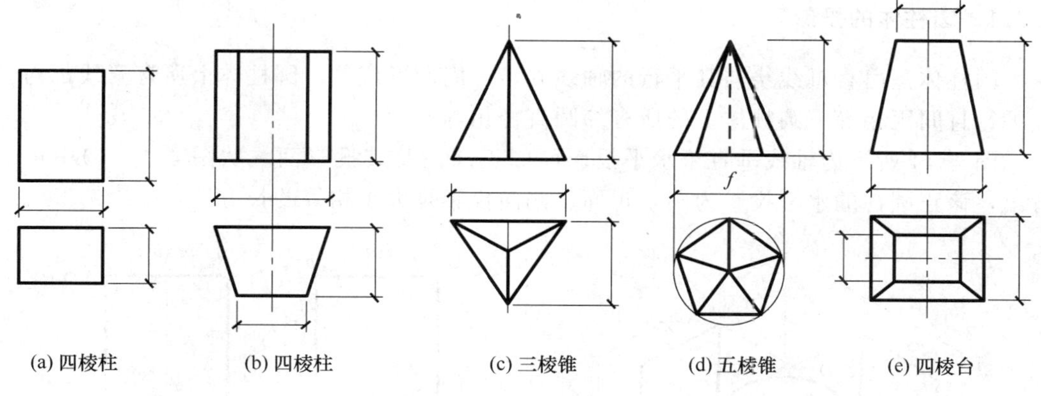

图 4.12　平面体的尺寸标注

4.2　曲面体的投影

表面由曲面或曲面与平面围成的基本体称为曲面体。回转曲面是由运动的直线或曲线按一定的约束条件绕着固定的一轴线旋转而成的（图 4.13）。这条运动的直线或曲线称为母线。母线绕轴旋转过程中在每个位置留下的轨迹线称为素线。母线上任意一个点绕轴旋转的轨迹称为纬圆（如点 C、点 A、点 B 的轨迹），纬圆之间相互平行且都垂直于轴线，直径最大的纬圆称为赤道圆［如图 4.13(b)中点 B 的运动轨迹］，直径最小的纬圆称为喉圆或颈圆［如图 4.13(b)中点 A 的运动轨迹］。母线端点运动产生的轨迹称为底圆。

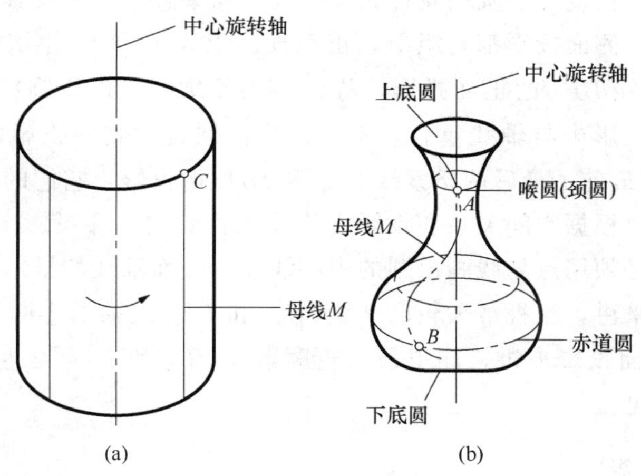

图 4.13　回转面的形成

最常见的基本曲面体有圆柱、圆锥、圆台和球体等，下面分别以它们为例来介绍基本曲面体的投影特性。

4.2.1 圆柱体的投影

圆柱体是由直母线绕与其平行的轴线旋转一周而形成的。圆柱体上所有素线都与轴线平行且间距相等，圆柱体上的所有纬圆直径相等。

图 4.14 所示为轴线垂直于水平投影面的正圆柱及其投影面。从图 4.14(b)中可以看出，该正圆柱的水平投影为圆，正面、侧面投影是大小相等的长方形。

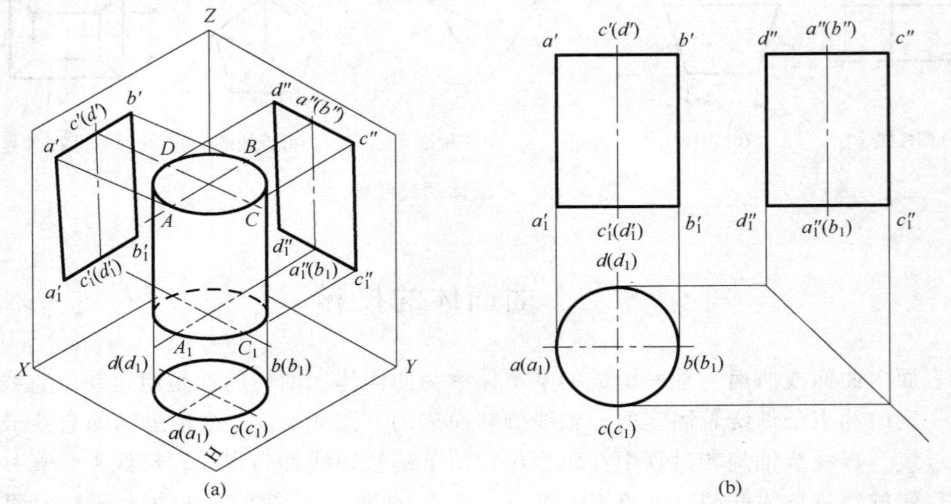

图 4.14 圆柱体的投影

因上、下两底面为水平面，故两底面水平投影反映实形，仍为圆，正面、侧面投影均为水平直线段，其长度等于圆的直径。又因圆柱面垂直于水平投影面，故其水平投影积聚成圆周。正面、侧面投影都是矩形，正面投影上 $a'a'_1$ 和 $b'b'_1$ 分别是圆柱面上最左素线 AA_1 和最右素线 BB_1 的正面投影，称为最大轮廓线。由于圆柱表面是光滑曲面，这两条素线在侧面投影中与轴线重合，不应画出。同理，侧面投影画出的轮廓线 $c'c'_1$ 和 $d'd'_1$ 是圆柱表面最前、最后两条素线 CC_1 和 DD_1 的投影，它们的正面投影也不应画出。读图、画图时要根据空间关系和投影规律才能找到它们在投影图中的位置。此外，在圆柱的投影图中必须用点划线画出圆的中心线和圆柱面轴线的投影。

对于正面投影来讲，正视最大轮廓素线 AA_1 和 BB_1 之前的半圆柱可见，其后半圆柱不可见；对于侧面投影来讲，侧视最大轮廓素线 CC_1 和 DD_1 之左的半圆柱面可见，其右的半圆柱不可见。

4.2.2 圆锥体的投影

圆锥体是由直母线绕与它相交于一点的轴线旋转一周形成的。圆锥体上所有素线都与轴线相交于锥顶，圆锥体上的所有纬圆直径不相等。

图 4.15 所示为轴线垂直于水平投影面的正圆锥及其投影图。从图 4.15(b)中可以看出，该正圆锥的水平投影为圆，正面、侧面投影是大小相等的三角形。

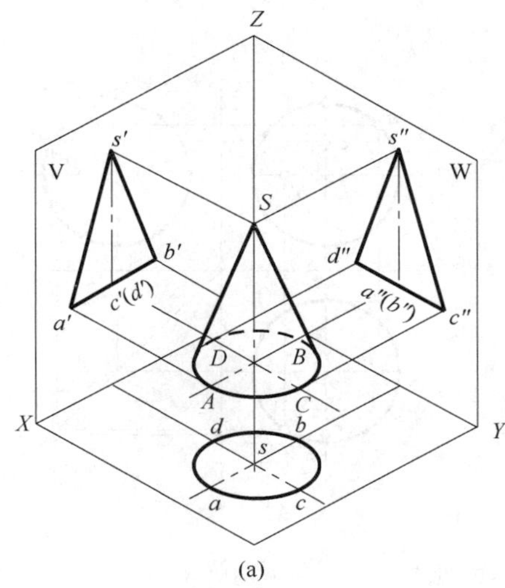

(a)

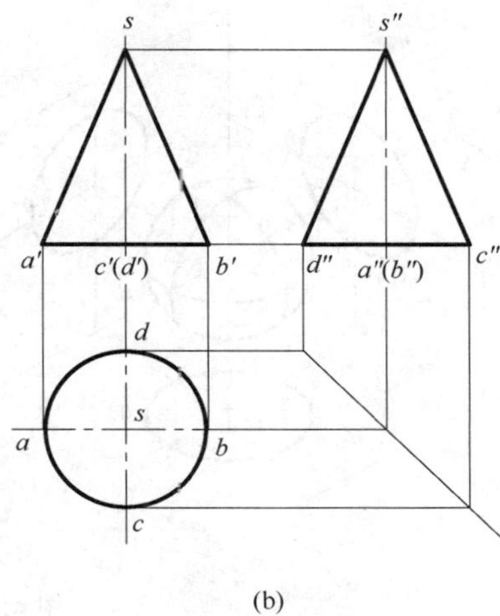

(b)

图 4.15　圆锥体的投影

因圆锥底面为水平面，故其水平投影反映实形，仍为圆，正面、侧面投影均为直线段。圆锥面的三个投影均无积聚性，其水平投影为圆，与底圆投影重合。正面、侧面投影是底宽为底圆直径的等腰三角形。正面投影上画出正视最大轮廓线 SA 和 SB 的投影 $s'a'$ 和 $s'b'$，它们的侧面投影与轴线的侧面投影重合。侧面投影上画出侧视最大轮廓线 SC 和 SD 的投影 $s''c''$ 和 $s''d''$，它们的正面投影与轴线的正面投影重合。此外，在圆锥的投影图中也必须用点划线画出圆的中心线和圆锥面轴线的投影。

对于正面投影来说，在正视轮廓线 SA 和 SB 之前的半圆锥面是可见的，其后的半圆锥不可见；对于侧面投影来说，在侧视轮廓线 SC 和 SD 之左的半圆锥面是可见的，其右的半圆锥不可见；对于水平投影来说，圆锥面全部可见。

4.2.3　圆台体的投影

圆锥体被一平行于底圆的平面截割后，底圆与截割面之间的部分就是圆台体，它的投影分析同圆锥体，这里不再赘述。

4.2.4　球体的投影

球体是由一半圆曲母线绕其本身的任一直径为轴线旋转一周形成的。

如图 4.16 所示，球体的三个投影是向三个不同方向最大圆的投影（A、B、C）。正面投影轮廓圆 a' 是圆球前后半球的分界圆，前半球可见，后半球不可见；水平投影轮廓圆 b 是圆球上下半球的分界圆，上半球可见，下半球不可见；侧面投影轮廓圆 c'' 是圆球左右半球的分界圆，左半球可见，右半球不可见。它们在所平行的投影面上反映圆的实形，其余两个投影与圆的中心线重合。

此外，在圆球的投影图上必须用点划线画出圆的中心线。

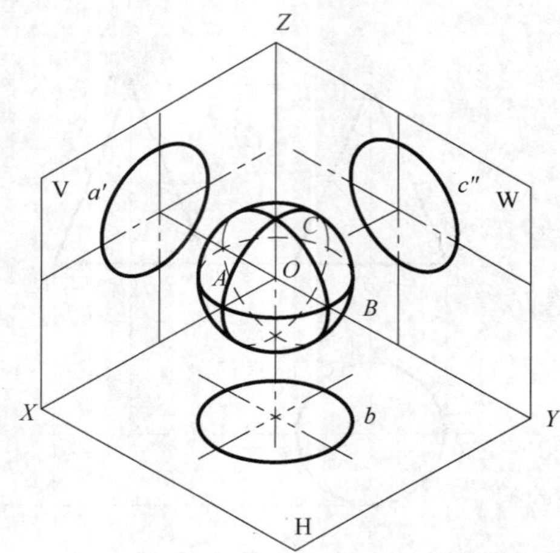

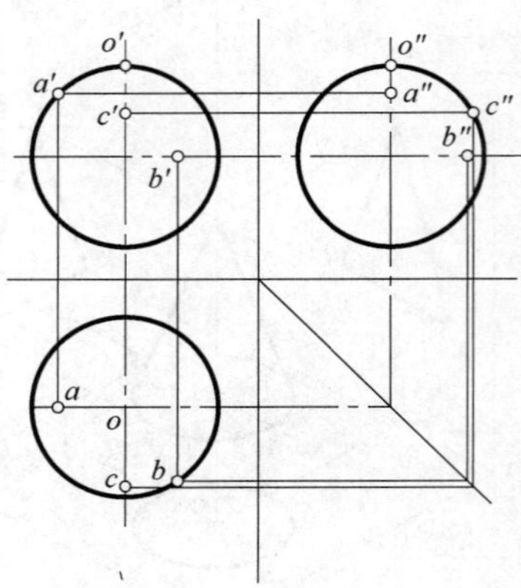

图 4.16 圆球体的投影

4.2.5 曲面体投影图的识读

1）圆柱体的三个投影分别是一个圆和两个全等的矩形，且矩形的长度等于圆的直径。

2）圆锥体的三个投影分别是一个圆和两个全等的等腰三角形，且三角形的底边长等于圆的直径。

3）球体的三个投影是三个全等的圆。

除了掌握上述特点外，还应注意：曲面立体的投影是由构成曲面立体的曲面和平面的投影组成的。它的投影是对曲面体轮廓线的投影。轮廓线是立体表面上不同两平面、平面与曲面或不同两曲面的交线。

4.2.6 曲面体表面上的点和线

1）在圆柱表面上取点，可利用圆柱表面对某一面的积聚性进行作图。

2）圆锥面上的任意一条素线都过圆锥顶点，圆锥面的三投影都没有积聚性，因此在圆锥表面上定点时应采用素线法或纬圆法。

用素线作为辅助线作图的方法称为素线法。

用垂直于轴线的圆作为辅面的方法称为纬圆法。

3）在圆球表面上取点，必须用纬圆法，即利用球面上平行于投影面的辅助圆进行作图。

【例 4.3】 已知圆柱的三面投影及其表面上Ⅰ、Ⅱ、Ⅲ、Ⅳ组成曲线的正面投影 $1'2'3'4'$，求该曲线的水平投影和侧面投影(图 4.17)。

【解析】 (1) 投影分析

点Ⅰ、Ⅱ、Ⅲ、Ⅳ组成的曲线在圆柱曲面上，因此可利用圆柱面水平投影的积聚性，先作出水平投影，然后再用“二补三”作出侧面投影。

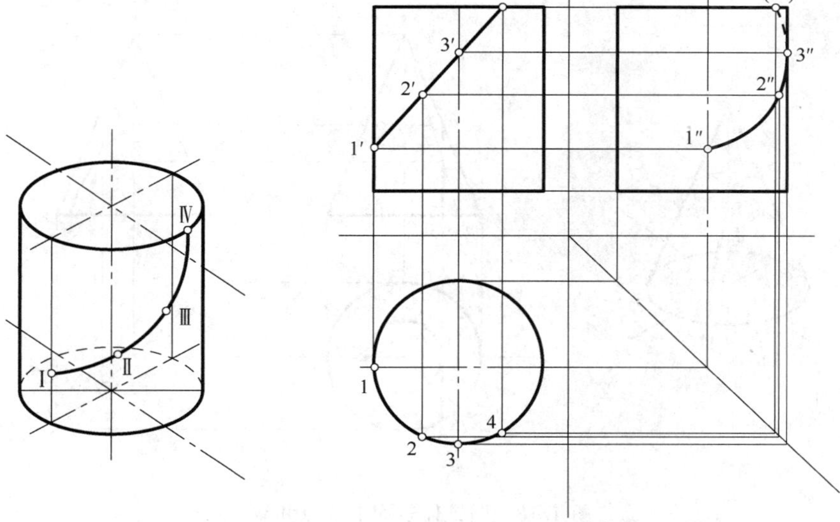

图 4.17　圆柱表面上的点和线

（2）作图步骤

1）从正面投影可知Ⅰ、Ⅱ、Ⅲ、Ⅳ点都位于前半个圆柱面上，Ⅰ点在最左轮廓线上，Ⅲ点是最前素线上的点。因此，可以确定Ⅰ点的水平投影 1 积聚在圆周最左边的交点处，侧面投影 1″在点划线上（与轴线重合）；Ⅲ点的水平投影 3 在圆周最前边的交点处，侧面投影 3″在最大轮廓线上。

2）Ⅱ、Ⅵ点不在最大轮廓线上，仍用水平积聚投影性质，得出其水平投影点 2 和 4。然后用“二补三”作图，确定其侧面投影 2″和 4″。

3）曲线ⅠⅡⅢⅣ的水平投影 1234 是积聚在圆周上的一段圆弧。侧面投影是一段光滑曲线 1″2″3″4″，Ⅰ、Ⅱ、Ⅲ在左前半曲面上可见，画实线。Ⅳ在右前半曲面上不可见，画虚线。

【例 4.4】　已知圆锥表面上Ⅰ、Ⅱ、Ⅲ、Ⅳ四个点的正面投影 1′、2′、3′、4′，以及曲线ⅠⅡⅢ的正投影 1′2′3′，求作它们的水平投影和侧面投影（图 4.18）。

【解析】　（1）投影分析

点Ⅰ、Ⅱ、Ⅲ、Ⅳ及曲线ⅠⅡⅢ都在圆锥面上，Ⅰ点在圆锥面最左边轮廓素线上，Ⅲ点在底圆上，这两个点是圆锥面上的特殊点，可以通过引投影联系线直接确定其水平投影和侧面投影，Ⅱ点和Ⅳ点是圆锥面上的一般点，可以用素线法或纬圆法确定其水平投影和侧面投影。

（2）作图步骤

1）Ⅰ点位于圆锥面最左边轮廓素线上，所以它的水平投影 1 应为 1′向下引联系线与点划线的交点（可见），侧面投影 1″应为自 1′向右引联系线与点划线的交点（与轴线重影，可见）。

Ⅲ点是底圆前半个圆周上的点，水平投影 3 应为 3′向下引联系线与前半个圆周的交

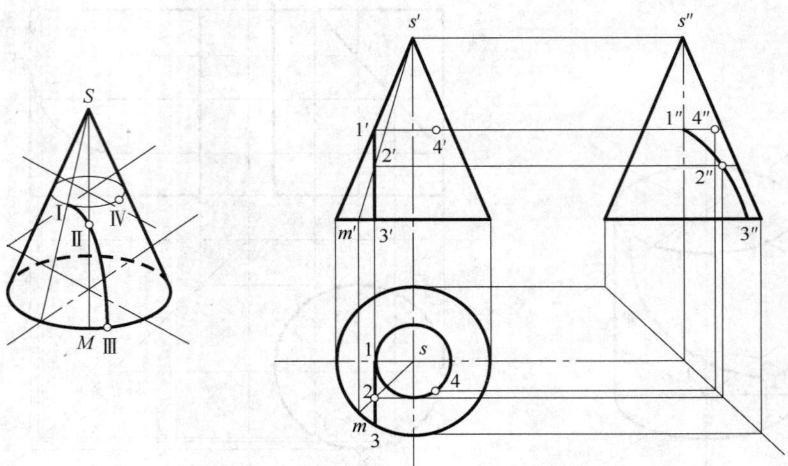

图 4.18　圆锥体表面上的点和线

点（可见），利用“二补三”作图确定其侧面投影 3″（可见）。

2）Ⅱ点因不在特殊素线上，用素线法较合适，其方法是：连 s' 和 $2'$ 延长到 m'，然后自 m' 引联系线，交底圆前半个圆周于 m，连 sm，最后由 $2'$ 向下引联系线，与 sm 相交，交点即为Ⅱ点的水平投影 2（可见）。Ⅱ点的侧面投影 2″可用“二补三”作图法求得（可见）。

3）Ⅳ点也不在特殊素线上，可用纬圆法作图。其方法是：过 $4'$ 点作直线垂直于点划线，与轮廓素线的两交点之间的连线即为过Ⅳ点纬圆的正面投影。在水平投影上，以底圆的中心为圆心，以纬圆正面投影的线段长度为直径画图，这个图就是过Ⅳ点纬圆的水平投影。然后由 $4'$ 点向下引联系线于纬圆的前半个圆周的交点即为Ⅳ点的水平投影 4（可见）。最后利用“二补三”作图法求出其侧面投影 4″（不可见）。

4）圆锥曲面上的曲线ⅠⅡⅢ在水平投影中积聚成一直线 123，在侧立面上反映曲线实形 1″2″3″。

【例 4.5】 已知 K 点的正立面投影 k'，求 k，k''（图 4.19）。

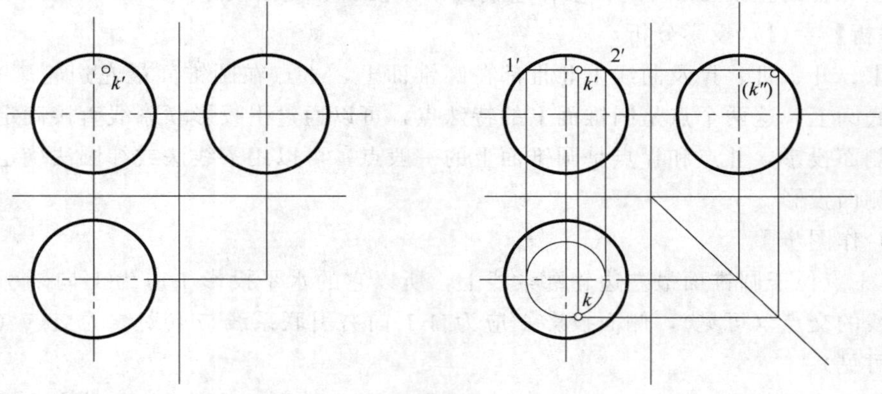

图 4.19　圆球表面上取点

【解析】　作图步骤：

1）过 k' 作一水平辅助圆，即 $1'2'$。

2）以 $1'2'$ 为直径在水平投影中作辅助圆实形。

3）以 k' 向下引联系线，交辅助圆为 k。

4）用“二补三”求出 k''，因 K 在上右方，侧立面投影为不可见。

4.2.7　曲面体的尺寸标注

曲面体的尺寸标注和平面体相同，只要注出曲面体圆的直径和高即可，如图 4.20 所示。

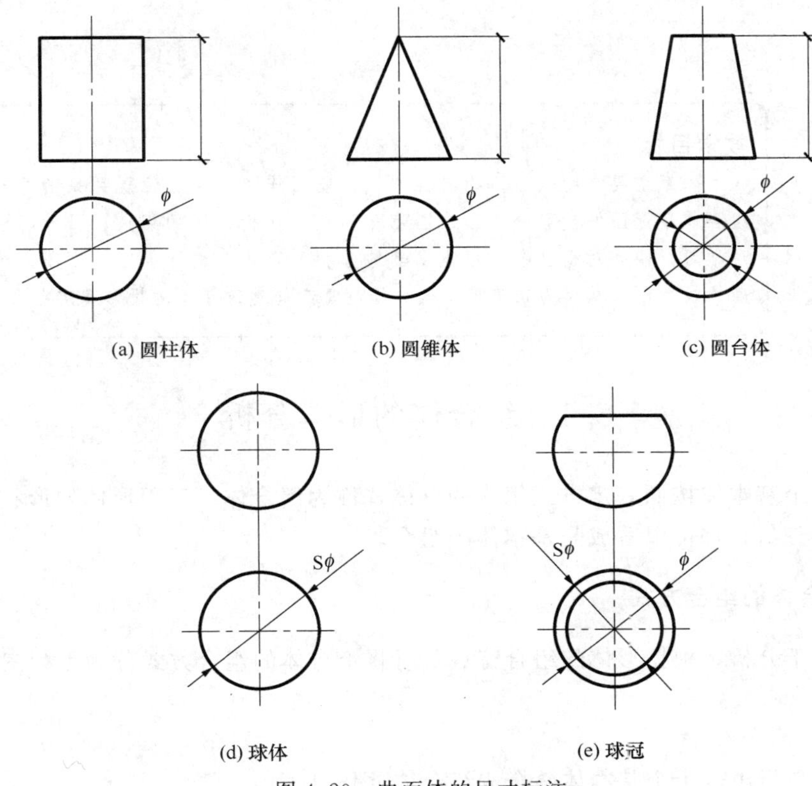

图 4.20　曲面体的尺寸标注

思考题

4.1　什么是基本体？它是如何分类的？

4.2　平面体投影图的投影特性和识读注意事项有哪些？

4.3　曲面体投影图的投影特性和识读注意事项有哪些？

4.4　什么是素线法、纬圆法？

4.5　怎样根据基本体表面上的点或线的一个投影作出其余两个投影？其可见性如何判断？

4.6　如何标注基本体投影图的尺寸？

第5章　组合体的投影

教学目标

本章主要介绍组合体的组合方式、表面连接关系、位置关系的分析，以及组合体投影图的投影分析、绘图步骤和组合体投影图的识读、尺寸标注等。通过学习，能够对稍复杂的形体准确地分析、识读，进行合理地判断，绘制出正确的投影图，从而为正确地识读和绘制复杂的建筑形体的投影奠定坚实的基础。

5.1　组合体的形体分析

由若干个基本体按照一定方式组成的形体，称为组合体。工程形体的形状虽然很复杂，但略加分析，都可以看成是基本体的组合。

5.1.1　组合体的组合方式

为了便于分析，根据形体的组合特点，可将组合体的组合方式分为下列三种。

1. 叠加式

叠加式是指由若干个基本体叠合成组合体[图5.1(a)]。

2. 切割式

切割式是指基本体被平面或曲面截切，切割后表面产生不同形状的截交线或相贯线[图5.1(b)]。

3. 混合式

混合式是既有叠加又有切割的综合形式[图5.1(c)]。混合式组合体是最常见的组合体。

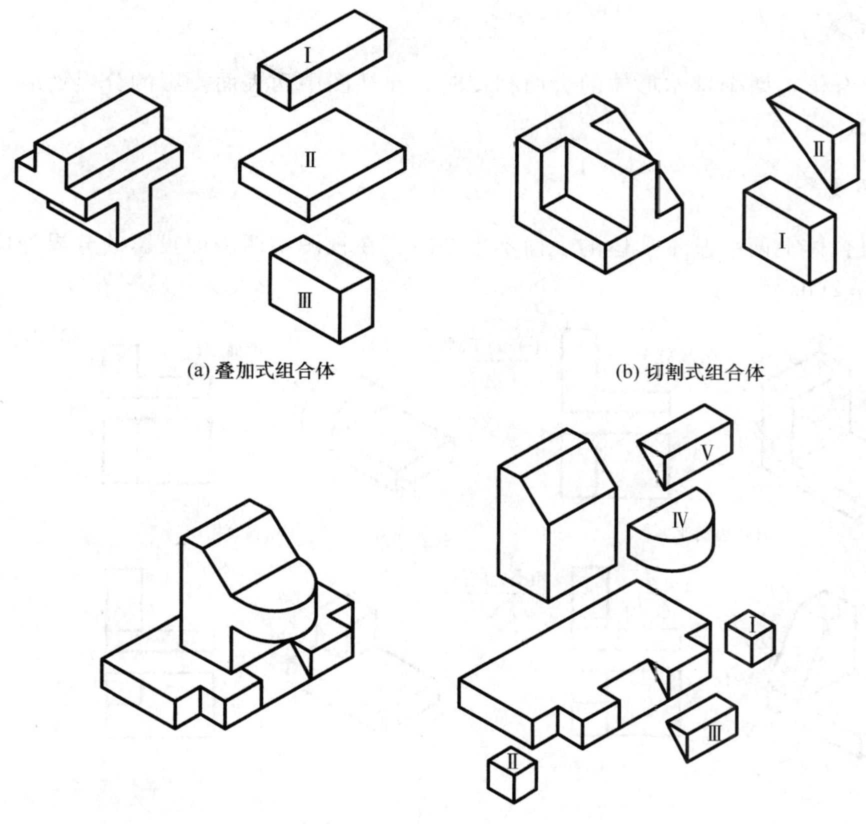

(a) 叠加式组合体　(b) 切割式组合体

(c) 混合式组合体

图 5.1　组合体的组合方式

5.1.2　组合体表面的连接关系

因为对组合体进行分解的分析方法是假想的，而组合体实际上是一个整体，所以在识读组合体的视图时，必须注意其组合方式和各基本体之间表面的连接关系，才能正确理解形体的形状。组合体各表面之间的连接关系可分为平齐、不平齐、相切和相交四种情况。

1. 平齐

当组合体上两基本形体的某两个表面平齐时，即构成一个完整的平面，在投影图中平齐处不应该有线隔开[图5.2(a)]。

2. 相切

相切是指两个基本体表面（平面与曲面或曲面与曲面）光滑连接。平面与曲面、曲面与曲面相切时，在相切处不存在分界线[图5.2(b)]。

3. 相交

当组合体上两个基本形体的表面相交时，在视图中两表面投影的分界处应该用线隔开[图5.2(c)]。

4. 不平齐

当组合体上两个基本形体的表面不平齐时，在视图中两表面投影的分界处应该用线隔开[图5.2(d,e)]。

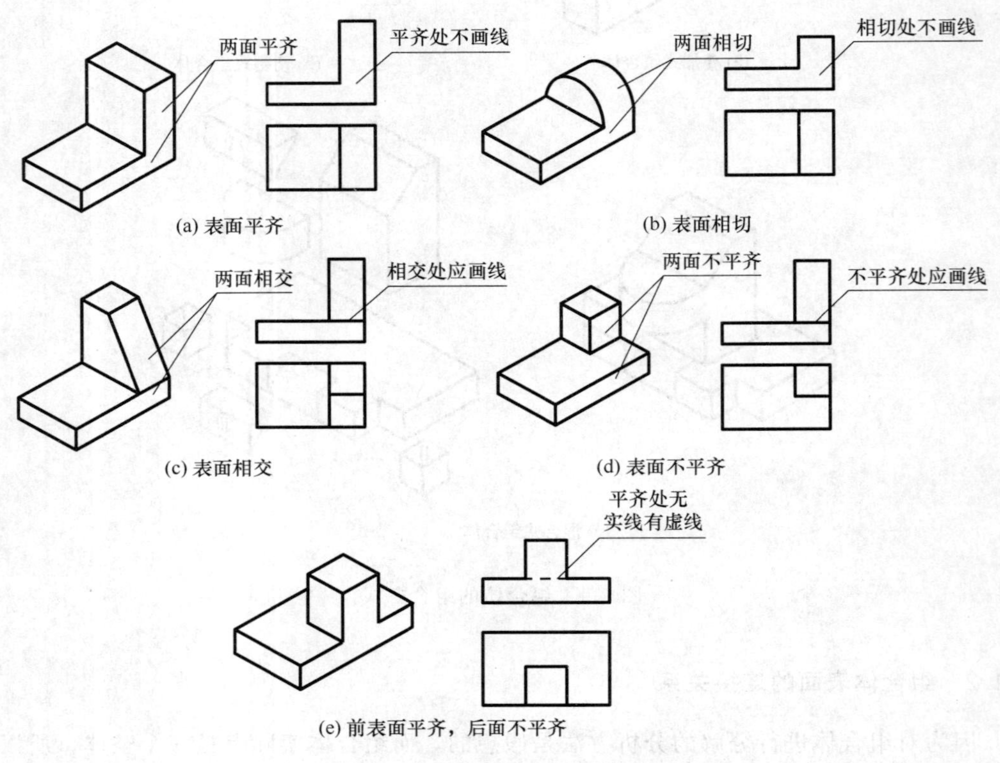

图 5.2 形体表面的连接关系

5.2 组合体投影图的识读

5.2.1 组合体投影图识读的方法

组合体、投影图识读是根据形体在平面上的一组视图，通过分析、想象出形体的空间形状，然后把空间形体用一组视图在一个平面上表示出来，常用的识读方法有以下几种。

1. 形体分析法

形体分析法就是在组合体投影图上分析其组合方式、组合体中各基本体的投影特

性、表面连接以及相互位置关系，然后综合起来想象组合体空间形状的分析方法。

一般是从反映组合体形体特征较多的投影图入手：

1）划线框，分形体。

2）对投影，想形状。

3）合起来，想整体。

【例 5.1】　已知涵洞出入口的三面投影图，读图并绘出立体图。

【解析】　（1）投影分析

对图 5.3(a)进行分析，可知该组合体是由两个基本形体（四棱柱、四棱台）组成，又在四棱台上切割两个基本形体（三棱柱、圆柱）得到的。

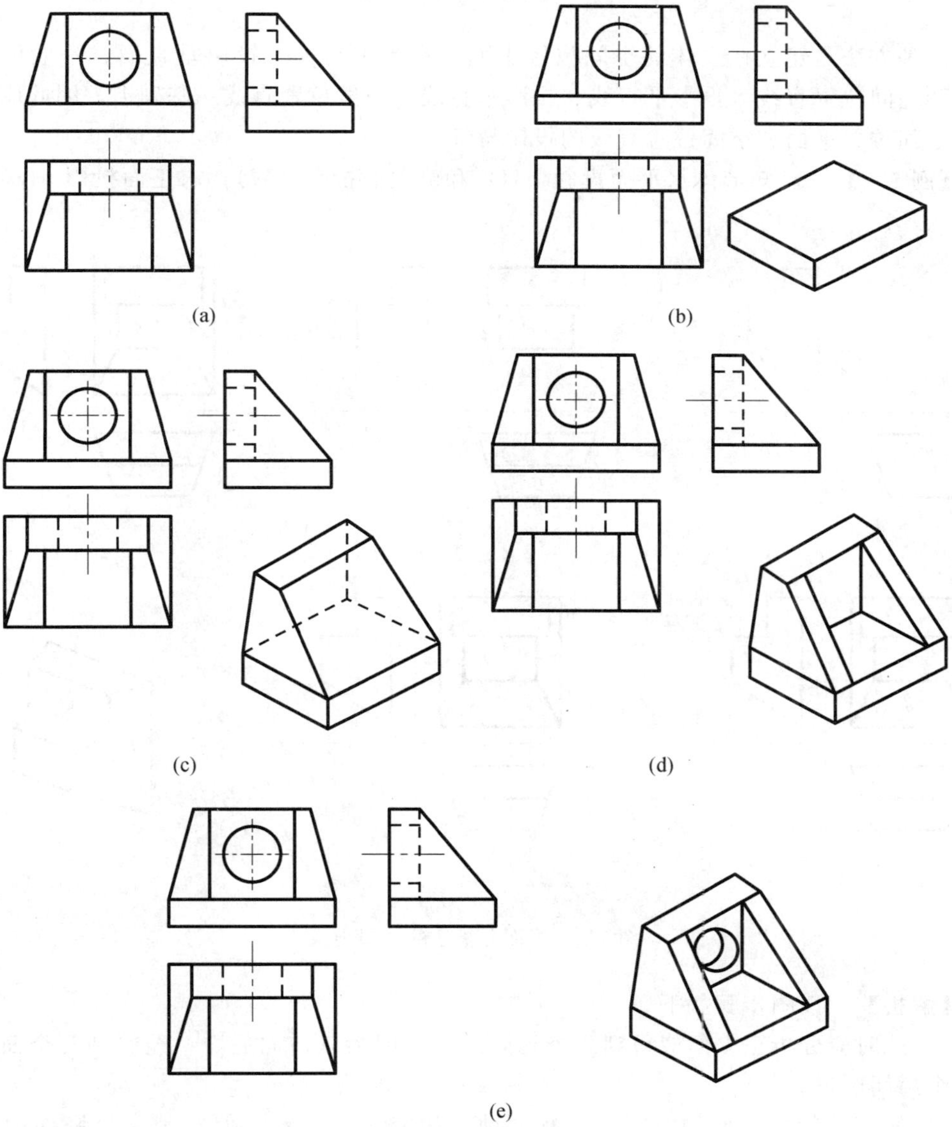

(a)　(b)

(c)　(d)

(e)

图 5.3　形体分析法的读图步骤

（2）读图步骤

1）读出底座四棱柱［图 5.3(b)］。

2）读出底座四棱柱上部叠加的四棱台［图 5.3(c)］。

3）读出在四棱台的前方切割去的三棱柱［图 5.3(d)］。

4）读出在后板中切割的圆柱［图 5.3(e)］。

2. 线面分析法

所谓线面分析法，就是根据围成形体的表面与表面之间的交线投影，逐面、逐线进行分析，找出它们的空间位置及形状，从而想象、确定出被它们围成的整个形体的空间形状。

此种方法是建立在立体的空间位置平面（投影平行面、投影垂直面、一般位置平面）和空间位置直线（投影平行线、投影垂直线、一般位置直线）基础上，因此应熟练掌握空间位置平面和空间位置直线的投影特性。

【例 5.2】 已知形体水平面投影（H）和侧立面投影（W），求正面投影（V），如图 5.4所示。

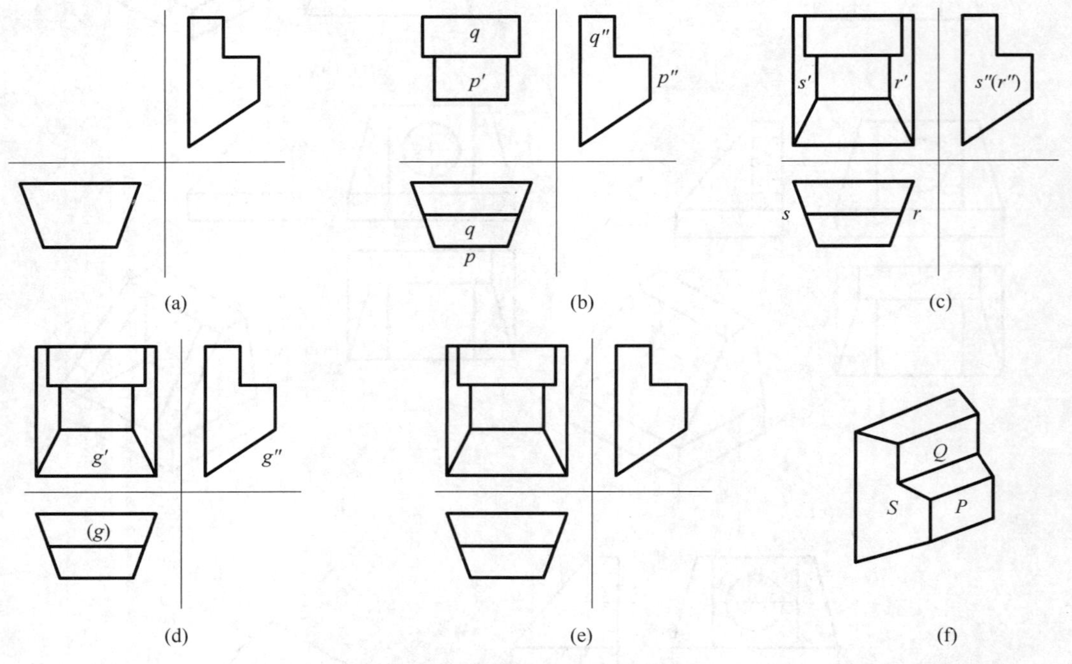

图 5.4 线面分析法的读图步骤

【解析】 读图步骤如下。

1）此时应分析正立面应得到几个封闭图形。因为从前向后看，能看到几个面，就有几个封闭图形。

2）任何一物体表面的空间位置有七种，如表 5.1 所示，但在某一投影面中并不

能全部出现。在已知 H 和 W 的投影，求 V 的投影题型中，有四种空间平面存在的可能性，即表 5.1 中打“√”的情况，因此七种情况中排除三种，剩四种。

表 5.1　空间平面的位置及投影特性

空间面的名称	投影特性	已知 H、W，求 V	已知 V、W，求 H	已知 V、H，求 W
正垂面	一斜线（V），两封闭图形（H、W）		√	√
铅垂面	一斜线（H），两封闭图形（V、W）	√		√
侧垂面	一斜线（W），两封闭图形（H、V）	√	√	
正平面	一封闭图形（V），两直线（H、W 同时垂直于 *OY* 轴）	√		
水平面	一封闭图形（H），两直线（V、W 同时垂直于 *OZ* 轴）		√	
侧平面	一封闭图形（W），两直线（V、H 同时垂直于 *OX* 轴）			√
一般位置平面	三封闭图形（H、V、W 具有类似性）	√	√	√

3）对不同的形体而言，保留的四种空间平面也不一定都存在，存在的数量也不同，用投影特性对照已知的两投影（H、W），得出正平面 2 个（*Q*、*P* 面）、铅垂面 2 个（*S*、*R* 面）和侧垂面 1 个（*G* 面），因此从前向后看能看到 5 个平面。在 H、W 投影中，没有符合一般位置平面的投影特性，排除一般位置平面的可能性，因此在正平面上应得到 5 个封闭图形，见图 5.4(b～e)。

在识读组合体的投影时，必须注意要“先整体，后细部”，即先用形体分析法认识立体的整体，进而用线面分析法认识立体的细部，两种方法综合使用。

5.2.2　组合体投影图识读的思维基础

1. 基本体投影图的熟练运用

识读组合体投影图时，首先必须熟练掌握各基本平面体、曲面体的投影特性。

2. 借助于第三投影才能准确确定形体的空间形状

读图时，要根据视图间的对应关系，把各个视图联系起来看，通过分析，想象出物体的空间形状。不能孤立地看一两个视图来确定物体的空间形状，而应三个投影图对应起来看，因为三个投影图能完全确定一个形体，而一个投影图或两个投影图不一定能确定一个形体。由图 5.5(a)可以看出，已知正立面和水平面视图，则可确定出图 5.5(b～d)所示的三个形体。因此，要确定物体的形状必须用三面正投影。

3. 正确确定组合体中各基本组成形体的相对位置关系

阅读组合体投影时，先把一组投影统看一遍，找出特征明显的投影面，大致分

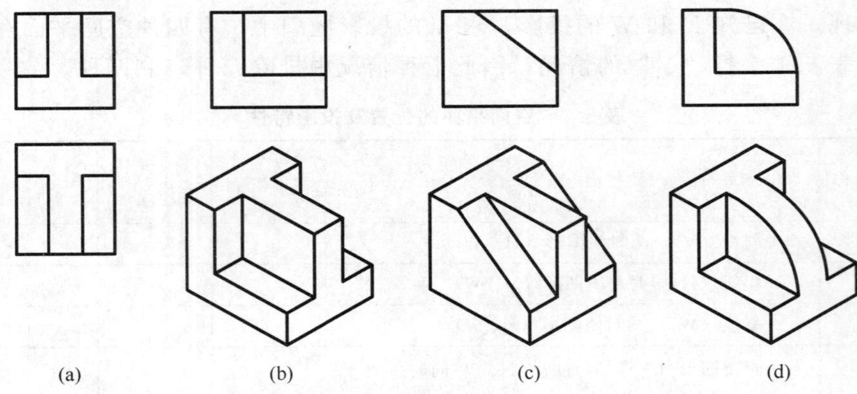

图 5.5　已知两面投影求第三面投影

析出组合方式，根据组合方式将特征形体大致分为几个部分，找出各部分的投影，依据每部分的三面投影想出空间形状，不易确认的部分用线面分析法仔细推敲，最后将各部分组合，形成一个整体，参照投影修改不符之处。

【例 5.3】　已知形体的 V、H 面投影，求其第三投影（图 5.6）。

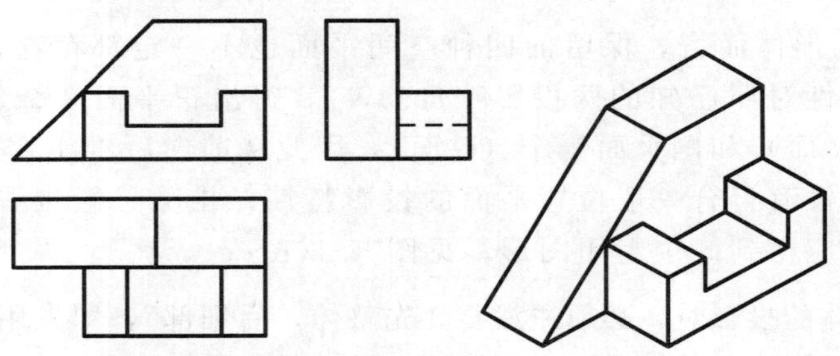

图 5.6　例 5.3 图

【解析】　V 面反映前低后高关系，H 面反映前后组合，左棱面不平齐右棱面平齐。

【例 5.4】　由形体的 H、V 面投影求出 W 面投影（图 5.7）。

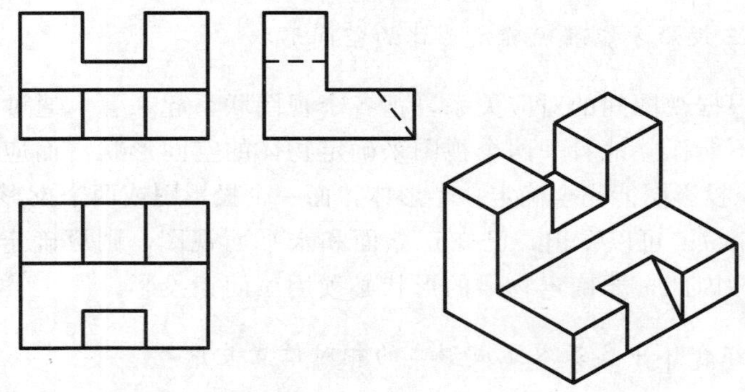

图 5.7　例 5.4 图

【解析】　V 面反映上下组合关系，H 面反映下宽上窄组合。

【例 5.5】　分析形体已知的 H、W 投影求其第三投影（图 5.8）。

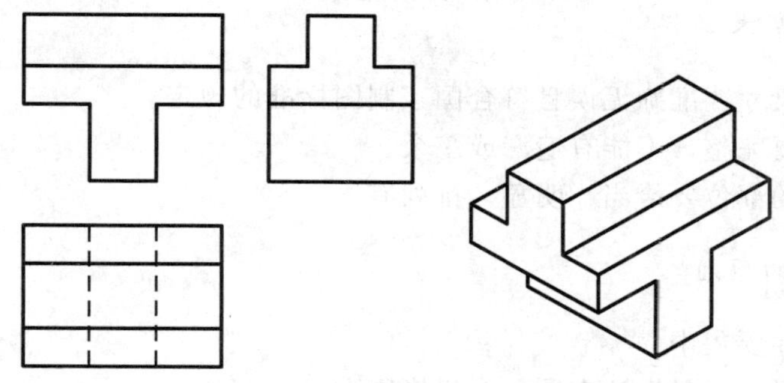

图 5.8　例 5.5 图

【解析】　V 面反映上中下组合关系，H 面反映上窄、中宽、下短组合关系。

5.3　组合体的尺寸标注

在工程图中，除了用一组适当的投影图来表达形体的形状和形体各部分的相互关系外，还必须标注形体的实际尺寸，以方便施工生产和制作。

5.3.1　组合体尺寸标注的内容

1. 组合体的尺寸标注应解决两个问题

1）基本形体尺寸的大小（反映形体的长、宽、高尺寸，即定形尺寸）。

2）基本形体相对位置之间的关系（反映各基本体之间的位置间距，即定位尺寸）。

2. 组合体的尺寸组成

组合体的尺寸由三部分组成，即定形尺寸、定位尺寸和总尺寸。

（1）定形尺寸

用于确定组合体中各基本体自身大小的尺寸称为定形尺寸。它通常反映形体的长、宽、高尺寸。

（2）定位尺寸

用于确定组合体中各基本形体之间相互位置的尺寸称为定位尺寸。它通常反映各本体之间的位置间距。

标注定位尺寸时，要选好一个或几个标注尺寸的基准点。长度方向常选形体左、右两侧为起点；宽度方向常选前、后两侧为起点；高度方向常选上、下两侧为起点。物体为对称形时，常选对称中心线为长度和宽度方向的起点。

（3）总尺寸

总尺寸表示建筑形体某个方向总的尺寸。它反映组合体总长、总宽和总高的外包尺寸。

5.3.2 尺寸标注的要求

1. 尺寸标注基本要求

正确：标注尺寸要准确无误且符合国家制图标准的规定。
完整：尺寸要完整，不能有遗漏或多余。
清晰：注写的部位要恰当、明显，排列有序。

2. 尺寸标注的原则

（1）尺寸标注要集中
定形、定位尺寸尽量标注在同一个投影图上。
（2）尺寸标注要明显
尽量将定形尺寸标注在反映形状特征的投影图上。
（3）尺寸标注要整齐
尺寸排列注意大尺寸在外、小尺寸在内，且符合规范基本要求。
（4）尺寸标注要清晰
除某些细部尺寸外，尽量将尺寸布置在图形之外。
（5）尺寸标注不重复
同一尺寸一般只标注一次。

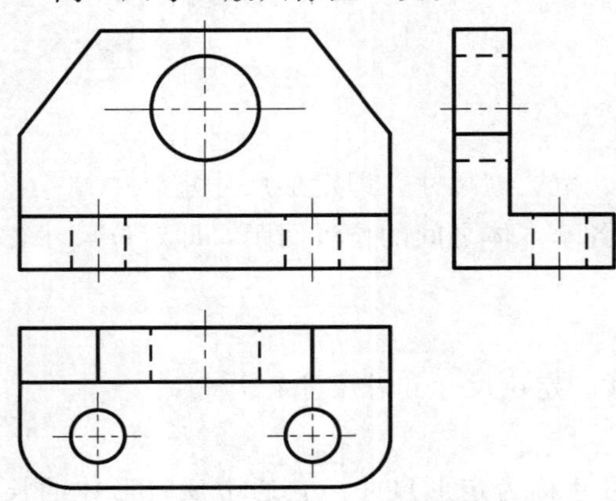
图 5.9 已知形体的三面投影

（6）尺寸标注尽量不标在虚线上

【例 5.6】 已知图 5.9 中形体的三面投影，读懂的标注形体尺寸。

【解析】 （1）投影分析

图 5.9 中，由已知投影可以分析出该组合体由两个基本形体组成。带左、右两个圆角的四棱柱是底板，在底板内的左前侧和右前侧各有一个抽空的圆柱。后侧的竖板为带两个斜角的四棱柱，内部也被抽空一个圆柱。

（2）作图步骤

1）标注定形尺寸。尺寸标注一般按从小到大的顺序进行标注，并把一个基本体的长、宽、高尺寸依次标注完之后再标注其他形体的尺寸，以防遗漏。如 H 面投影中标注了底板上两圆孔直径 ϕ10mm，接着应标注其 V 面的孔深 10mm（这也是底板的厚度），然后标 V 面圆孔的直径 ϕ20mm 和其 H 面的孔深 10mm，再标 H 面底板的两个圆角半径 R10，最后标竖板的定形尺寸，斜角长 15mm，高 20mm，宽同圆孔深 10mm。

2）标注定位尺寸。先定基准：长度方向以形体的左侧作为定位基准；宽度方向以形体的前侧作为基准；高度方向以形体的底侧作为基准。

竖板圆孔的圆心在 V 面长度方向的定位尺寸为 35mm，W 面高度方向的定位尺寸为 31mm；底板圆孔的圆心在 H 面长度方向的定位尺寸为 15mm，W 面宽度方向的定位尺寸为 10mm。竖板斜角依底板下部的定位尺寸为 16mm。

3）标注总尺寸。该组合体在 H 面标注总长 70mm、总宽 30mm，V 面标注总宽 30mm。

4）检查尺寸是否标全、布置是否合理，最后完成全图（图 5.10）。

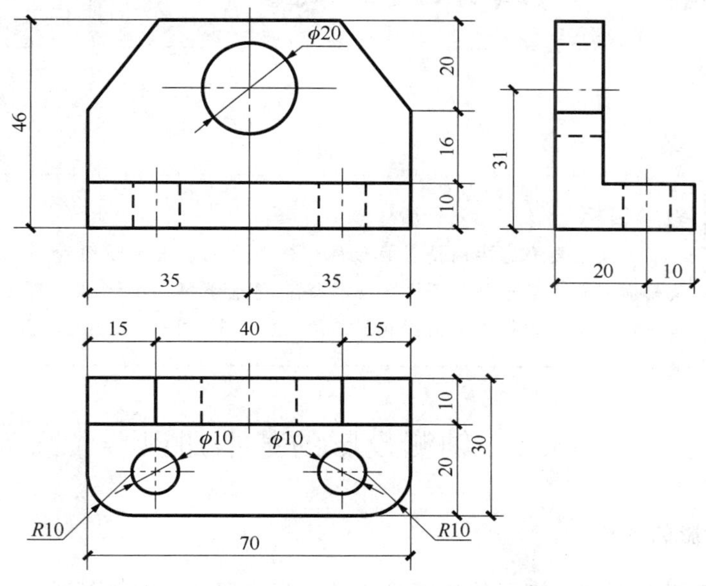

图 5.10　标注形体的尺寸

思考题

5.1　组合体的组合方式和表面连接关系各有哪些?

5.2　什么是形体分析法? 什么是线面分析法?

5.3　简述组合体投影图的识图要点和识图步骤。

5.4　组合体的定形、定位和总尺寸各指的什么?

5.5　组合体尺寸标注的基本要求和标注原则各是什么?

5.6　简述组合体尺寸标注的一般步骤。

第 6 章　轴测投影

教学目标

本章主要介绍轴测投影的形成、分类及根据正等测图和斜二测图的轴间角及轴向变形系数绘制轴测图的方法等。通过学习，了解正等测图和斜轴测图的形成及作用，掌握正等测图和斜二测图的绘制方法。

6.1　轴测投影的基本知识

6.1.1　轴测投影的形成

根据平行投影的原理，把形体连同确定其空间位置的三根坐标轴一起，沿不平行于三根坐标轴或由这三根坐标轴所确定的坐标面的方向 S，一起投射到一个新的平面 P 或 Q 上，所得的投影称为轴测投影，如图 6.1(a)所示。

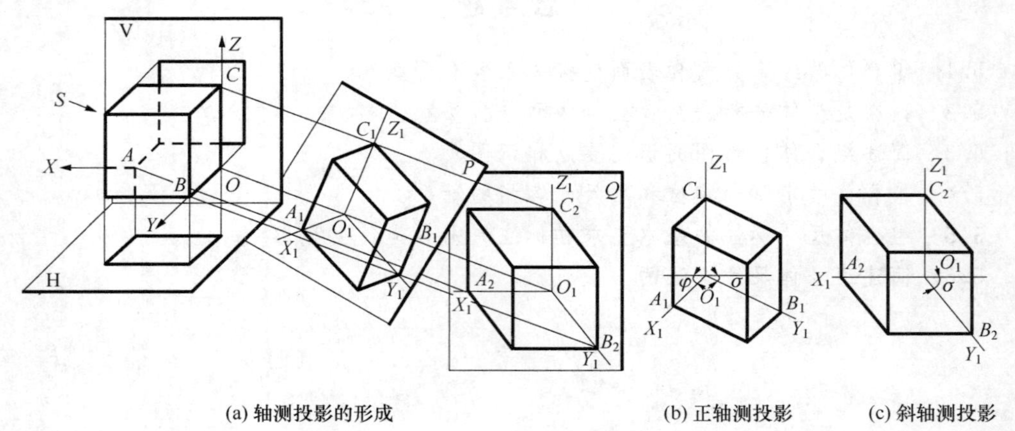

(a) 轴测投影的形成　(b) 正轴测投影　(c) 斜轴测投影

图 6.1　轴测投影

6.1.2　轴间角和轴向变形系数

轴测投影面：在轴测投影中为投影面 P 或 Q。

轴测轴：三根坐标轴 OX、OY、OZ 的轴测投影轴为 O_1X_1、O_1Y_1、O_1Z_1。

轴间角：轴测轴之间的夹角，即 $\angle X_1O_1Z_1$、$\angle X_1O_1Y_1$、$\angle Y_1O_1Z_1$。

轴倾角：一般规定把 O_1Z_1 轴画成铅垂方向，则 O_1X_1 和 O_1Y_1 与水平线的夹角分别记为 φ 和 σ，称为轴倾角。

轴向变形系数：轴测轴上某段长度和它的实长之比，如设 $p=\dfrac{O_1X_1}{OX}$，$q=\dfrac{O_1Y_1}{OY}$，$r=\dfrac{O_1Z_1}{OZ}$，则 p、q、r 称为轴向变形系数。

轴测投影方向：为方向 S。

6.1.3　轴测投影的特性

由于轴测投影是用平行投影法作出的一种平行投影图，它具有平行投影的一切特性，但为了方便以后的绘图，对其以下的几点特性应该予以关注。

1. 平行性

凡在空间中平行的两条直线在轴测投影中仍然是平行的，若直线与坐标轴平行，则其轴测投影与轴测轴平行且变形系数也与轴向变形系数相同。

2. 实形性

当空间中的平面图形与投影面平行时，其轴测投影也反映真实形状。

3. 从属性

若空间一点属于一直线，则该点的轴测投影也必在该直线的轴测投影上。

4. 等比性

点分空间线段之比等于其轴测投影分对应线段轴测投影之比。

5. 积聚性

当直线或平面与投射方向一致时，则直线投影成一点，平面投影成一直线。这种性质在正投影中对作图有利，但在轴测投影中则应力求避免出现，因为积聚性的出现会使轴测投影产生畸形，或使图形失去立体感。

6.1.4　轴测投影的分类

根据投射方向和轴测投影面的相对位置关系，轴测投影可分为两类：

1）正轴测投影：当投射方向垂直于轴测投影面时，如图 6.1(b)所示。

2）斜轴测投影：当投射方向倾斜于轴测投影面时，如图 6.1(c)所示。

这两类轴测投影按其轴向变形系数的不同，又可分为三种。

正（或斜）等轴测投影：$p=q=r$，简称正（或斜）等测。

正（或斜）二轴测投影：$p=q\neq r$ 或 $p=r\neq q$ 或 $q=r\neq p$，简称正（或斜）二测。

正（或斜）三轴测投影：$p\neq q\neq r$，简称正（或斜）三测。

6.2 平面立体轴测投影的常用画法

画平面体的轴测投影图的方法主要采用坐标法、切割法、堆积法和综合法。

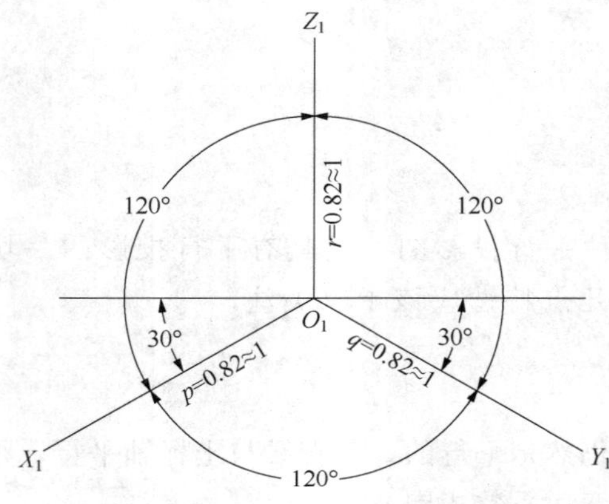

图 6.2 正等测的轴间角及轴向变化率

6.2.1 正等测投影

当选定的三个轴向变形系数相等时，即 $p=q=r$，所得的正轴测投影称为正等测投影。经过计算，可得 $p=q=r=0.82$，$\varphi=\sigma=30°$，轴间角均为 120°，如图 6.2 所示。但在实际作图时，按上述的轴向伸缩系数计算尺寸却是相当麻烦。由于绘制轴测图的主要目的是表达物体的直观形状，因此为了作图方便，常采用简化轴向变形系数，取 $p=q=r=1$，即平行于轴向的所有线段都按原长度量，这样画出来的轴测图沿轴向分别放大了 1/0.82≈1.22 倍。如图 6.3 所示为长方体分别用未简化和简化的轴向变形系数所作正等测投影的对比，由图可见其形状是不变的，仅图形按一定比例放大。

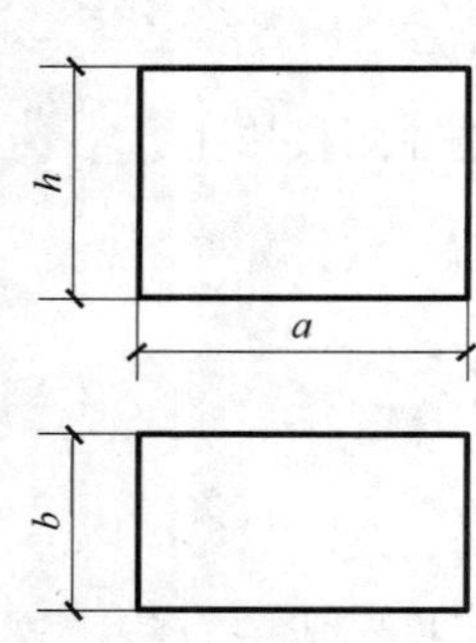

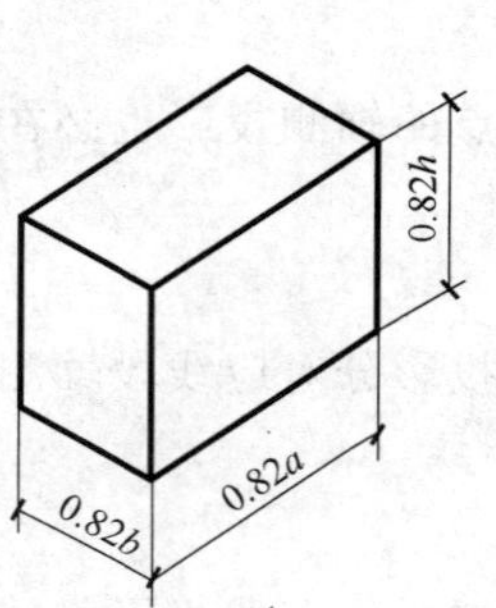

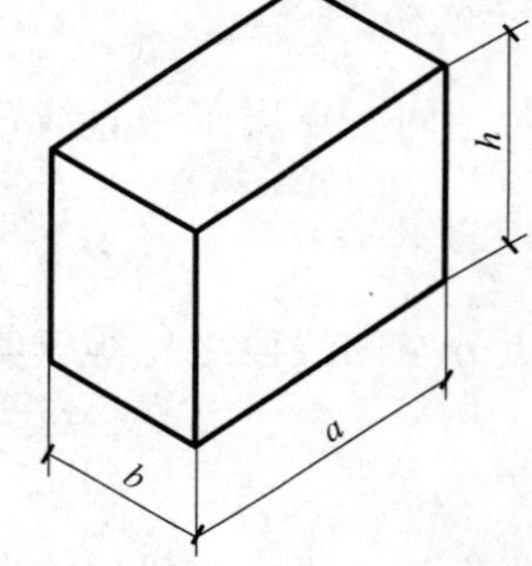

图 6.3 长方体的正等测投影

1. 坐标法

坐标法即将形体上各点的直角坐标位置移植于轴测坐标系统中去，定出各点的轴测投影，从而就能做出整个形体的轴测图。

【例 6.1】 试用坐标法画出图示正六棱柱的正等轴测图。

【解析】　由于形体的轴测图习惯上是不画出虚线的，因此作正六棱柱的轴测时，为了减少不必要的作图线，先从顶面开始作图比较方便。作图过程见图 6.4。

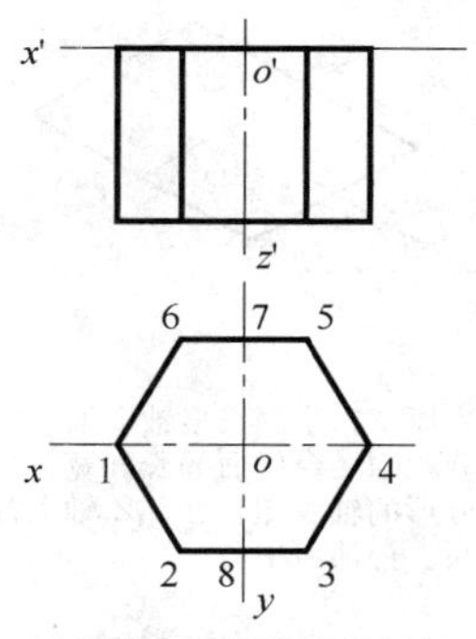

(a) 取六棱柱顶面中心为原点，建立坐标轴

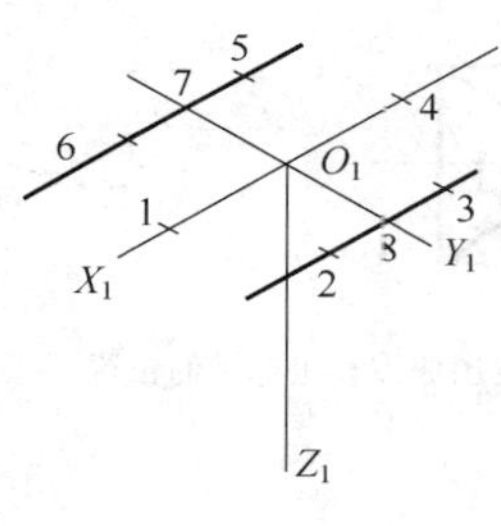

(b) 以O_1为原点作三根轴测轴；在O_1X_1上截取$|O_11|=|o1|$及$|O_14|=o4$，并在O_1Y_1上等长截取$|O_17|=|o7|$及$|O_18|=o8$，定出点1、4、7、8；过7、8作O_1X_1的平行线，在平行线上等长截取|67|、|57|、|28|、|83|的长度，定出2、3、5、6四点

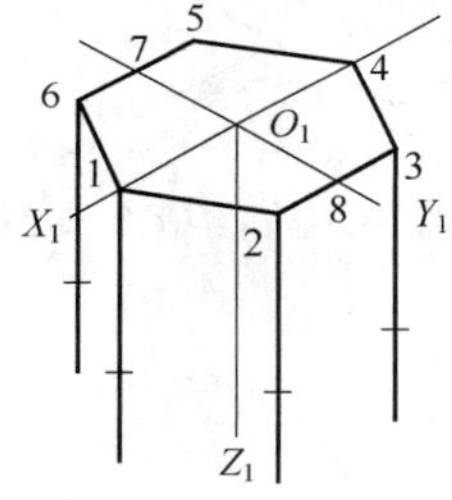

(c) 顺次连接1、2、8、3、4、5、7、6，过6、1、2、3点作O_1Z_1轴的平行线，并在其上截取六棱柱的高

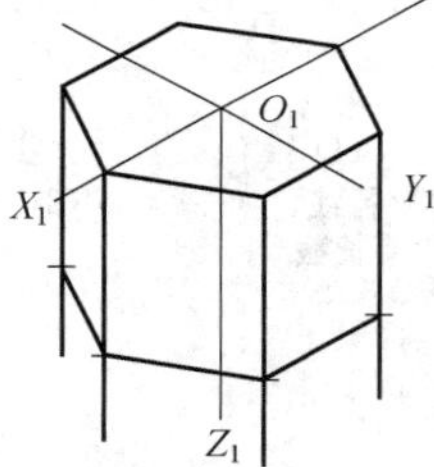

(d) 连接四个底面可见点

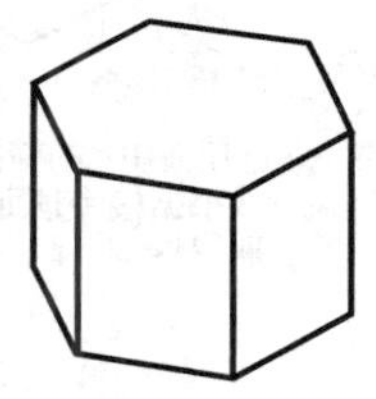

(e) 擦去多余的线条，并按线型加深轮廓线，即得正六棱柱的正等轴测图

图 6.4　正六棱柱正等测的作图步骤（坐标法）

讨论： 例 6.1 所选用的是 Z 轴向下方，作图时也可选择 Z 轴向上，但是后期作完图后，擦拭图纸上其余线形时，擦拭的线形相对多一点，所以本题在讲解实例时运用的是 Z 轴选取向下的方向，读者可自行比较，体会轴测图绘制的灵活性。

由此题读者可自行思考棱柱例如三棱柱，四棱柱等的绘制。

【例 6.2】　试画出图示棱台的正等轴测图。

【解析】　作图过程见图 6.5。读者绘制轴测图的过程中可以将坐标轴及其原点的位置自己选定在其他的方位。

【例 6.3】　试画出图示棱锥的正等轴测图。

【解析】　棱锥的轴测绘制，选择中心点为坐标原点绘图会相对简单一些，作图过程见图 6.6。

讨论： 读者可自行思考其余棱锥的绘制，例如正三棱锥、正四棱锥及正五棱锥的绘制，由此掌握棱锥的基本绘制方法。

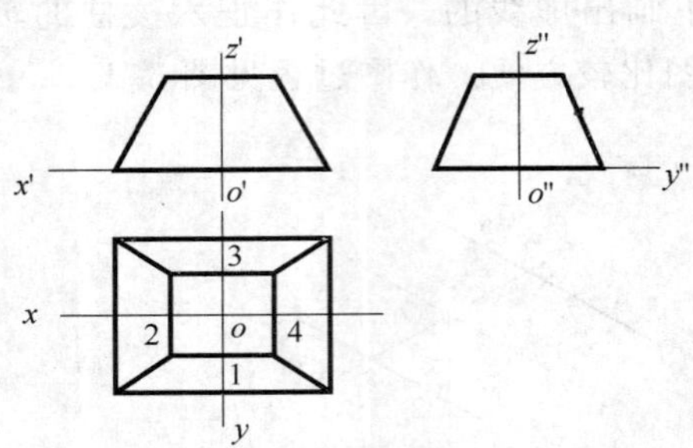

(a) 在正投影上定出原点和坐标轴的位置

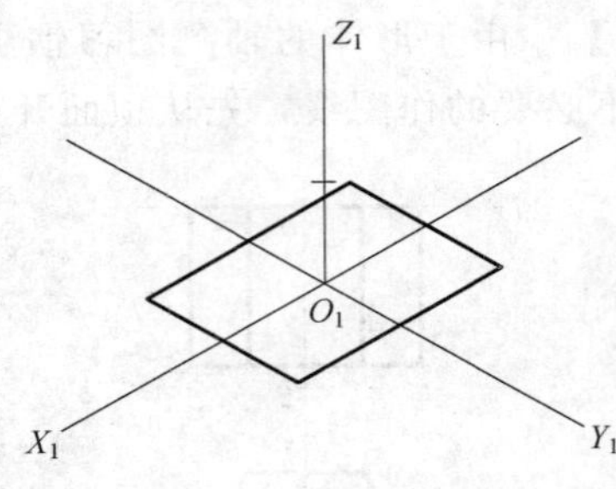

(b) 以O_1为原点，绘制三根轴测轴；以O_1为中心截取四棱台底面的长和宽，得出底面长方形的轴测图；在O_1Z_1轴上截取棱台的高，得顶面中心

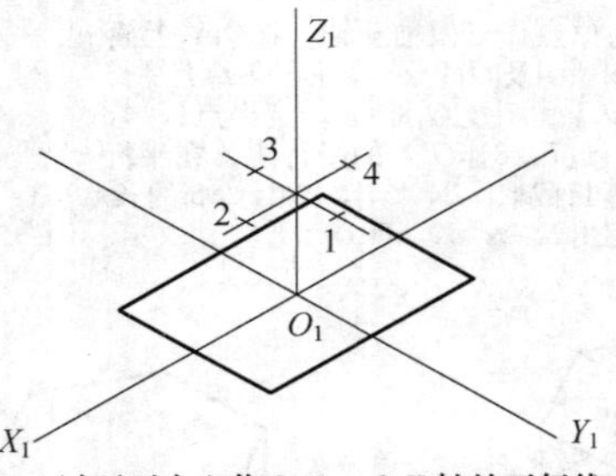

(c) 过顶面中心作O_1X_1、O_1Y_1轴的平行线，并根据棱台顶面的长和宽尺寸等长截取得1、2、3、4点

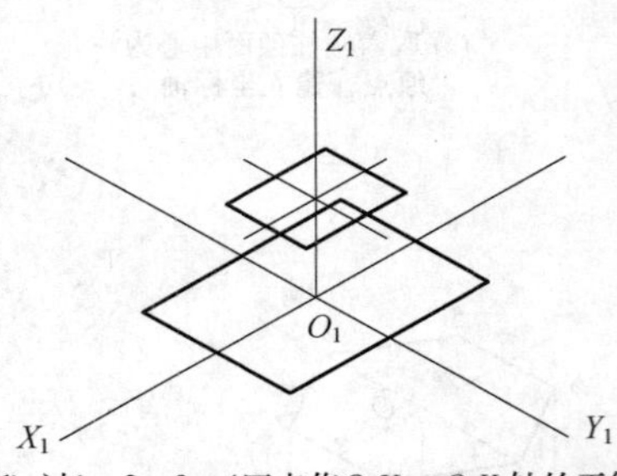

(d) 过1、2、3、4四点作O_1X_1、O_1Y_1轴的平行线，交得顶面的平行四边形

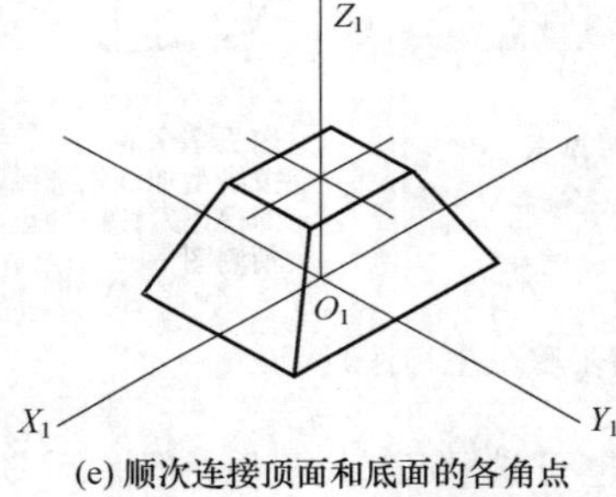

(e) 顺次连接顶面和底面的各角点

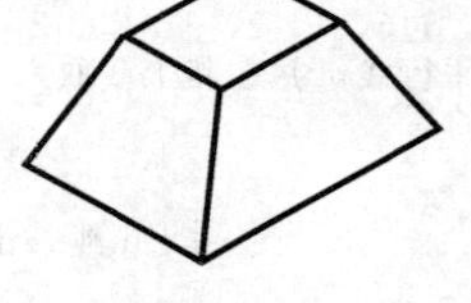
(f) 擦去多余的线条，并按线型加深轮廓线，即得四棱台的正等测图

图 6.5 四棱台的正等测图的作图步骤

2. 切割法

切割法是将切割型的形体看作是一个完整的、简单的基本形体，作出它的轴测图，然后将多余的部分逐步地切割掉，最后得到形体的轴测图。

【例 6.4】 试用切割法画出图示正六棱柱的正等轴测图。

【解析】 例 6.1 中六棱柱的绘制采用了坐标法，此处题目要求用切割法绘制，那么就要将切割前的形体先绘制出来，再进行切割。此处可假设六棱柱原来是一个四棱柱，那么切去四棱柱的四个角即可得到六棱柱。作图过程见图 6.7。

【例 6.5】 试用切割法画出图示形体的正等轴测图。

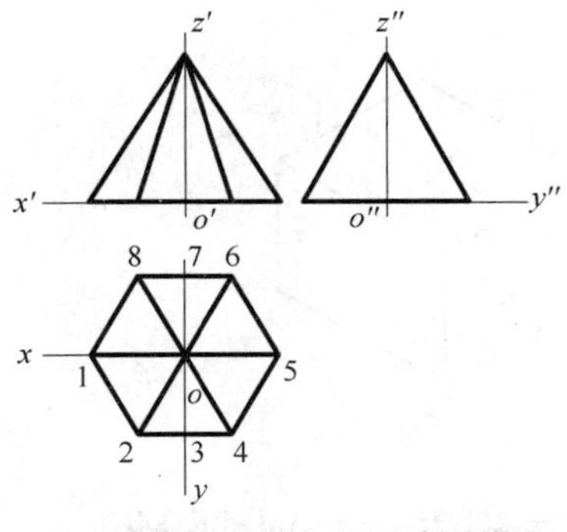

(a) 在正投影上定出原点和坐标轴的位置

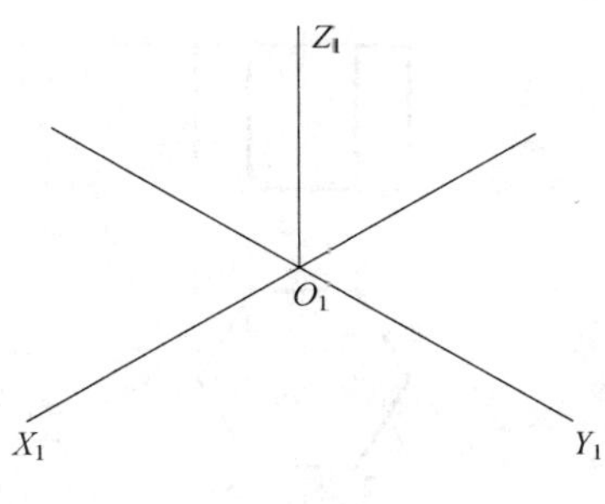

(b) 以O_1为原点绘制三根正等轴测轴

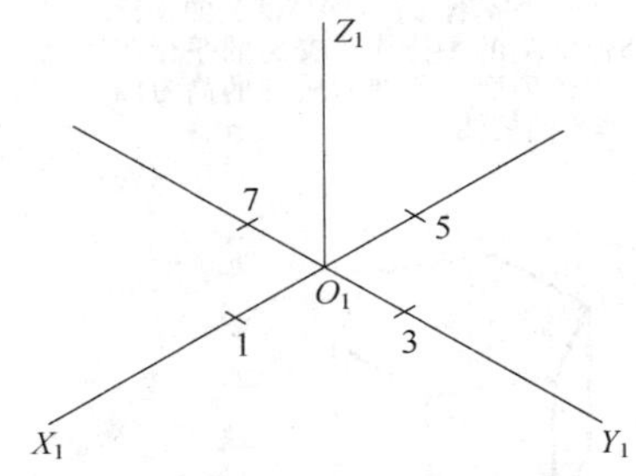

(c) 以O_1为中心等长截取$|O_1 1|=|o1|$、$|O_1 5|=|o5|$、$|O_1 3|=|o3|$、$|O_1 7|=|o7|$，由此定出1、3、5、7四点

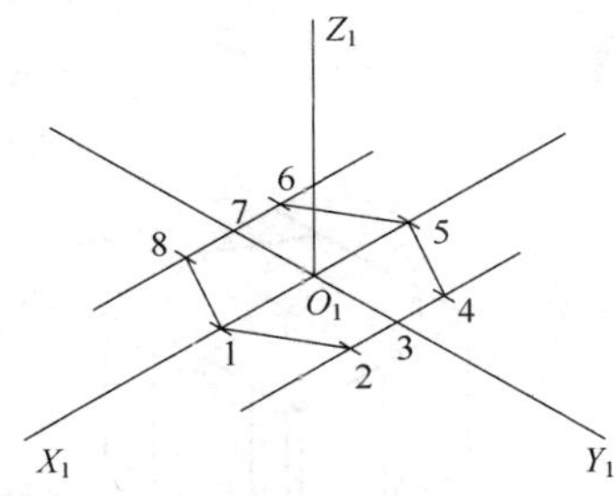

(d) 过3点和7点分别作O_1X_1的平行线，在平行线上等长截取出2、4、6、8四点；将1~8顺次连接成六棱锥的底面轴测图

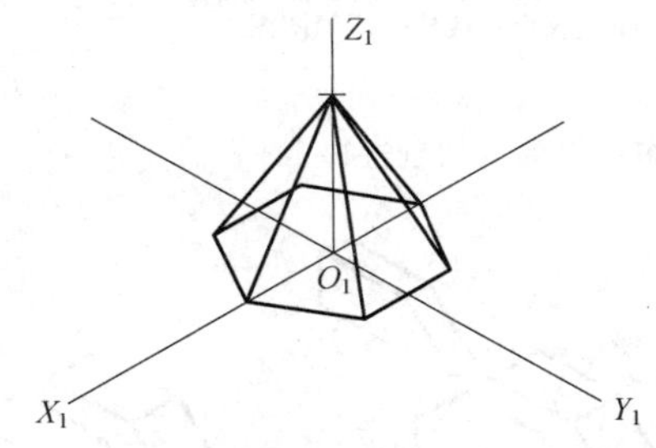

(e) 在O_1Z_1轴上截取棱锥的高，得锥顶；顺次连接锥顶和底面的各角点

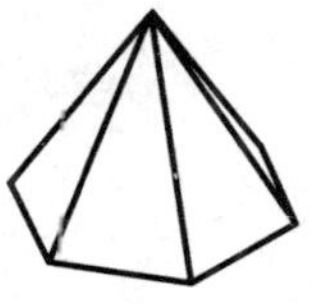

(f) 擦去多余的线条，并按线型加深轮廓线，即得六棱锥的正等测图

图 6.6　棱锥的正等测的作图步骤

【解析】　观察形体，得出形体的最初状态是一个四棱柱，然后在四棱柱上切割了一个三棱柱，再在剩下的形体上切割掉一个楔块，由此知此形体是在四棱柱的基础上切割了两次而得出的，分析过程见图 6.8，作图过程见图 6.9。

3. *叠加法*

叠加法是将组合体的轴测投影分为几个部分，然后分别画出各部分的轴测投影，从而得到整个形体的轴测投影。画图时注意叠加时的相对位置的确定。

【例 6.6】　试用叠加法画出图示形体的正等轴测图。

【解析】　作图过程见图 6.10。

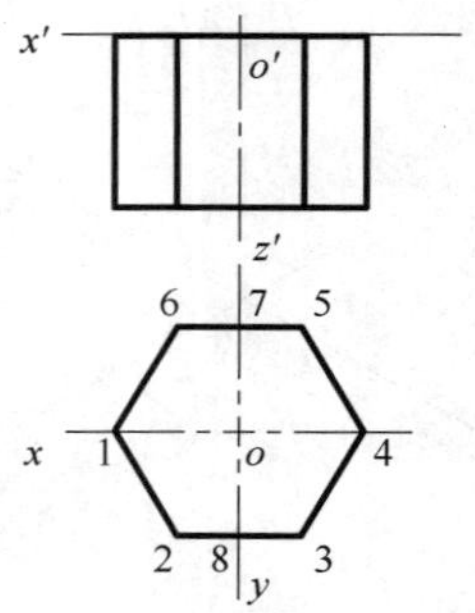

(a) 取六棱柱顶面中心为原点，建立坐标轴

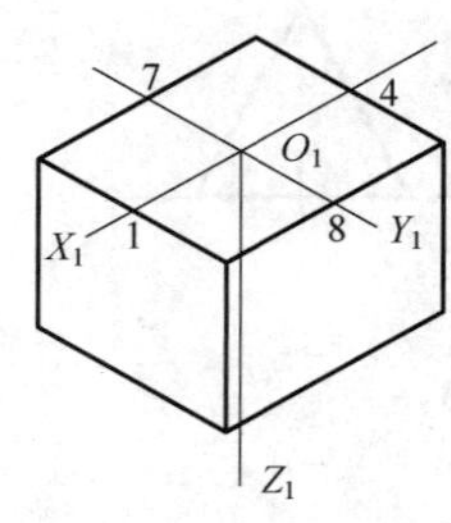

(b) 以O_1为原点作三根轴测轴；在O_1X_1上等长截取$|O_11|=|o1|$及$|O_14|=|o4|$,并在O_1Y_1上等长截取$|O_18|=|o8|$及$|O_17|=|o7|$，过1、4作O_1Y_1的平行线，过7、8作O_1X_1的平行线，交出的平行四边形即为四棱柱顶面；截取六棱柱的高为四棱柱的高，作出四棱柱

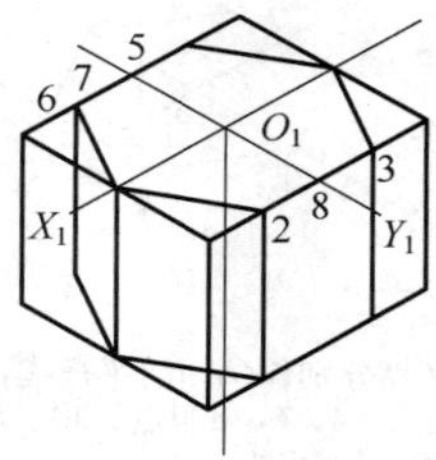

(c) 量取等量长度$|82|$、$|83|$、$|75|$、$|76|$，定出2、3、5、6点，由此切去四棱柱的四个角，即得六棱柱

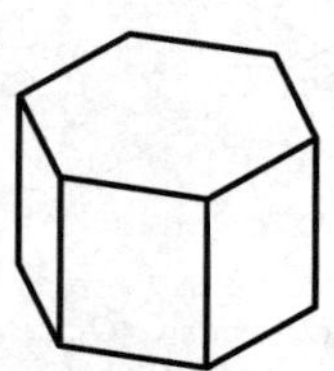

(d) 最后擦去多余的图线并描深加粗，即完成正六棱柱的正等测图

图 6.7　正六棱柱的正等测的作图步骤（切割法）

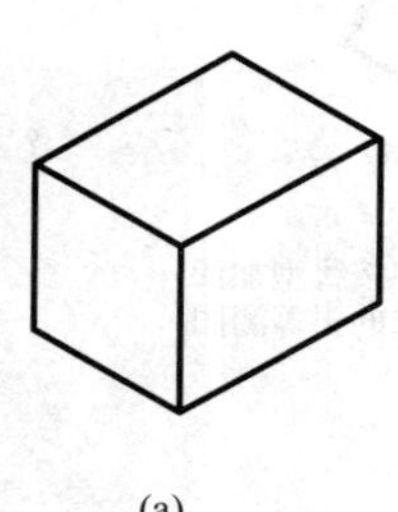

(a)

(b)

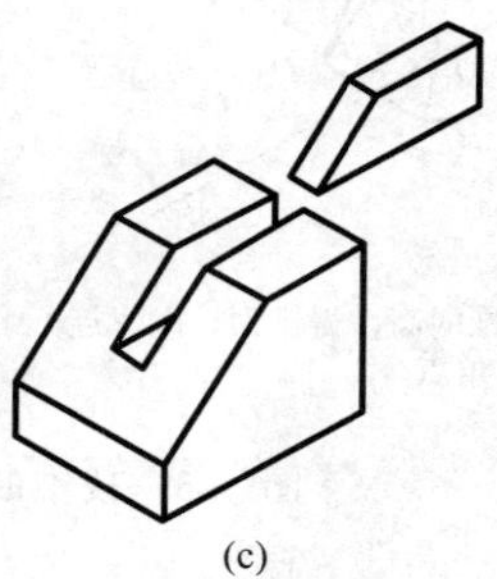

(c)

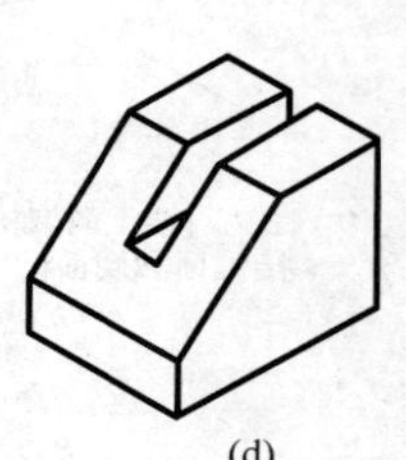

(d)

图 6.8　切割法绘制形体的形成过程分析图示

4. 综合法

综合法是对于较复杂的组合体，可先分析其组合特征，然后综合运用其他绘制方法画出其轴测投影，见例 6.7 和例 6.10。

读者可不拘泥于以上的几种作图方法，只要能准确和迅速地画出形体的轴测图即可，从而归纳和总结自己的绘制方法。

【例 6.7】　根据三视图画出图示形体的正等轴测图。

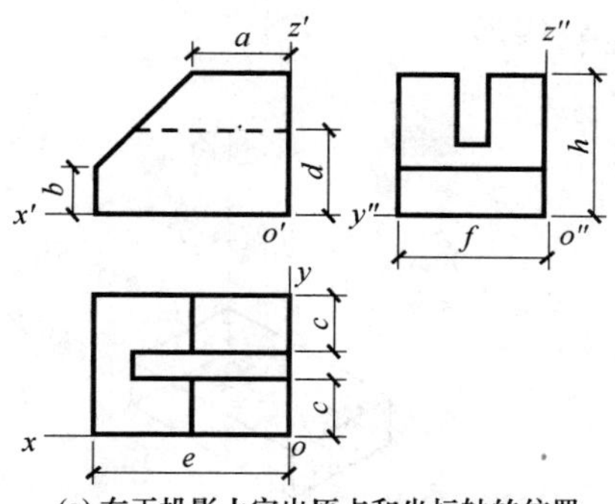

(a) 在正投影上定出原点和坐标轴的位置

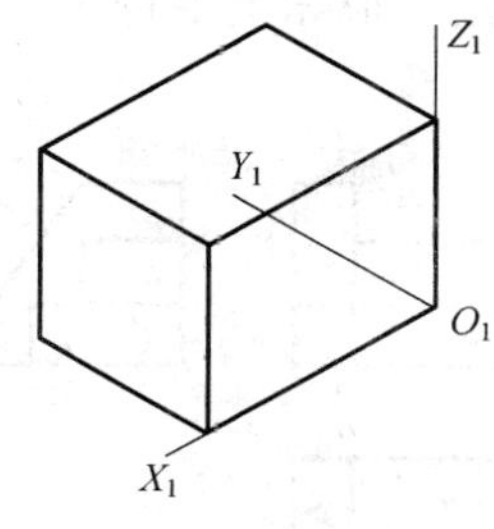

(b) 以O_1为原点，绘制三根轴测轴；绘制长为e、宽为f、高为h的四棱柱

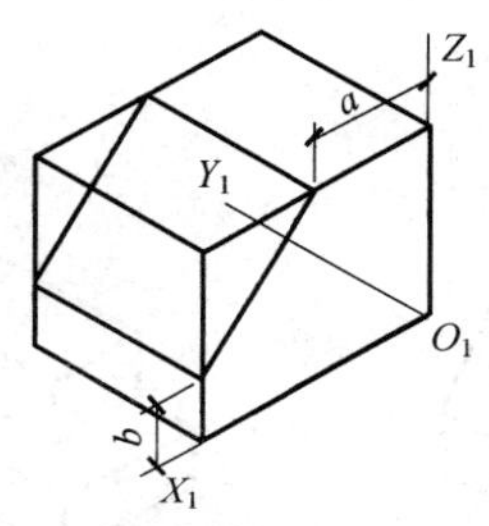

(c) 在上顶面沿O_1X_1轴方向截取a，在左侧面沿O_1Z_1方向截取b，由此切割去一个三棱柱

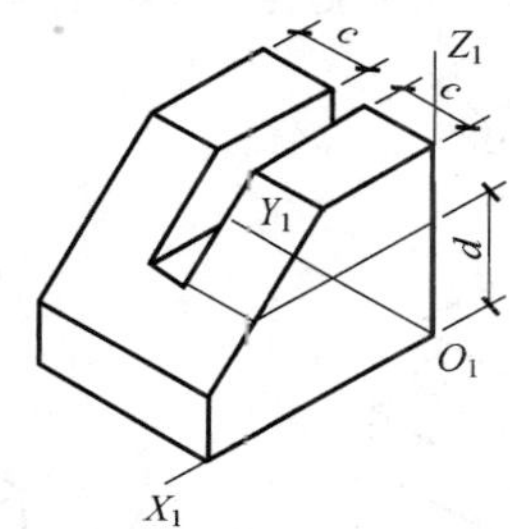

(d) 在剩下的形体上，O_1Y_1方向截取c，O_1Z_1方向截取d，定出辅助线，切割去形体上部的楔块，得到形体

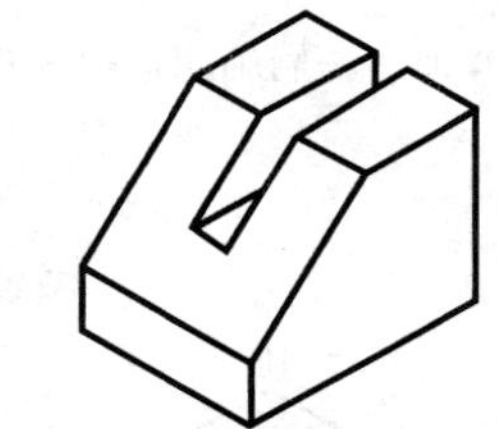

(e) 最后擦去多余的图线并描深加粗，即完成形体的正等测图

图 6.9　切割法绘制轴测形体的作图步骤

【解析】　先将各部分基本形体绘制出来，根据相对位置组合在一起，然后对基本形体进行切割，最后擦去多余图线，加粗形体线，见图 6.11。

6.2.2　斜二测投影

当形体仍处于正投影的位置，投射方向倾斜于投影面，将形体向投影面投影，所得的投影称为正面斜二测投影（简称斜二测）。如图 6.12 所示，其轴间角$\angle X_1O_1Z_1=90°$，$\angle X_1O_1Y_1=\angle Y_1O_1Z_1=135°$，轴向变形系数 $p=r=1$，$q=0.5$。作图时，一般使 O_1Z_1 轴处于垂直位置，则 O_1X_1 轴为水平线，O_1Y_1 与水平线成 45°，可利用 45°三角板方便作出。作形体的斜二测时，只要采用上述的轴间角和轴向变形系数，其作图的步骤和正等测完全一样。如图 6.12 所示为斜二测的轴间角及轴向变形系数。由上可知斜二测图

绘制的最大优点：形体上平行于V面的平面反映实形。

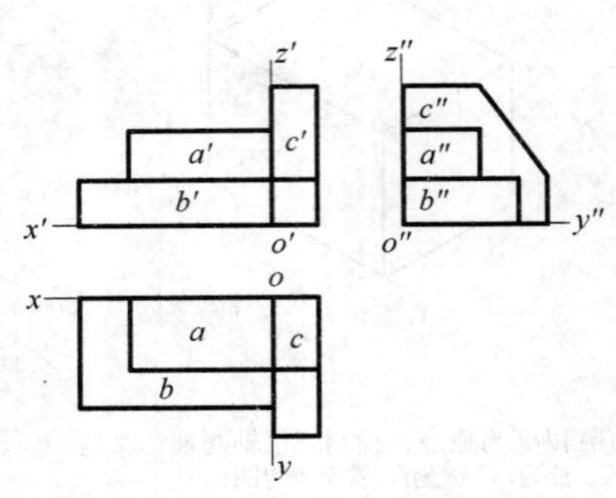

(a) 在正投影上定出原点和坐标轴的位置

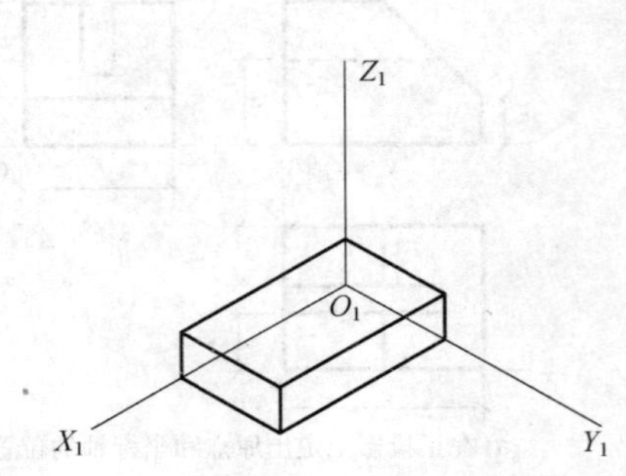

(b) 以O_1为原点，绘制三根轴测轴；绘制四棱柱B

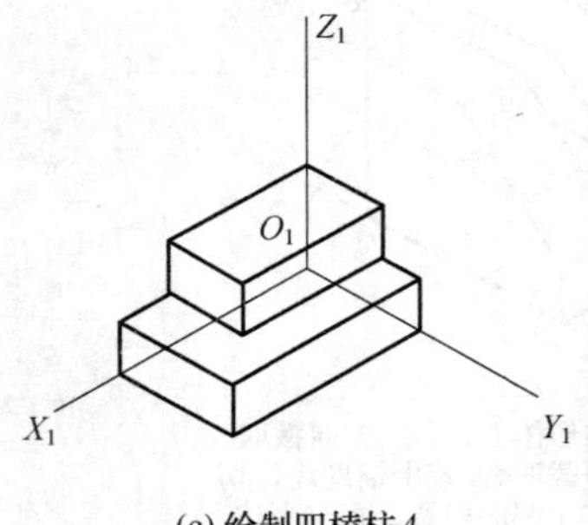

(c) 绘制四棱柱A

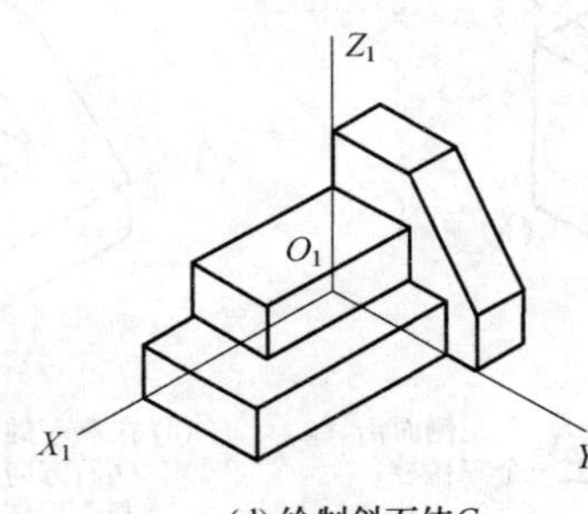

(d) 绘制斜面体C

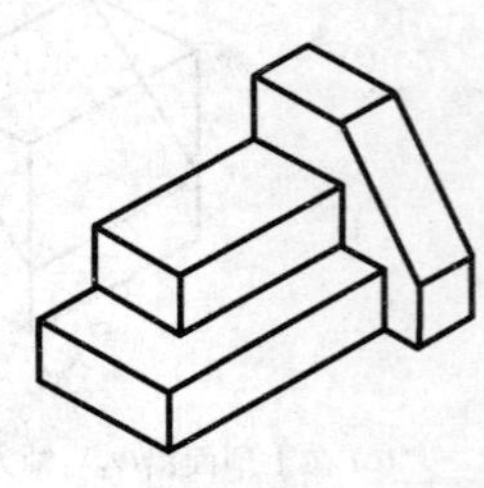

(e) 最后擦去多余的图线并描深加粗，即完成形体的正等测图

图 6.10　叠加法绘制轴测形体的作图步骤

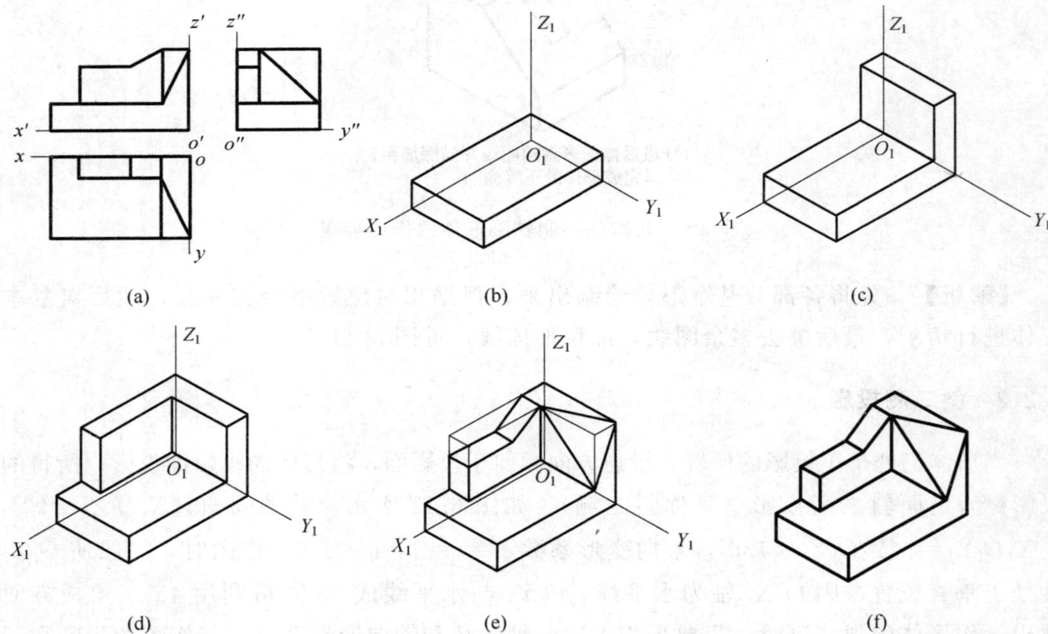

图 6.11　综合法绘制形体正等测投影

【例 6.8】　试画出图示正六棱柱的斜二测图。

【解析】　作图过程见图 6.13。

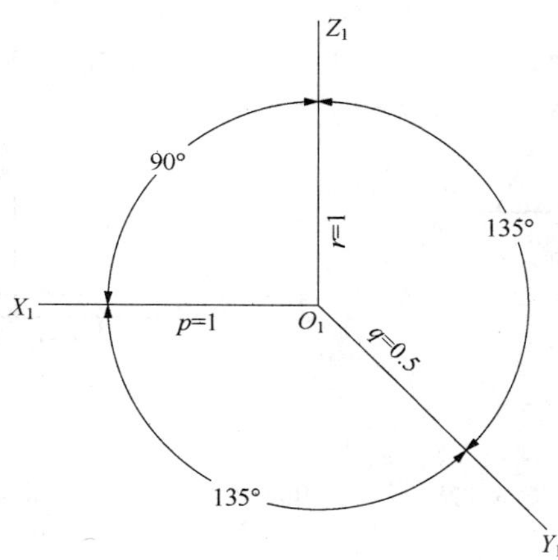

图 6.12　斜二测的轴间角及轴向变形系数

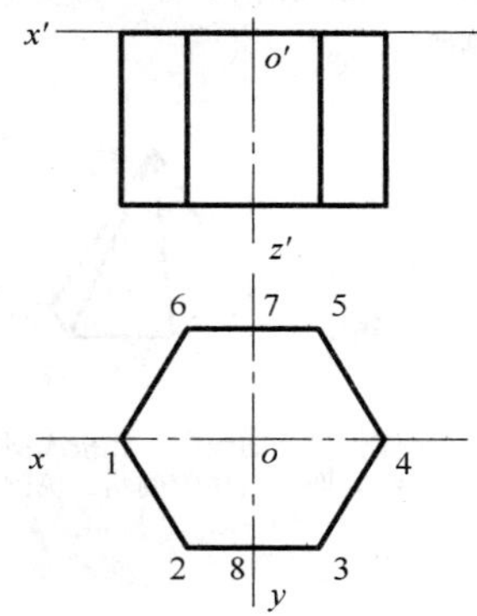

(a) 取六棱柱顶面中心为原点建立坐标轴

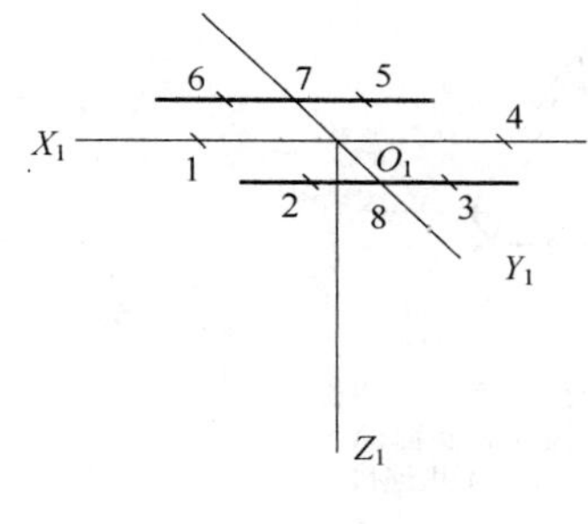

(b) 以O_1为原点作三根轴测轴，在O_1X_1上等长截取$|O_11|$、$|o4|$，并在O_1Y_1上截取$|O_17|$、$|O_18|$的一半，定出点1、4、7、8；过7、8作O_1X_1的平行线，在平行线上等长截取$|67|$、$|57|$、$|28|$、$|83|$，定出2、3、5和6四点

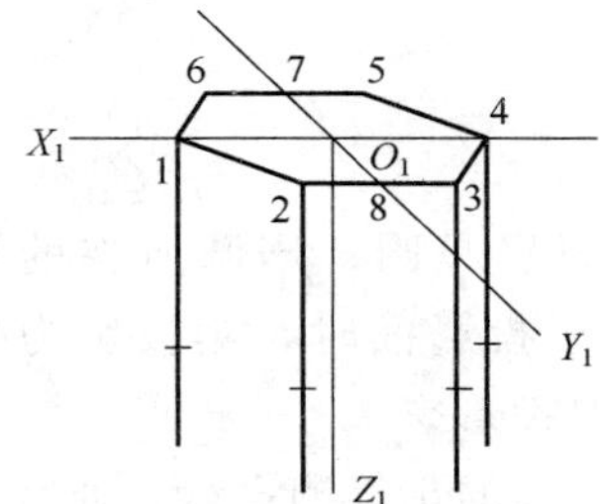

(c) 顺次连接1、2、8、3、4、5、7、6；过1、2、3、4点作O_1Z_1轴的平行线，并在其上截取六棱柱的高

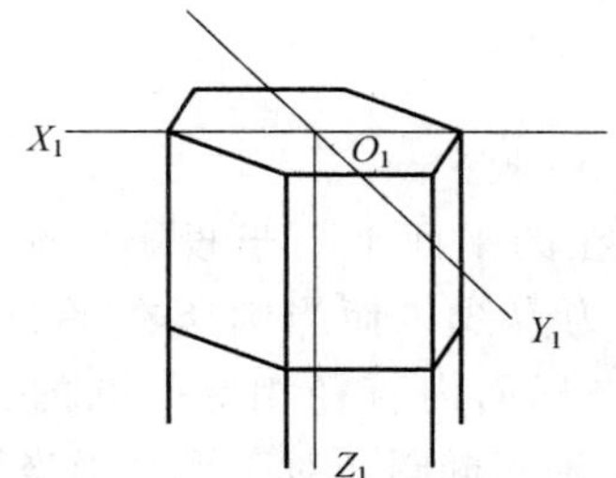

(d) 连接底面四个可见点

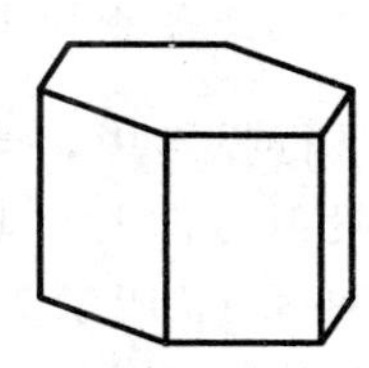

(e) 最后擦去多余的图线，并描深加粗轮廓线，即完成正六棱柱的斜二测图

图 6.13　正六棱柱的斜二测图的作图步骤

【例 6.9】 试画出图示六棱锥的斜二测图。

【解析】 作图过程见图 6.14。

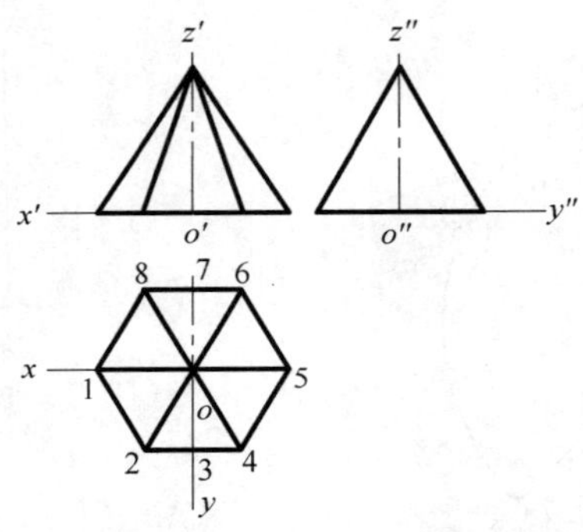

(a) 在正投影上定出原点和坐标轴的位置

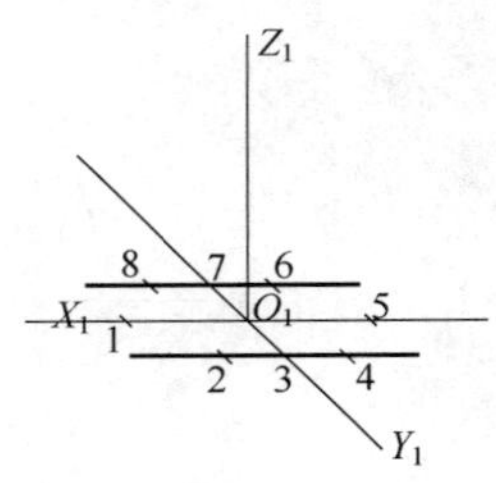

(b) 以O_1为原点绘制三根轴测轴；以O_1为中心等长截取$|O_11|=|o1|$、$|O_15|=|o5|$，截取$|o3|$、$|o7|$的一半，即$|O_13|=\frac{1}{2}|o3|$及$|O_17|=\frac{1}{2}|o7|$，定出1、3、5、7四点；过3点和7点分别作O_1X_1的平行线，在平行线上等长截取出2、4、6、8四点；将1~8顺次连接成六棱锥的底面轴测图

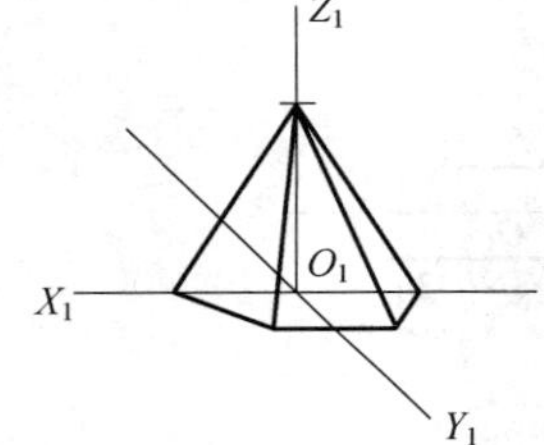

(c) 在O_1Z_1轴上截取棱锥的高，得锥顶；顺次连接锥顶和底面的各角点，被遮挡的线可不用连接

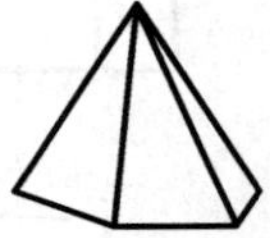

(d) 擦去多余的线条，并按线型加深轮廓线，即得六棱锥的斜二测图

图 6.14 六棱锥的斜二测图的作图步骤

6.3 圆及曲面立体的轴测投影图

6.3.1 正等测投影

1. 圆的正等测投影

在平行投影中，当圆所在的平面平行于投影面时，其投影是圆；当圆所在的平面平行投射方向时，其投影为直线；而当圆所在平面倾斜于投影面时，则投影为椭圆。如图 6.15 所示为三个坐标面内直径相等的圆的正等测投影。

工程上常用近似画法来作轴测椭圆，对于平行于坐标面的圆的正等测投影，通常采用“四心法”近似画椭圆。“四心法”画椭圆就是用四段圆弧代替椭圆。下面以平行于 H 面（即 *XOY* 坐标面）的圆说明圆的正等测图的画法，如图 6.16所示。

作图步骤：

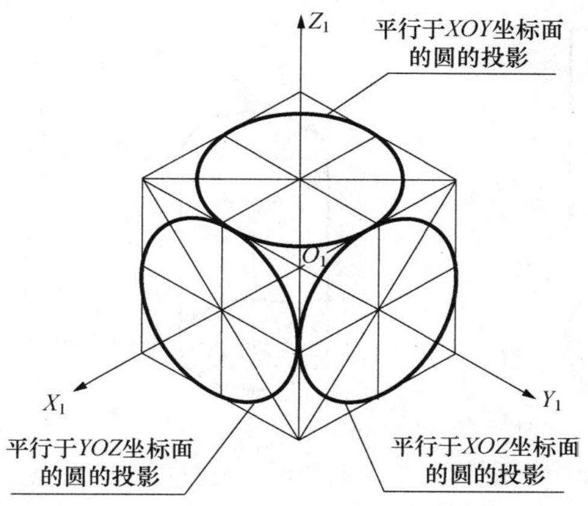

图 6.15　圆的正等测投影

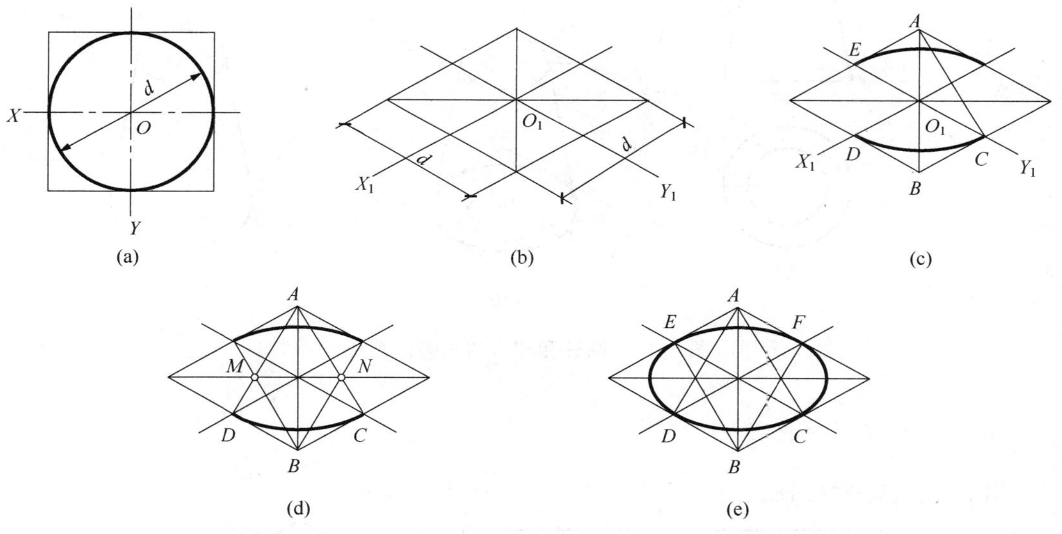

图 6.16　用四心法画椭圆

1）画出轴测轴，按圆的外切正方形画出菱形。

2）以 A、B 为圆心，AC、BE 为半径画两个大圆弧。

3）连 AC 和 AD 分别交长轴于 M、N 两点。

4）以 M、N 为圆心，MD、NC 为半径画两个小圆弧；在 C、D、E、F 处与大圆弧连接。

2. 曲面立体的正等测投影

掌握了圆的正等测图的画法以后，就不难画出曲面立体的正等测投影。如图 6.17(a，b)所示分别为圆柱和圆台的正等测画法，作图时先分别用四心法作出其顶面和底面的椭圆，再作其公切线，擦去多余线型并描深即成。

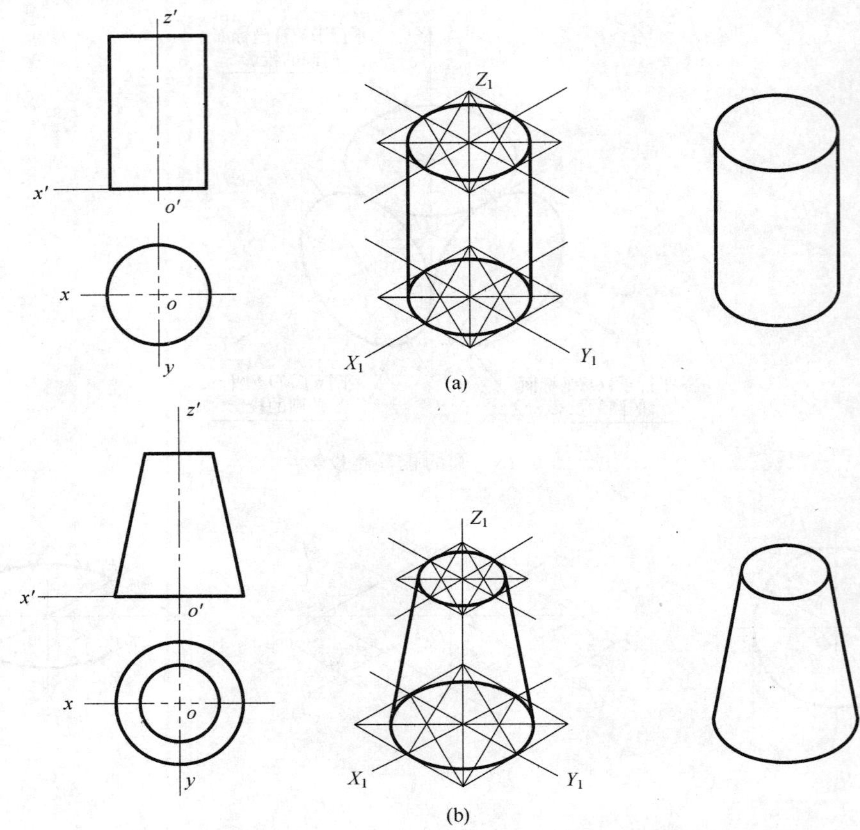

图 6.17 圆柱和圆台的正等测画法

3. 圆角的正等测投影

作图过程见图 6.18。

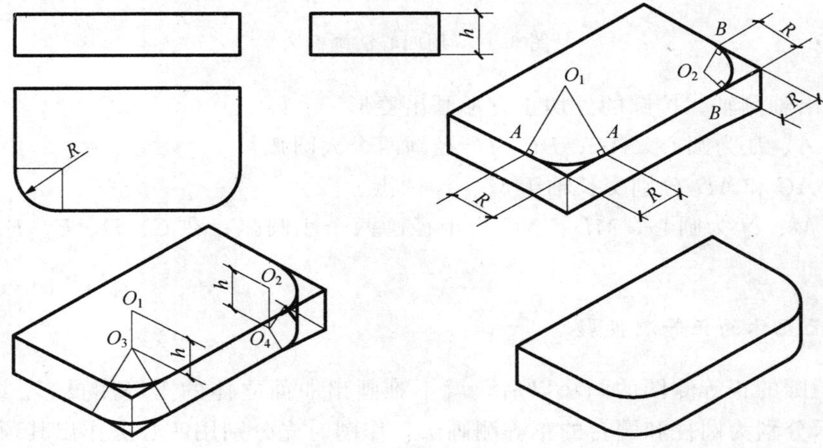

图 6.18 圆角的正等测投影

作图步骤如下：

1）在角上分别沿轴向取一段长度等于半径 R 的线段，得 A、A 和 B、B 点，过 A、B 点作相应边的垂线，分别交于 O_1 及 O_2。

2）以 O_1 及 O_2 为圆心，以 O_1A 及 O_2B 为半径作弧，即为顶面上圆角的轴测图。

3）将 O_1 及 O_2 点垂直下移，取 O_3、O_4 点，使 $O_1O_3=O_2O_4=h$（板厚）。以 O_3 及 O_4 为圆心，以 O_1A 及 O_2B 为半径作弧，作底面上圆角的轴测图，再作上、下圆弧的公切线，即完成作图。

4）擦去多余的图线并描深，即得到圆角的正等测图。

【例 6.10】 试画出图 6.19(a)所示形体的正等测图。

【解析】 作图过程见图 6.19。

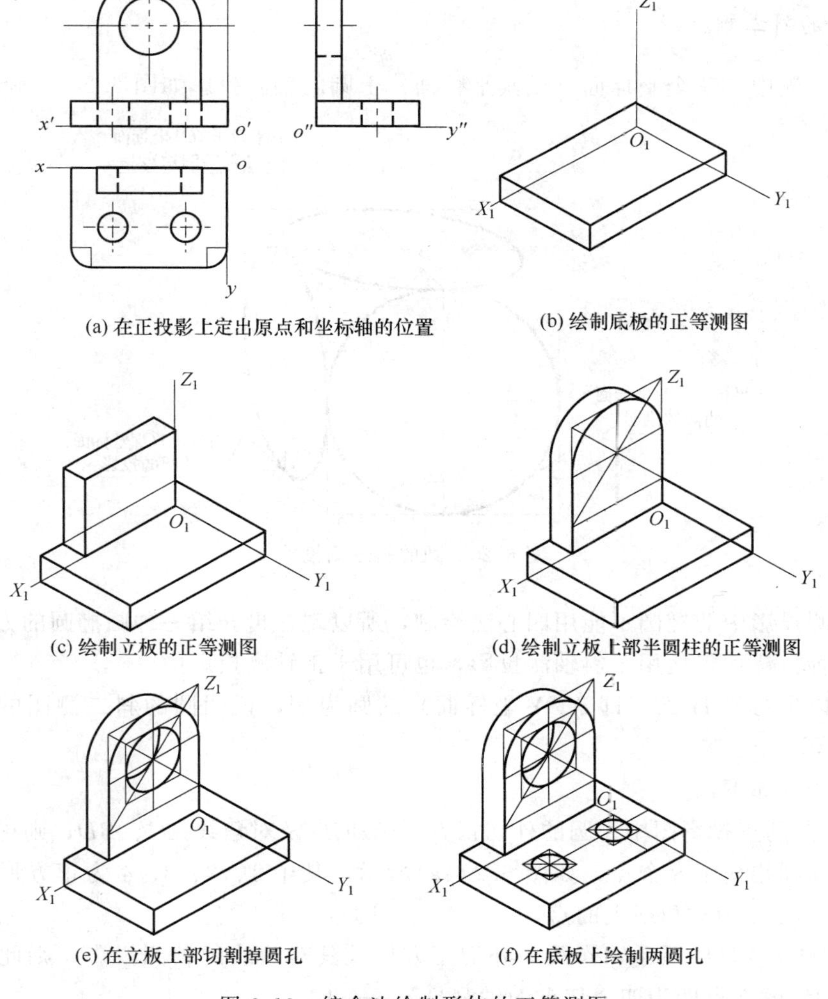

图 6.19 综合法绘制形体的正等测图

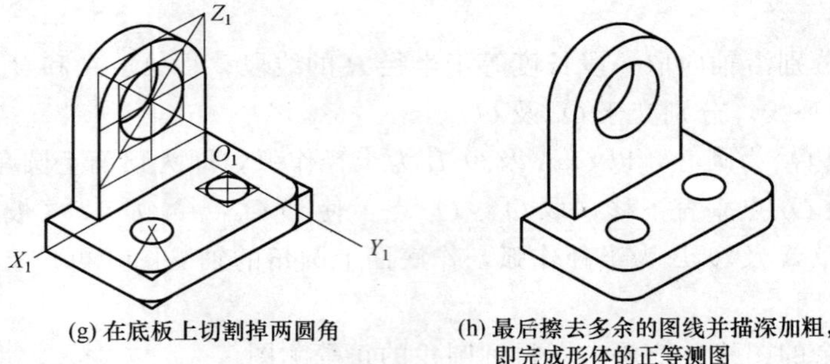

(g) 在底板上切割掉两圆角　(h) 最后擦去多余的图线并描深加粗，即完成形体的正等测图

图 6.19　综合法绘制形体的正等测图（续）

6.3.2　斜二测投影

1. 圆的斜二测投影

在斜二测中，三个坐标面（或其平行面）上圆的轴测投影如图 6.20 所示。

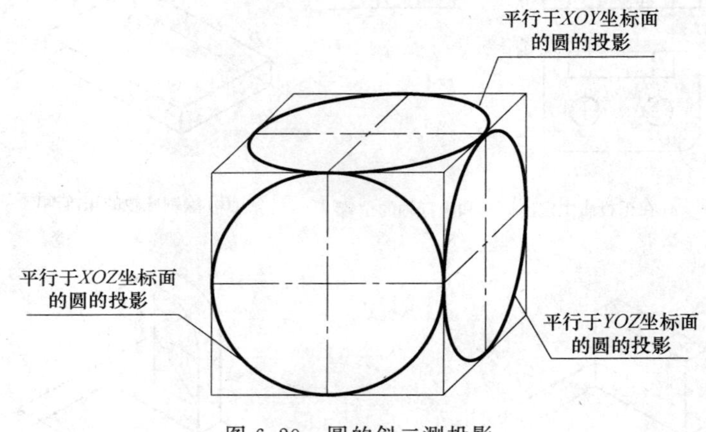

图 6.20　圆的斜二测投影

斜二测投影中的椭圆不能用四心法绘制，所以现在再介绍一种画椭圆的方法——八点法，这种方法不仅适用于斜轴测投影，也可用于正轴测投影中。

下面以平行于 H 面（即 *XOY* 坐标面）的圆为例，说明圆的斜二测图的画法，如图 6.21所示。

作图步骤如下：

1）在圆的正投影图中作圆的外切正方形 *ABCD* 及对角线 *AC*、*BD*，则正方形和对角线分别和圆相交于 8 个点，如图 6.21(a)所示，其中 1、2、3、4 为正方形各边的切点，5、6、7、8 为对角线上的点。

2）如图 6.21(b)所示，作圆的外切正方形及其对角线的轴测投影，则此四边形与 O_1X_1、O_1Y_1 的交点即为四个切点的轴测投影——1_1、2_1、3_1、4_1。

3）任取四边形的一个边 C_1D_1，在其上以 C_14_1 为底边，作一个等腰直角三角形

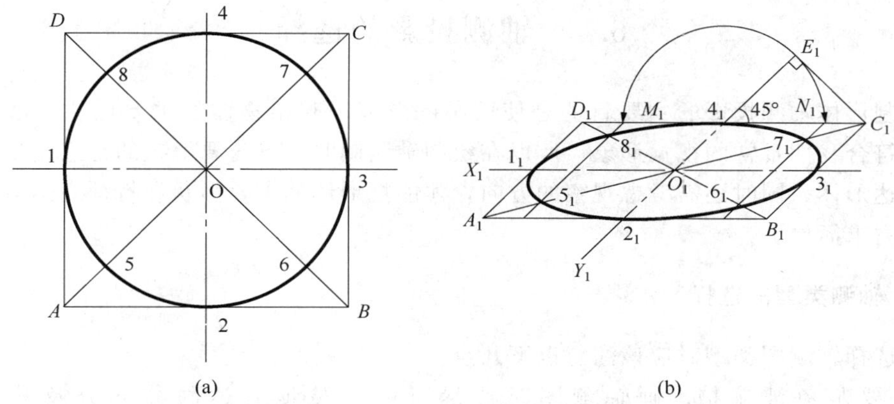

图 6.21　八点法画椭圆

$C_1E_14_1$，然后再以其腰长 4_1E_1 为半径画圆弧，则可在边 C_1D_1 上截得 M_1、N_1 两个点。过 M_1、N_1 点引 O_1Y_1 轴平行线，与四边形对角线 A_1C_1 及 B_1D_1 分别交得 5_1、6_1、7_1、8_1 各点，即 5、6、7、8 各点的轴测投影，如图 6.21(b)所示。

4）将 1_1～8_1 各点用光滑曲线相连，然后加深即可完成平行于 H 面圆的斜二测投影，如图 6.21(b)所示。

2. 曲面立体的斜二测投影

作带孔圆台的斜二测投影，见图 6.22。

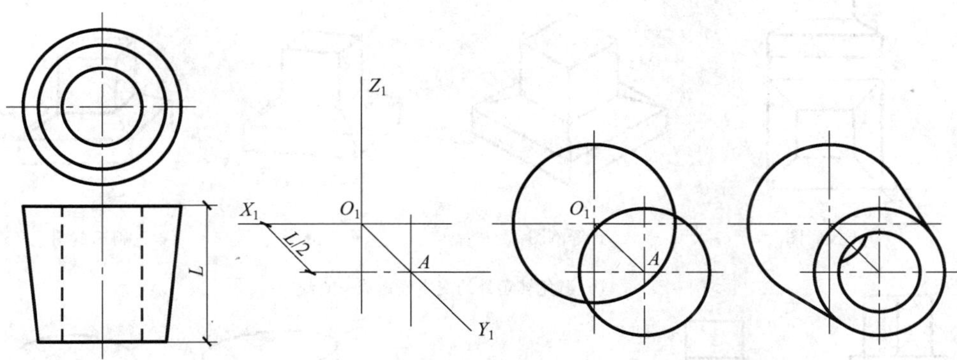

图 6.22　带孔圆台的斜二测投影

作图方法与步骤如下：

1）建立轴测轴 O_1X_1、O_1Y_1、O_1Z_1，在 O_1Y_1 轴上量取 $L/2$，定出前端面的圆心 A。

2）作出前、后端面的轴测投影。

3）作出两端面圆的公切线及前孔口和后孔口的可见部分。

4）擦去多余的图线并描深，即得到圆台的斜二测投影。

6.4 轴测投影的选择

绘制形体轴测投影的主要目的是使所画图形能反映出物体的主要形状，富于立体感，并符合我们日常的视觉形象，所以在绘制轴测图时，首先要解决的是选用哪种轴测图来表达形体，同时还需考虑观察的方向，才能把形体的主要形状和特征表达清楚，且作图要力求简便。

6.4.1 轴测类型的选择

在选择轴测图类型时应该注意以下几点：

1）要避免被遮挡。画轴测图时要尽可能清楚地表达隐藏部分及孔洞，如图 6.23(a)所示。

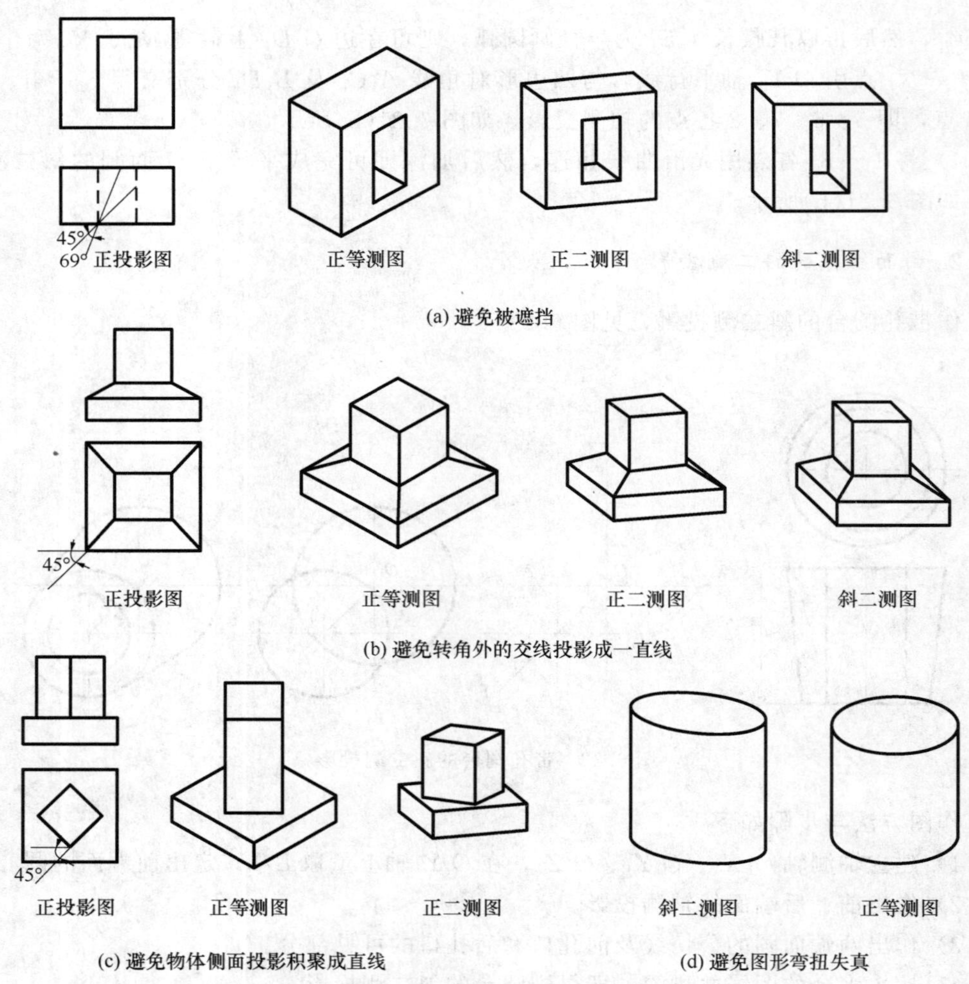

图 6.23 选择轴测图类型的注意事项

2）避免转角处的交线投影成一直线。画正投影图时，如果形体的表面交线和水平方向成 45°，就不应采用正等测图，宜采用斜二测或正二测，如图 6.23(b)所示。

3）避免物体侧面投影积聚成直线。如图 6.23(c)所示，形体上面的正四棱柱的两个侧面和水平方向成 45°，就不应采用正等测，宜采用斜二测或正二测。

4）避免图形弯扭失真。如图 6.23(d)所示，圆柱的斜二测投影有弯扭失真的感觉，不如画成正等测投影。因此，有水平或侧平圆的形体宜采用正等测图，且作图简便。

6.4.2　投射方向的选择

决定了轴测图的类型以后，还要根据形体的形状选择适当的投射方向，使读者能清晰地看出表达的形体。如图 6.24 所示为一形体的四个方向的正等测图，画图时应根据要求予以选用。

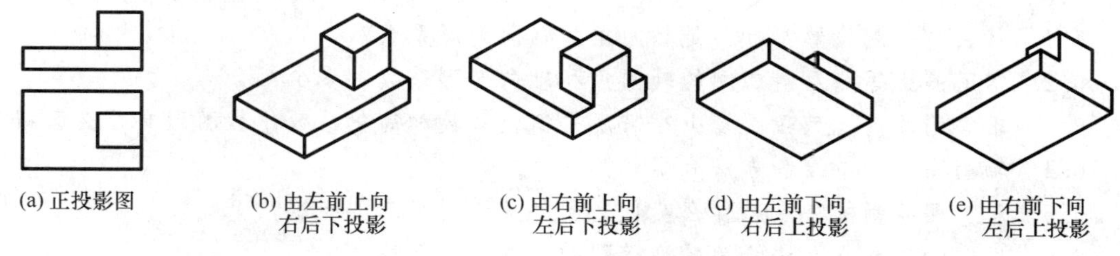

图 6.24　形体的四个方向的正等测图

投射的方向不同，形体的表达面也不同。图 6.25(a)所示为两个不同投射方位的柱子的轴测图，图 6.25(b)所示为两个不同投射方位的板的轴测图。图 6.26 所示为两单个构件按不同的投射效果作的组合轴测图，分别为仰视和俯视两个角度，其中图 6.26(a)为俯视效果，图 6.26(b)为仰视效果。实际作图时，依据具体情况确定形体轴测的投射方向。

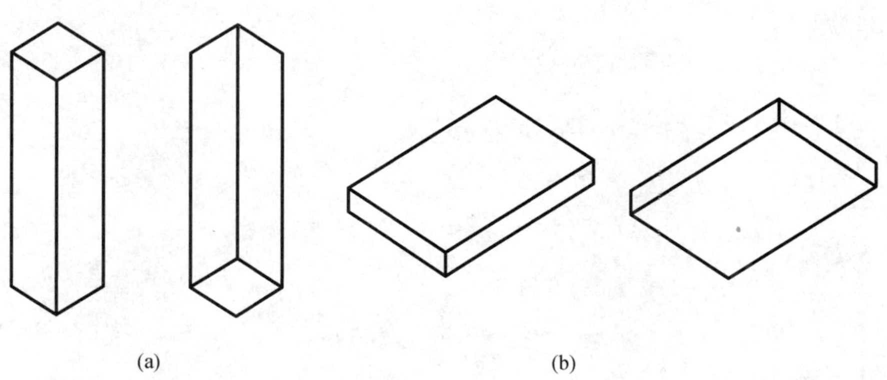

图 6.25　柱和板的不同投射方向的轴测图

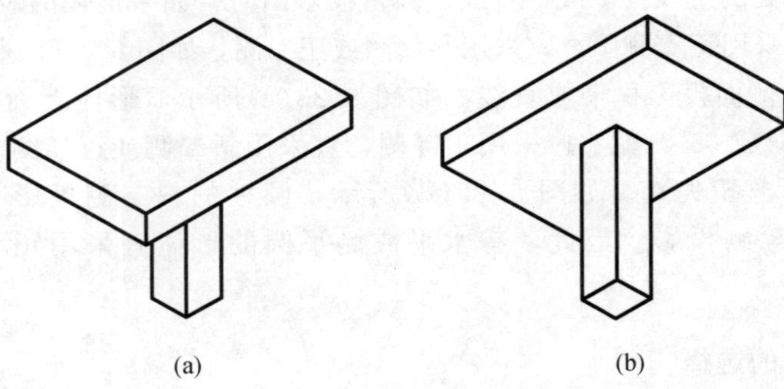

(a) (b)

图 6.26 形体组合的俯视轴测和仰视轴测

思考题

6.1 什么是轴测投影？什么是轴间角和轴向变形系数？

6.2 常用的正等测及斜二测的轴间角和轴向变形系数是多少？

6.3 正等测的简化系数是多少？采用未简化系数和简化系数作的图形有什么区别？

6.4 轴测图的基本绘制方法有哪些？

6.5 斜二测绘制的特点是什么？什么图形宜选用斜二测绘制？

6.6 用四心法和八点法绘制轴测椭圆的方法是什么？

6.7 圆角的正等测的绘制方法是什么？

6.8 试述轴测图的类型及其投射方向的选择。

第 7 章　立体的截断

教学目标

本章主要介绍平面体、曲面体截交线的形成原理、作图方法及同坡屋面的基本知识。通过学习，能针对截断体能进行正确的分析、判断，熟练地运用求解方法作出正确的投影图。

7.1　平面体的截交线

平面体的截交线是由平面体被平面切割后形成的。如图 7.1 所示，平面 P 切割三棱锥 S-ABC，则平面 P 称为截平面，截平面与三棱锥表面的交线 DE、EF、DF 称为截交线，由截交线围成的封闭图形 DEF 称为截断面，被截平面切割后的形体称为截断体。

研究平面体截交的目的，在于清晰地分析、表达出建筑物、配件的形状，以保证施工的正确性。在作图时，要求得截断面的投影，实质上是求截交线的问题。由图 7.1 可以看出，平面体的截交线围成的截断面一定是封闭的多边形。它是由平面立体各棱面和截平面的交线或棱线与截平面的交点连接而成，多边形的边数即为交点的个数。

因此，求平面体的截交线常采用交点法，利用辅助线法或积聚法求出截平面与形体棱线或底面边线上的交点，依次连接即得截交线。再由截交线求出截断体的投影，最后分析、判断剩余截断体上线条的可见性。立体被截断后，截去的部分应用双点长划线表示，剩余截断体上可见的线用粗实线表示，不可见的线用中虚线表示。

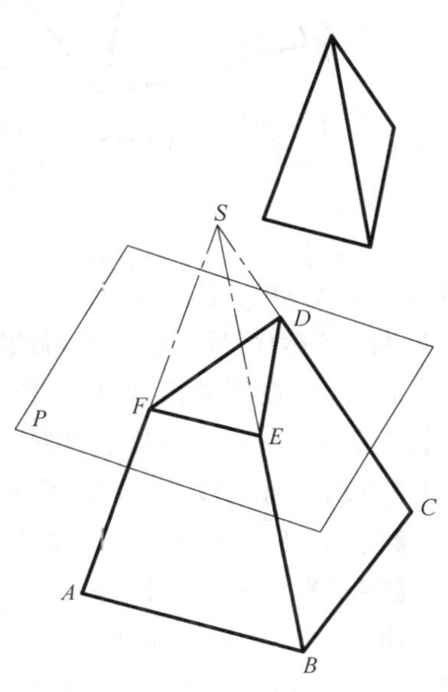

图 7.1　平面体的截断

【例 7.1】　已知三棱锥被一正垂面 P 切割，求截断体的 H、W 面投影图。

【解析】 (1) 投影分析

由图 7.2 可知，截平面 P 与三棱锥的三个棱面都相交，截交线的各端点为截平面与三条棱线的交点（图 7.3）。截平面 P 为正垂面，它的 V 面投影具有积聚性，故从 V 面着手，找出截交线的正投影，再由投影关系即可求出截交线的 H、W 面投影。最后连线成面，即可求得截断体的三面投影图。

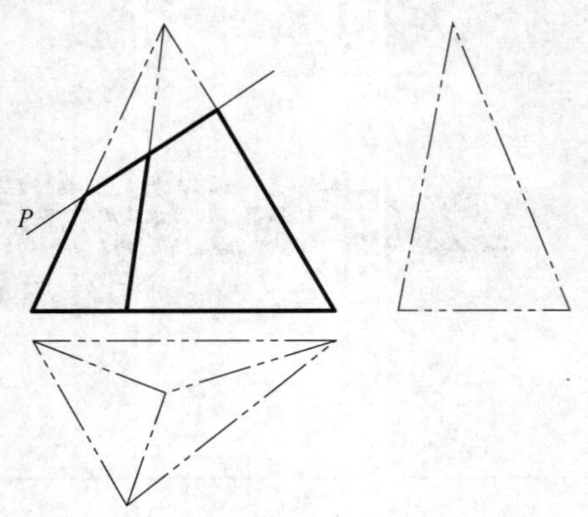

图 7.2 已知条件

(2) 作图步骤

1) 求交点 D、E、F 的 V 面投影。利用平面 P 的正投影积聚成线的特性，求出其与棱线 SC、SB、SA 的三个交点的正投影 d'、e'、f'。

2) 利用投影关系“长对正”，在各棱线的 H 投影上求出交点的水平投影 d、e、f。依次连接，即得截交线 DE、EF、DF 的 H 投影。截断面 DEF 以下的形体为剩余截断体，其上线条的 H 投影均为可见，加粗即得截断体的 H 投影。

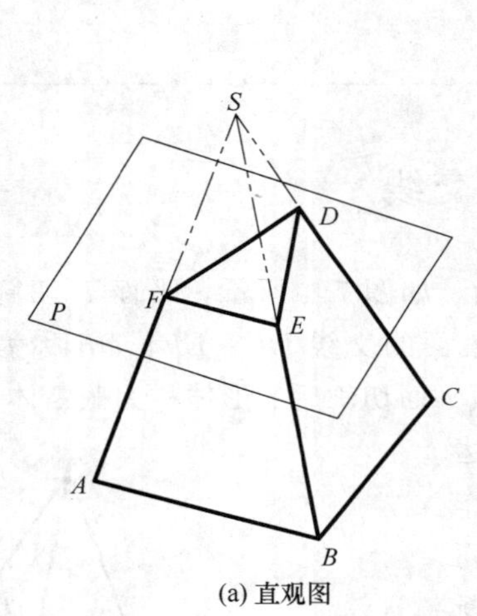

(a) 直观图

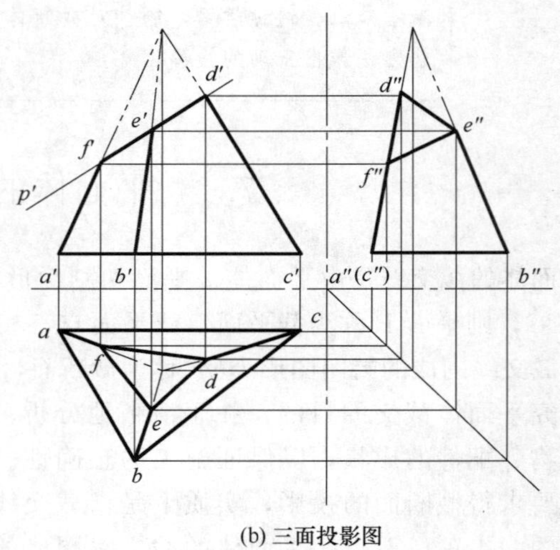

(b) 三面投影图

图 7.3 三棱锥被截后的投影图

3) 依据投影关系“高平齐，宽相等”求出交点 D、E、F 的 W 投影，依次连接求出截断面 DEF 的侧投影。截断体上的右棱线 DC 线虽不可见，但其与左棱线 FA 和截交线 DF（均为可见线）重影，故截断体的 W 面投影均为实线。

【例 7.2】 已知五棱柱锥被一正垂面 Q 切割，求截断体的 H、W 面投影图。

【解析】 (1) 投影分析

由图 7.4 可知，截平面 Q 与五棱柱的五个棱线都相交，交点即为截交线的端点（图 7.5）。五棱柱的棱面为铅垂面，棱线全为铅垂线，H 面投影积聚为点。截平面 Q 为正垂面，它的 V 投影具有积聚性，故从 V 面着手，找出截交线的正投影，再由投影关

系即可求出截交线的 H、W 面投影。最后连线成面，即可求得截断体的三面投影图。

（2）作图步骤

1）求交点 A、B、C、D、E 的 V 面投影。利用平面 Q 的正投影积聚成线的特性，求出其与棱线五个交点的正投影 a'、b'、c'、d'、e'。

2）利用投影关系“长对正”，在各棱线的 H 面积聚投影上求出交点的水平投影。依次连接，截断面 $ABCDE$ 以下的形体为剩余截断体，其 H 投影全积聚在截交线的 H 面投影上。

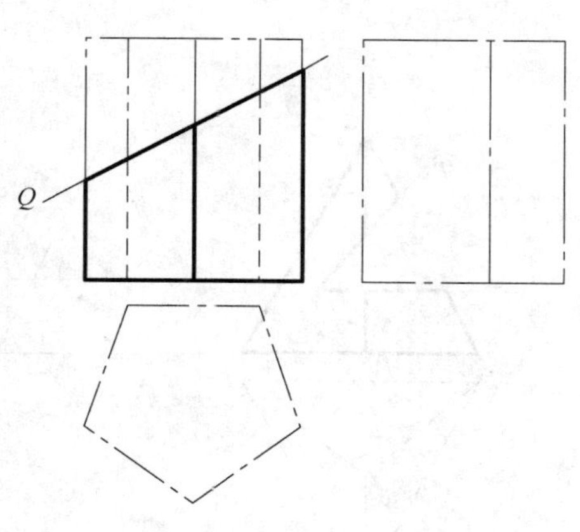

图 7.4　已知条件

3）依据投影关系“高平齐”，“宽相等”求出交点 A、B、C、D、E 的 W 面投影，依次连接求出截断面 $ABCDE$ 的侧投影，截断体上的右后棱线 $5E$ 虽不可见，但其与左后棱线 $1A$ 和截交线 AE（均为可见线）重影，不可见的右棱线 $4D$ 与可见的左棱线 $2B$ 部分重影。

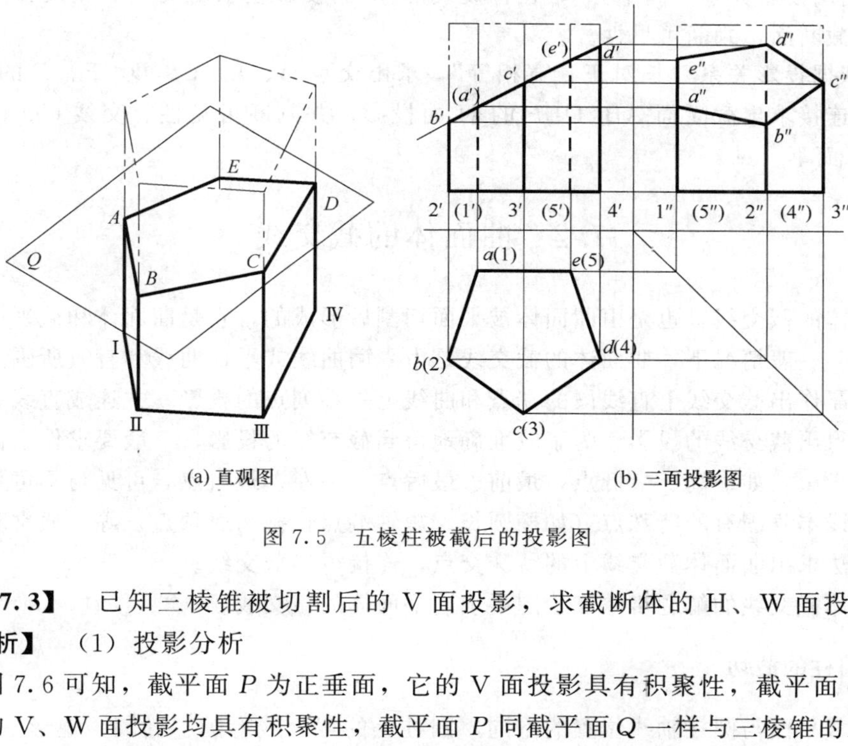

(a) 直观图　　(b) 三面投影图

图 7.5　五棱柱被截后的投影图

【例 7.3】　已知三棱锥被切割后的 V 面投影，求截断体的 H、W 面投影图。

【解析】　（1）投影分析

由图 7.6 可知，截平面 P 为正垂面，它的 V 面投影具有积聚性，截平面 Q 为水平面，它的 V、W 面投影均具有积聚性，截平面 P 同截平面 Q 一样与三棱锥的三个棱面都相交并截断两条棱线，但并未完全切断形体，同时这两个截平面相交产生一条交线 CD（图 7.7）。故从 V 面着手，找出截交线的正投影，再由投影关系即可求出截交线的 H、W 面投影。最后连线成面，即可求得截断体的三面投影图。

（2）作图步骤

1）求交点 A、B、C、D、E、F 的 V 面投影。利用平面 P、Q 的正投影积聚成线

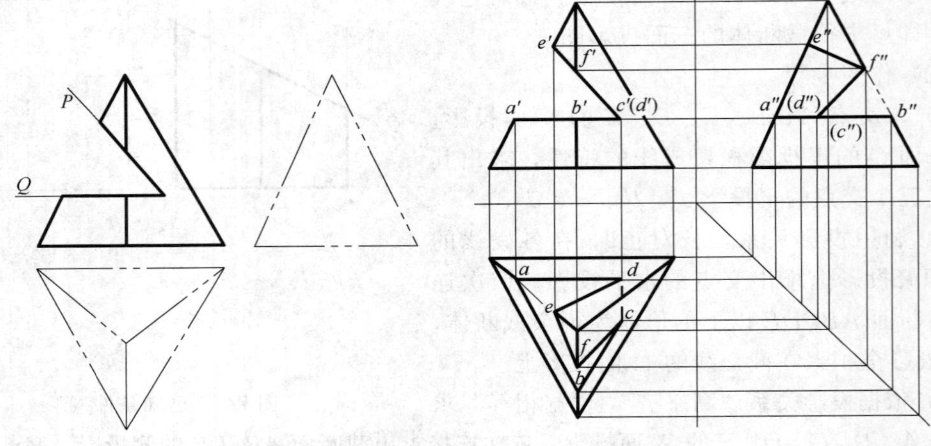

图 7.6　已知条件　　　图 7.7　三棱锥被两个面切割后的投影

的特性求出与棱线各自产生的四个交点 a'、b'、e'、f' 及交线 $c'd'$。

2）利用投影关系"高平齐"，在各棱线的 W 面投影上求出交点的侧投影。依次连接，求出截断面，判断可见性。

3）依据投影关系"长对正，宽相等"，求出交点 A、B、C、D、E、F 的 H 面投影，依次连接求出截断面 $ABCDEF$ 的 H 面投影，并判断可见性。交线 CD 在形体内部，故 H 面不可见。

7.2　曲面体的截交线

曲面体的截交线，也是由曲面体被平面切割后形成的，它是曲面体和截平面的共有点的集合。一般情况下，曲面体的截交线是由平面曲线或平面曲线和直线所围成的封闭图形。只需作出截交线上直线段的端点和曲线上一系列点的投影，并连成直线和光滑曲线，即可得出截交线的投影。为了较准确地得到截交线的投影，一般要求作出截交线上特殊点的投影，如最高、最低点，最前、最后点，最左、最右点，可见与不可见的分界点和截交线本身固有的特殊点（如椭圆长、短轴端点，抛物线顶点）等。通常利用素线法或纬圆法求出曲面体截交线上的特殊交点，连接得出截交线。

曲面体截交线的解题步骤和绘图要求同平面体的截交线。

7.2.1　圆柱的截切

根据截平面与圆柱轴线位置的不同，圆柱上的截交线有圆、椭圆、矩形三种形状，如表 7.1 所示。

7.2.2　圆锥的截切

当平面截切圆锥时，根据截平面和圆锥轴线位置的不同，圆锥上的截交线分为五种，见表 7.2。

表 7.1　圆柱的截交线

截交线位置	平行于轴线	垂直于轴线	倾斜于轴线
立体图	P		
投影图		P_V	
截面的形状	矩形	圆	椭圆
截交线的特点	平面折线	平面曲线	平面曲线

表 7.2　圆锥的截交线

截平面位置	过锥顶	垂直于轴线	平行于一条素线	倾斜于轴线	平行于轴线
立体图	P	P	P	P	P
投影图	P_V	P_V	P_V	P_V	P_H
截面的形状	三角形	圆	抛物线	椭圆	双曲线
截交线的特点	平面折线	平面曲线	平面曲线＋直线段	平面曲线	平面曲线＋直线段

7.2.3 球体的截切

平面截切圆球，所得截交线一定是圆。圆的空间位置应与截平面空间位置相同。当截平面（圆）与投影面平行时，截交线（圆）在该投影面上的投影反映圆的实形，其余两个投影长度等于圆直径；当截平面与投影面垂直时，则截交线（圆）在该投影面上的投影是直线，长度等于圆的直径，其余两个投影为椭圆，见表 7.3。

表 7.3　圆球的截交线

截平面位置	投影面平行面	投影面垂直面
投影图		
截面的形状	圆	圆
截交线的特点	平面曲线	平面曲线
截交线的投影特征	平行投影面为圆，其余两投影为直线段	垂直投影面为直线，其余两投影为椭圆

【例 7.4】 已知圆柱体被正垂面切割，求截交线的投影，如图 7.8 所示。

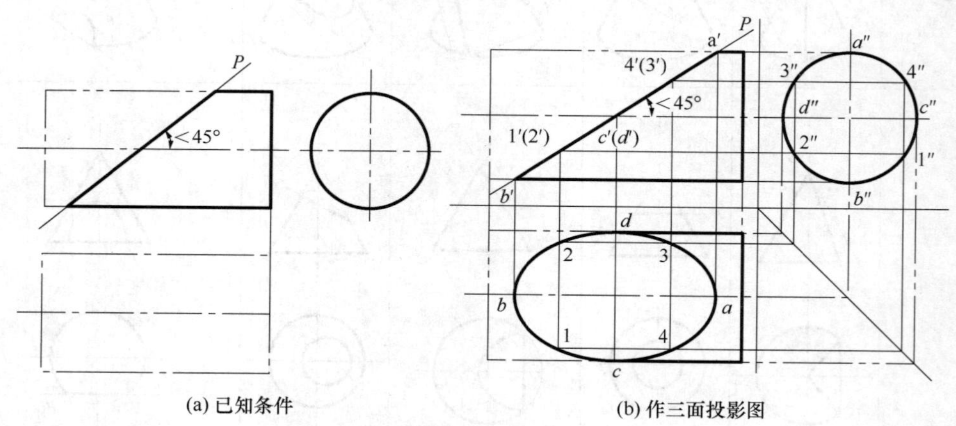

(a) 已知条件　　(b) 作三面投影图

图 7.8　圆柱体被正垂面切割后的投影

【解析】 （1）投影分析

圆柱轴线垂直于 W 面，截平面 P 垂直于 V 面，与圆柱轴线斜交，截交线为椭圆。

椭圆的长轴 AB 平行于 V 面，短轴 CD 垂直于 V 面。椭圆的 V 投影积聚为一条倾斜的直线，与 P 的 V 面投影重影。椭圆的 W 面投影落在圆柱面的 W 面投影上，重影为一个圆。因此，只需求出截交线椭圆的 H 面投影。

（2）作图步骤

1）求特殊点，即求长、短轴端点 A、B、C、D。P 的 V 面投影与圆柱最高、最低素线的 V 面投影相交于 a'，b'。P 的 V 面投影与圆柱最前、最后素线的 V 面投影相交于 $c'(d')$，据此求出长、短轴。

2）求一般点。为使作图准确，需要在截交线上再求出若干一般点。如在截交线 V 面投影上任取点 $1'$，据此求得其 W 面投影 $1''$和 H 面投影 1。由于椭圆是对称图形，可作出与点 1 对称的点 2、3、4 的各投影。

3）连点与判断可见性。在 H 投影上顺次连接 a—4—c—1—b—2—d—3—a 各点，即得截交线的 H 投影，由于可见，均为实线。圆柱被截掉的部分投影不画出。

【例 7.5】　图 7.9(a) 左上图是工程中常见木屋架端节点下弦杆的截口的正投影，求其 H、V 面投影。

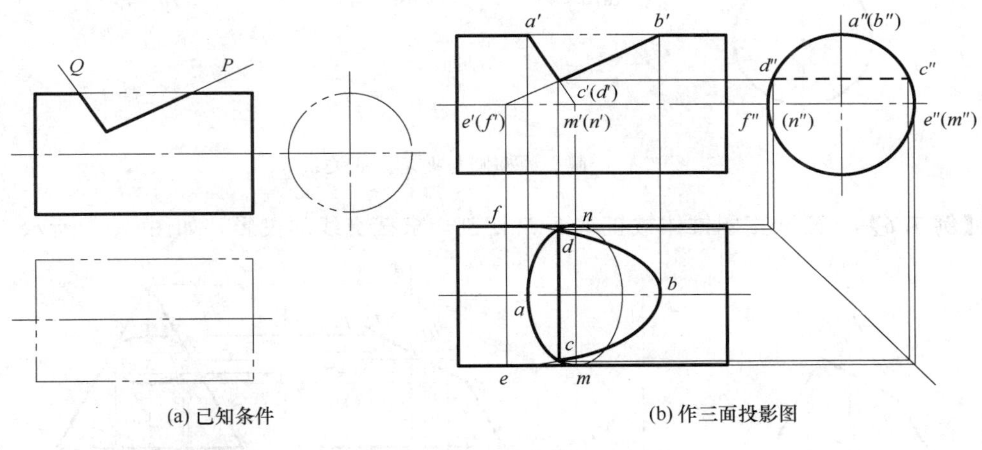

(a) 已知条件　　(b) 作三面投影图

图 7.9　下弦杆的截口

【解析】　（1）投影分析

由图可知，该截口是由两个正垂面截割圆柱而成，截交线是两个部分椭圆。两个椭圆的 V 面投影分别积聚为两条相交的斜线且分别与截平面的 V 面投影重影。椭圆的 W 面投影落在圆柱面的 W 投影上，重影为一个圆。只需求出截交线椭圆的 H 面投影。

（2）作图步骤

1）求特殊点，即求长、短轴端点 A、M、N、B、E、F 及面面交线端点 C、D。Q 的 V 面投影与圆柱最高素线的 V 面投影相交于 a'。延长 P、Q 的 V 面投影，分别交圆柱最前、后素线的 V 面投影于 e'、f'和 m'、n'，据此求出长、短轴。

2）求一般点。P 的 V 面投影与圆柱最高素线的 V 面投影相交于 b'。P 的 V 面投影与 Q 的 V 面投影相交于 $c'd'$。在上步中由椭圆的长、短轴端点作出两个椭圆的各一半的 H 面投影，它们的交点即是 C、D 的水平投影。

3）连点与判断可见性。因为截口断面在圆柱体的上半个柱体的中部，故 H 面投影均为可见的实线，W 面投影为不可见的虚线。

讨论： 如图 7.10 所示，在 W 投影面中，截交线椭圆的投影将随着截平面与水平线的夹角而变化，投影椭圆的长短轴与截面线椭圆的长短轴并不一定对应，但投影椭圆的两轴之间必有一轴的长度等于圆柱的直径。当水平夹角 $\alpha<45°$时，在 W 面投影上长轴等于圆柱直径；当 $\alpha=45°$时，长、短轴相等，且都等于圆柱直径；当 $\alpha>45°$时，短轴等于圆柱直径。

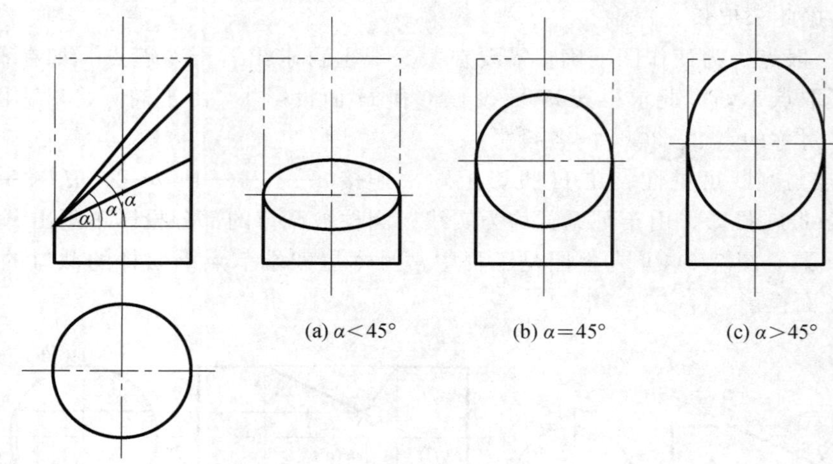

图 7.10　截交线椭圆与夹角 α 的关系

【例 7.6】　已知正圆锥体被正垂面 P 切割，求截交线的投影，如图 7.11 所示。

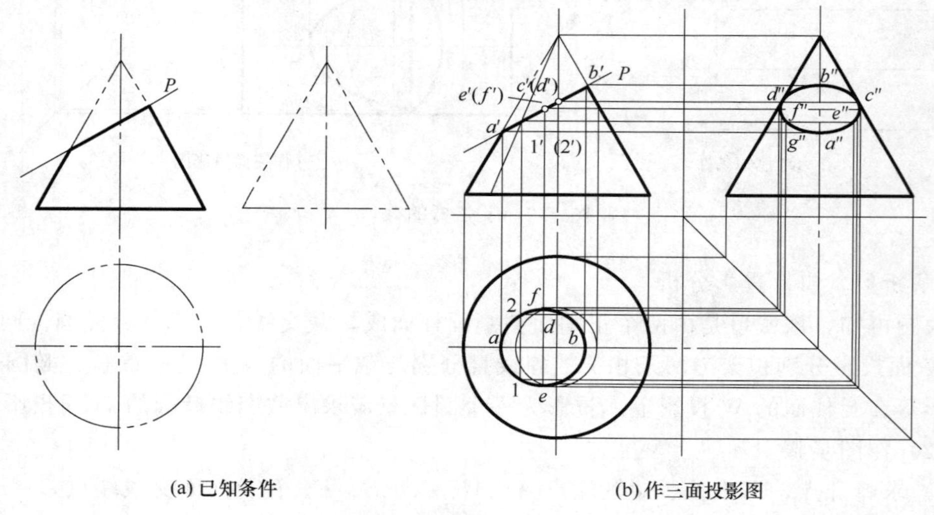

图 7.11　圆锥体被正垂面切割

【解析】　(1) 投影分析

由于截平面 P 倾斜圆锥体的轴线切割，所以截交线为椭圆，又因截平面 P 为正垂面，故截交线的 V 面投影与 P 的 V 面投影重影积聚为一条斜线。截交线的 H、W 面投

影均为椭圆，可根据圆锥体表面求点的方法（纬圆法、素线法）求出截交线的投影。

（2）作图步骤

1）求特殊点，即求长、短轴端点 A、B、E、F 及圆锥前、后素线上的交点 C、D。P 的 V 面投影与圆柱最左、最右素线的 V 面投影相交于 a'，b'。与圆柱最前、最后素线的 V 面投影相交于 c'，d'。椭圆短轴的端点的 V 面投影 e'、f' 必在长轴 $a'b'$ 的中点处，利用纬圆法可求得 e、f。据此求出长、短轴。

2）求一般点。为使作图准确，需要在截交线上再求出若干一般点。如在截交线 V 面投影上任取点 $1'$，据此求得 W 面投影 $1''$ 和 H 面投影 1。由于椭圆是对称图形，可作出与点 1 对称的点 2 的各投影。

3）连点与判断可见性。因为截平面是从圆锥体的右上方向左下方切割的，故其 H、W 面投影均为可见的实线。

【例 7.7】　已知正圆锥体被截后的 V 面投影，求其 H、W 面投影，如图 7.12 所示。

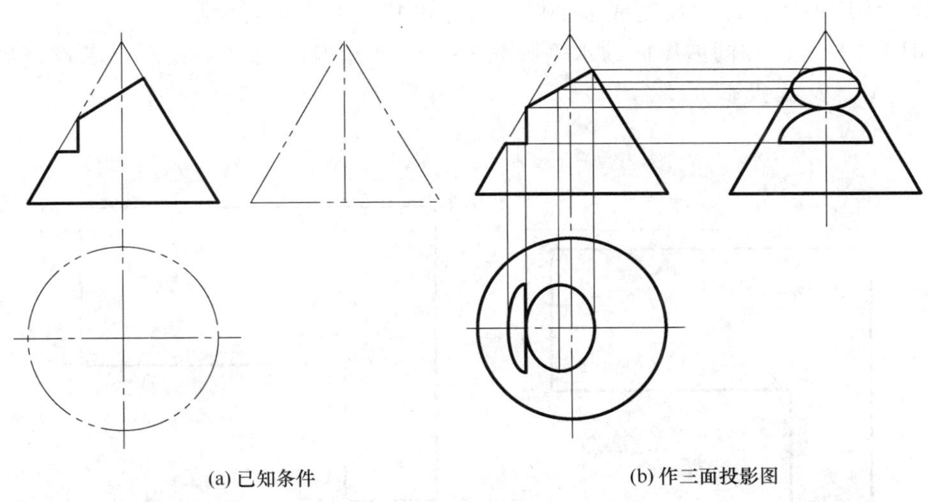

(a) 已知条件　　(b) 作三面投影图

图 7.12　圆锥体被三个面切割

【解析】　投影分析：由图可知圆锥体被三个平面切割，截交线由三段组成，第一个截平面为水平面截圆锥为圆，第二个截平面为侧平面截圆锥为双曲线，第三个截平面为正垂面截圆锥为椭圆，截交线的 V 面投影均已知，故可求得其 H、W 面投影，具体步骤如图 7.12(b)所示。

7.3　同坡屋面交线

为了排水需要屋面均设有坡度，坡度大于 10％的屋面称为坡屋面。坡屋面分为单坡、两坡和四坡屋面。如果每个屋面对水平面的倾角相同，而且房屋四周屋檐同高，那么由这种屋面所构成的屋顶称为同坡屋面（图 7.13）。

与檐口线平行相对的两坡屋面的交线称为屋脊线。凸墙角处与檐口线相交的相邻两坡屋面交线称为斜脊线。凹墙角处与檐口线相交的相邻两坡屋面交线称为天沟线。

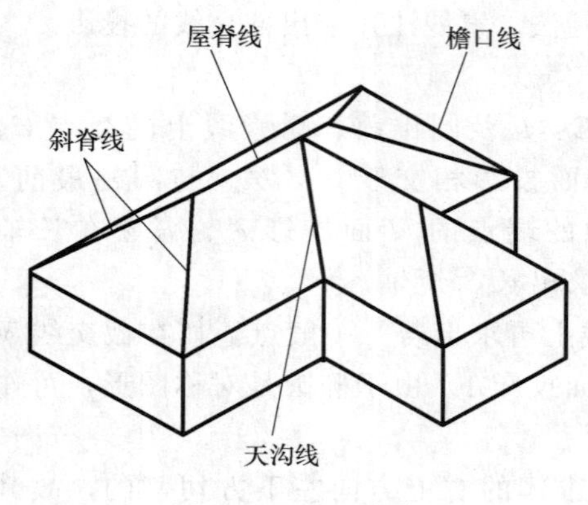

图 7.13　屋面交线

同坡屋面具有下列特点：

1）两檐口线平行的坡屋面相交时，它们必定交于屋脊线，且屋脊线的水平投影与这两檐口线的 H 面投影平行且等距。

2）檐口线相交的相邻两个坡面交成的斜脊线或天沟线，它们的 H 面投影为两檐口线 H 面投影夹角的角平分线。如果两檐口线正交，则在水平投影中斜脊线或天沟线与檐口线夹角为 45°。

3）在屋面上如果有两斜脊、两天沟，或一斜脊与一天沟相交于一点，则过该点必定有第三条线（屋脊线）通过。

由上述同坡屋面的特点，在已知檐口线水平投影的情况下，可以作出同坡屋面的水平投影，然后根据屋面的坡度或水平倾角再作出其正面和侧面投影。

【例 7.8】　已知同坡屋面的水平夹角 $\alpha=30°$ 及檐口线的水平投影，求作该屋面交线的 H、V、W 面投影（图 7.14）。

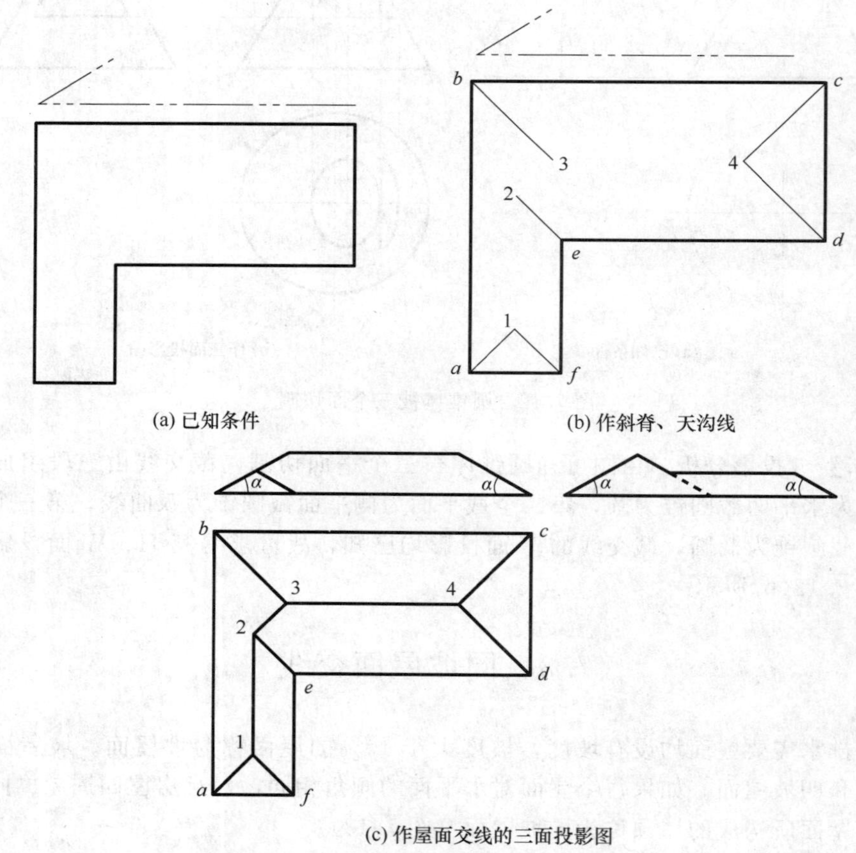

图 7.14　求同坡屋面交线

【解析】　依据同坡屋面交线的投影特点，作图步骤如下：

1）在屋面平面图形上经每一屋角作 45°角平分线。凹墙角作的是天沟线，如 2E；凸墙角作的是斜脊线，如 1A、1F、3B、4D、4C。其中两对斜脊分别相交于点 1 和点 4。

2）作屋脊线。过点 1、4 作各自相对檐口线（前后或左右）的中线，分别交 2E、3B 于点 2 和 3。

3）连 23，折线 1234 即为所求屋脊线。

4）根据屋面倾角和投影规律作出屋面的 V、W 面投影。

【例 7.9】　已知两坡屋面与半圆拱屋面相交，它们的 V 面投影已知，作出屋面交线的 H、W 面投影（图 7.15）。

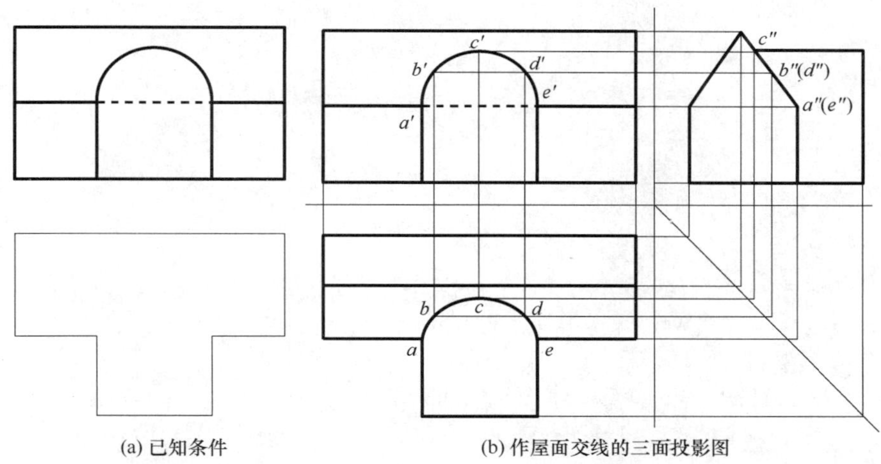

图 7.15　求两屋面交线

【解析】　(1) 投影分析

两坡屋面的 V 面投影已知，它的 H、W 面投影可以依据同坡屋面交线的特点作出。半圆拱屋面与两坡屋面相交，实质是平面截割半圆柱的截交线。这一截交线的空间形状是半个椭圆，椭圆的 V 面投影积聚在半圆屋面的 V 面投影上，椭圆的 W 面投影积聚在前坡屋面的 W 面投影上，H 面投影仍为半个椭圆。

(2) 作图步骤

1）依据同坡屋面交线的特点，作出两坡屋面交线—屋脊线的 H 投影，再利用投影关系作出两坡屋面的 W 面投影。

2）在半圆拱屋面的 V 面投影上定出圆拱的最高点 c'、最低点 a' 和 e'、一般点 b' 和 d'。再求出 W 面投影 $a''(e'')$、$b''(d'')$ 和 c''，最后根据各点的 V、W 面投影求出 H 面投影，依次连线求出屋面交线的 H 面投影。

思考题

7.1　求作截断体截交线的基本思路是什么？

7.2　截断体投影图的绘图要求是什么？

7.3　圆柱、圆锥和球体分别被截平面所截，各有哪几种截交线情况？

7.4　什么是同坡屋面？同坡屋面具有哪些特点？

第 8 章 剖面图与断面图

教学目标

本章主要介绍剖面图和断面图的基本概念、分类、形成和表示方法以及剖面图和断面图的区别与联系。通过学习，学生应能选择合适的剖断面类型来表达形体的内部结构形状。

8.1 剖 面 图

当构件的内部结构形状复杂时，应用基本视图和辅助视图可以准确完整地表达构件的外形，但这时视图上就会出现许多虚线，且图线重叠层次不清，从而影响了图形的清晰性和层次性，既不利于看图，又不便于尺寸标注，所以为了清晰地表达构件的内部结构形状，可假想用一平面将物体切开，从而解决其内部结构的表达问题。

8.1.1 剖面图的形成

如图 8.1(a)所示，用一个假想的剖切平面（剖切平面一般平行于投影面）在形体的适当部位将其剖切开，并将剖切平面与其中一部分形体移开，对剩余的部分形体进行投影，所得到的投影图就称为剖面图，如图 8.1(b)中的 1—1 剖面图。

剖切平面应尽量通过形体上孔、洞等部位。为了区分剖到和未剖到的部分，一般规定：剖到的部分用粗实线表示，亦即截交线所围成的图形截面用粗实线表示，而未剖到但可以看到的部分用中实线表示。注意，由于剖切是假想的，所以只有在画剖面图时假想地将形体切去一部分，而在画其他投影图时则应该按照完整的形体绘出，如图 8.1(b)中的 H 面和 V 面投影。在剖面图上为了清晰地表达形体，应在被剖切到的截交面上画出剖面线。

根据《房屋建筑制图统一标准》，剖面线的几种表示方法如下：

1）剖面线用平行、等间距的 45°细实线来表示。注意，两个相同的图例相接时，图例线宜错开或倾斜方向相反，如图 8.2 所示。

2）用材料符号表示，如表 8.1 所示的建筑材料图例符号。

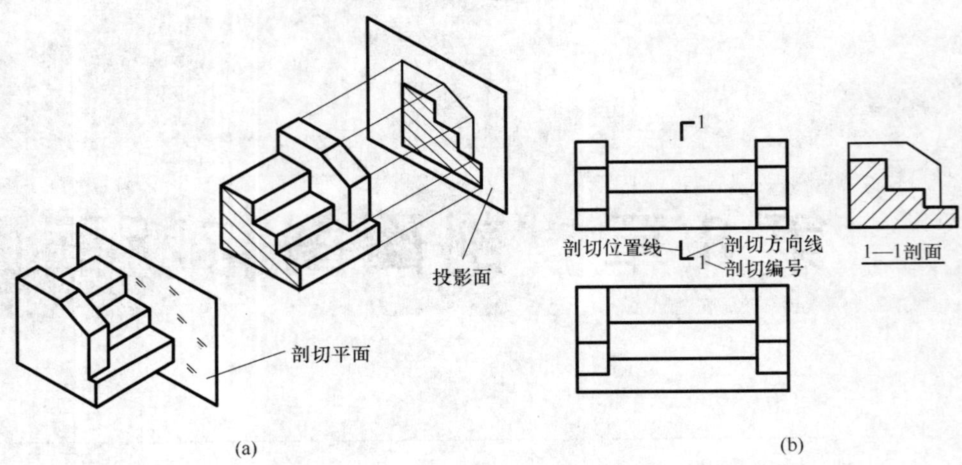

图 8.1　剖面图的形成

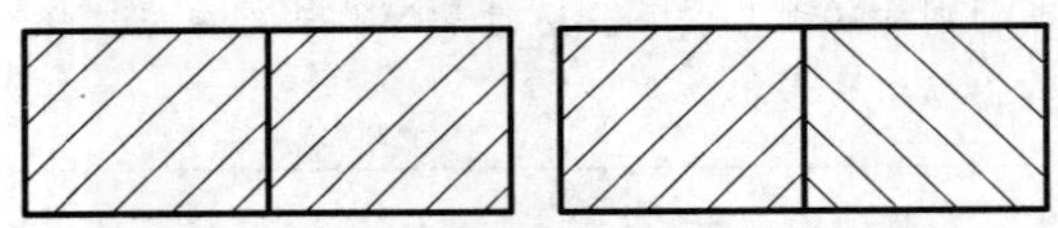

图 8.2　相同图例相接时的画法

表 8.1　常见建筑材料图例

序号	名称	图　例	备　注
1	自然土壤		包括各种自然土壤
2	夯实土壤		
3	砂、灰土		靠近轮廓线较密的点
4	砂砾石、碎砖三合土		
5	石材		
6	毛石		
7	普通砖		包括实心砖、多孔砖、砌块等砌体；断面较窄，不易绘出图例线时可涂红
8	耐火砖		包括耐酸砖等砌体
9	空心砖		指非承重砖砌体

续表

序号	名称	图　例	备　注
10	饰面砖		包括铺地砖、马赛克、陶瓷锦砖、人造大理石等
11	焦渣、矿渣		包括与水泥、石灰等混合成的材料
12	混凝土		1. 本图例指能承重的混凝土及钢筋混凝土 2. 包括各种强度等级、骨料、添加剂的混凝土 3. 在剖面图上画出钢筋时不画图例线 4. 断面图形小，不易画出图例线时可涂黑
13	钢筋混凝土		
14	多孔材料		包括水泥珍珠岩、沥青珍珠岩、泡沫混凝土、非承重加气混凝土、软木、蛭石制品等
15	纤维材料		包括矿棉、岩棉、玻璃棉、麻丝、木丝板、纤维板等
16	泡沫塑料材料		包括聚苯乙烯、聚乙烯、聚氨酯等多孔聚合物类材料
17	木材		1. 上图为横断面，左上图为垫木、木砖或木龙骨 2. 下图为纵断面
18	石膏板		包括圆孔、方孔石膏板、防水石膏板等
19	金属		1. 包括各种金属 2. 图形小时可涂黑
20	玻璃		包括平板玻璃、磨砂玻璃、夹丝玻璃、钢化玻璃、中空玻璃、加层玻璃、镀膜玻璃等
21	防水材料		构造层次多或比例大时采用上面的图例
22	粉刷		本图例采用较稀的点

图 8.3　狭小面积的剖面线及相邻涂黑图例画法

3）在不影响图形清晰的情况下，对于图样上实际宽度小于 2mm 的狭小面积的剖面，允许用涂黑的方法代替剖面线。但两个相邻的涂黑图例（如混凝土构件、金属件）间，应留有空隙，其宽度不得小于 0.7mm，如图 8.3 所示。

8.1.2　剖面图的表示方法

根据国家标准规定，剖面图的标注包括下列几项，如图 8.1(b)中 V 面投影上的剖切线符号。

1. 剖切位置线

通常以剖切平面与投影面的交线表示剖切位置，剖切平面要通过孔、槽等不可见部分的中心线，使其能清楚地表达形体内部形状。为了不穿越图形线，剖切平面的剖切位置用两短粗实线在它的起讫处表示，称之为剖切位置线，其长度宜为 6～10mm。

2. 剖切方向线

在剖切位置线的两端，用两短粗实线表示剖切后的投影方向。剖切方向线应垂直画在剖切位置线的两端，其长度宜为 4～6mm。

3. 剖切编号

用阿拉伯数字、罗马数字或拉丁字母按顺序编排。

8.1.3　剖面图的种类

剖面图根据形体的构造特点和表现要求分为以下几种形式。

1. 全剖面图

假想用剖切平面将形体完全剖开后所得到的剖面图称为全剖面图，如图 8.4 所示。全剖面图适用于内部结构形状比较复杂且不具对称性的形体。

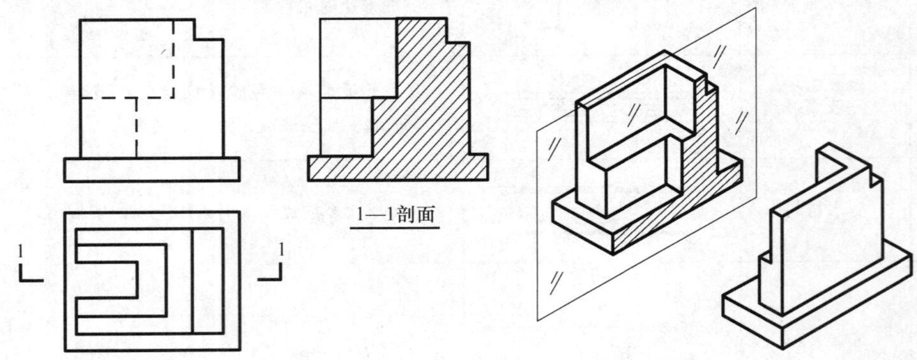

图 8.4　全剖面图

2. 半剖面图

当形体具有对称性时，就不必画出其全剖面图，可以以对称中心线为界，一半画成剖面图，另外一半画投影图，这种剖面图称为半剖面图，如图 8.5 所示。

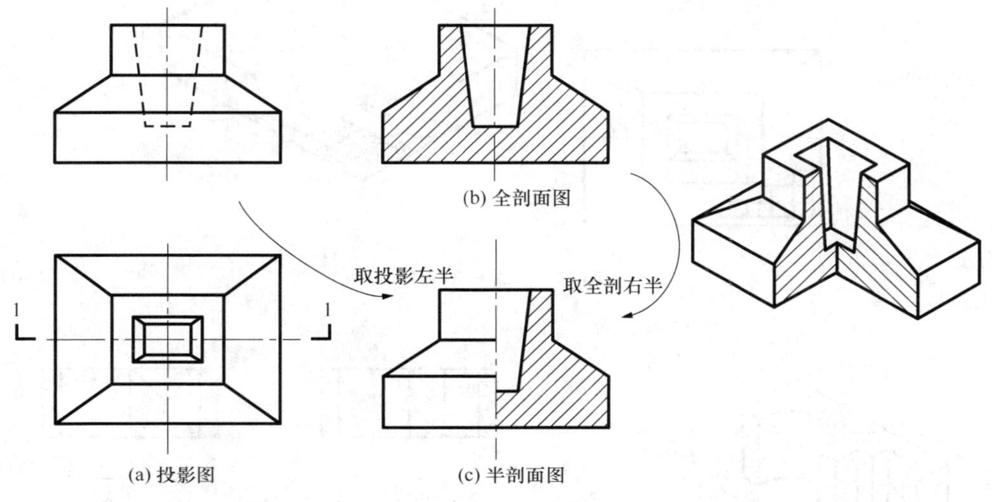

图 8.5　半剖面图的形成过程

画半剖面图时应该注意以下几点：

1）半剖面图是由半个形体投影和半个剖面图组成的，而不是假想将形体剖去 1/4，因而分界线是细点划线而不是粗实线。

2）当中心线竖直时，剖面图一般画在对称中心线右侧；对称中心线水平时，剖面图画在对称线的下方。

3）半剖面中，除十分必要的虚线保留之外，其余的虚线均可省略。

3. 局部剖面图

用剖切平面局部地剖开形体，所得的剖面图称为局部剖面图。图 8.6 是杯形基础的局部剖面图，大部分是正投影，而局部剖开表示了内部钢筋摆放位置及数量。

剖切范围根据所需表达的内部结构而定，在图上用波浪线标出剖切范围，同时兼作剖面图与投影之间的分界线。

画局部剖面图应该注意以下几点：

1）波浪线应画在形体的表面上，不应超出图形的轮廓线，也不应画在孔洞之内。

2）波浪线不能与图形上的轮廓线重合。

4. 阶梯剖面图

单用一个平面剖切形体，不能将其内部结构的形状完全表达清楚时，可用两个或两个以上相互平行的剖切平面剖开形体，所得到的剖面图称为阶梯剖面图，如图 8.7(a，b)所示。

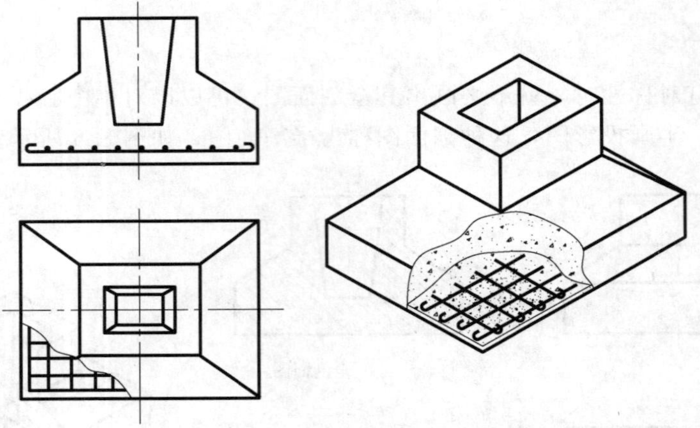

图 8.6　局部剖面图

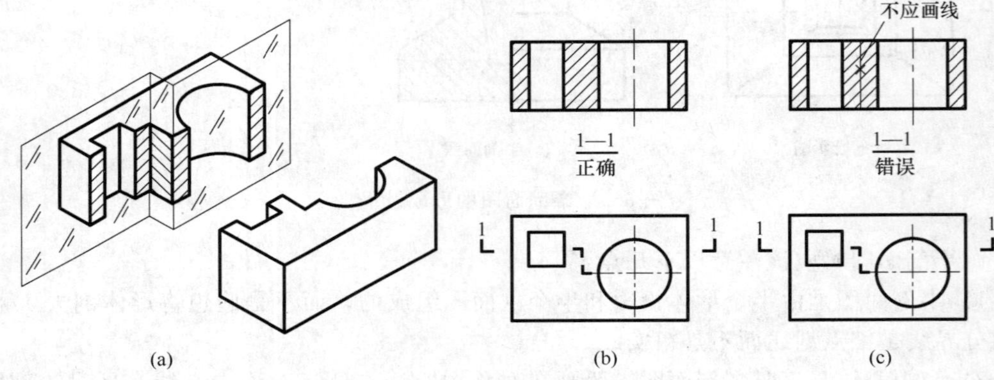

图 8.7　阶梯剖面图

画阶梯剖面图应该注意以下几点：

1）剖切平面不论个数，均采用统一的编号。

2）在剖切面的起、迄和转折处均应把剖切线画出。

3）剖切平面的转折处不应与图上的轮廓线重合。

4）在阶梯剖面图中不应画出剖切平面转折处的投影，如图 8.7(c)所示。

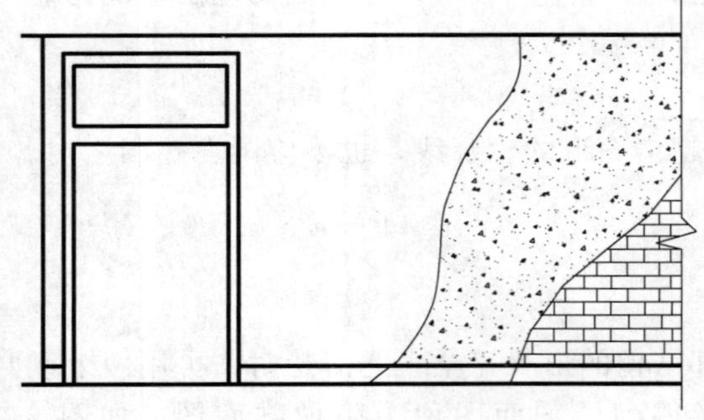

图 8.8　墙面分层剖面图

5. 分层剖面图

用几个相互平行的剖切平面分别将物体的局部剖开，把几个局部剖面图重叠在一个投影图上，把各层次以波浪线隔开，以表示各层的材料、构造等，这种剖面图称为分层剖面图，如图 8.8 所示的墙面分层剖面图和图 8.9 所示的地面分层剖面图。这种方法通常在土木工程中用于反映地面、墙面、屋面和道路的构造。

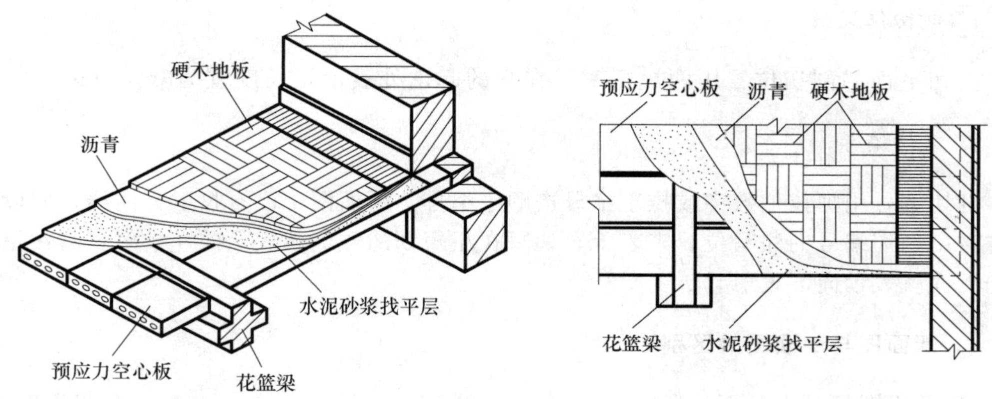

图 8.9　地面分层剖面图

8.2 断　面　图

8.2.1　断面图的形成

用假想的剖切平面去切割形体，并移去观察者与剖切平面之间的一部分形体，仅画出剖切平面与形体接触部分的图形，这种图形称为断面图，简称为断面，如图 8.10 所示。

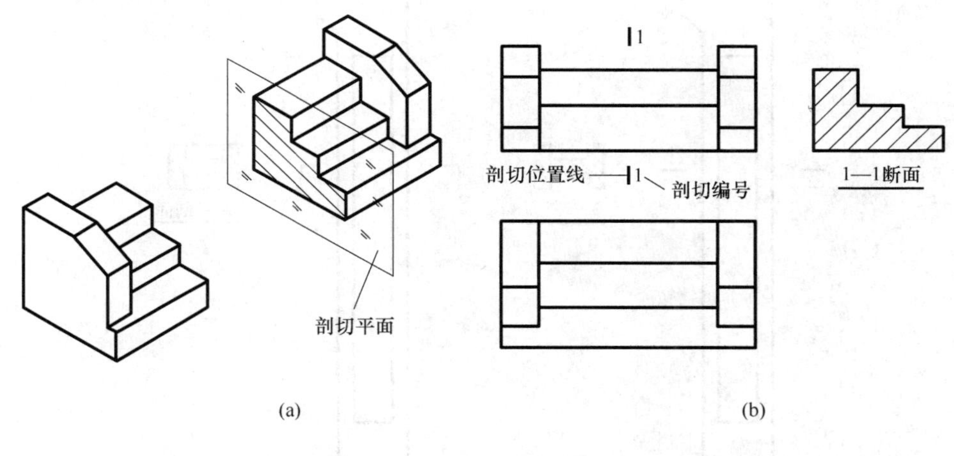

图 8.10　断面图的形成

8.2.2　断面图的表示方法

同剖面图一样，断面图的形状也与剖切位置和投射方向有关。因此，画出的断面图也需要用剖切符号表示剖切位置和投射方向，如图 8.10(b) 中的 V 面投影中的剖切符号。

1. 剖切位置线

剖切平面的剖切位置用两短粗实线在它的起讫处表示，长度宜为6～10mm。

2. 剖切编号

剖切编号用阿拉伯数字或拉丁字母按顺序编排。断面图中没有投射方向线，所以投射方向由剖切编号的注写位置来表示，如写在粗短划的左侧就表示向左投射，写在粗短划的下面就表示向下投射。

8.2.3 断面图与剖面图的区别

1）断面图仅画出断面的形状，是“面”的投影；而剖面图除画出断面的投影图外，还要画出剖切平面后面的结构投影，是“体”的投影。

2）断面图的剖切符号仅画出剖切位置线和编号，用编号的注写位置来替代投射方向；而剖面图的剖切符号则用剖切位置线、投射方向线和编号来表示（图 8.11）。

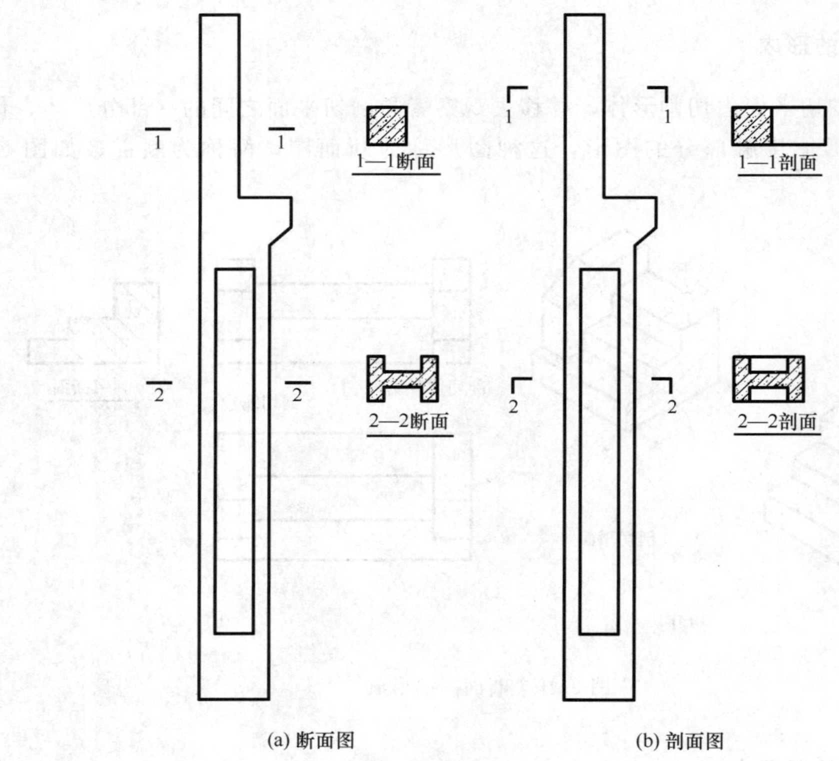

图 8.11　断面图与剖面图的区别

【例 8.1】　作出图示变截面梁的 1—1 剖面、2—2 断面和 3—3 断面，梁的材料为钢筋混凝土。

【解析】　解题过程见图 8.12。注意剖面图和断面图的联系与区别。

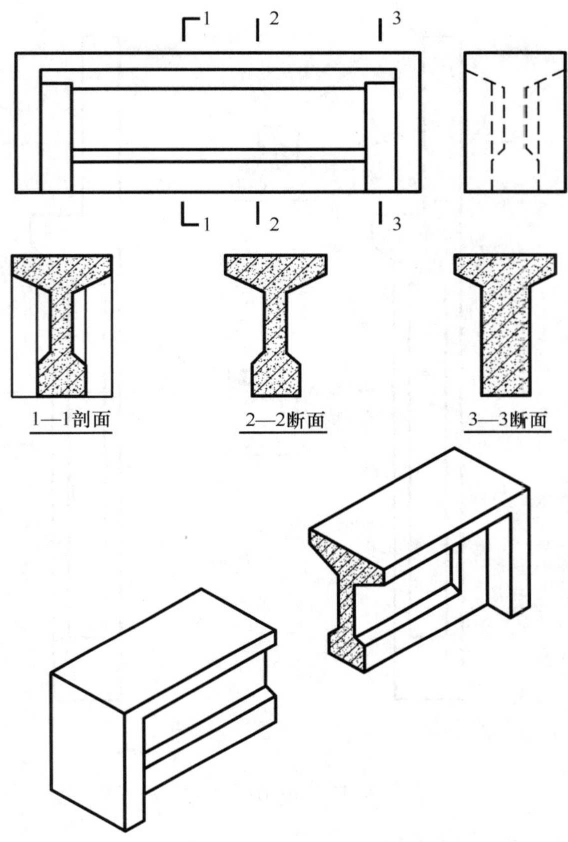

图 8.12　变截面梁的剖面图及断面图

8.2.4　断面图的分类

根据断面图在图中配置的位置不同，可将断面图分为移出断面图、重合断面图和中断断面图。

1. 移出断面图

画在投影图外侧的断面图称为移出断面图，如图 8.13 所示。移出断面的轮廓线用粗实线画出，断面上还要画出剖面线（平行等间距的 45°细实线）或材料图例。

为了看图方便，移出断面应尽量画在剖切位置线的延长线上，必要时允许画在其他适当的位置，以保持各个断面排列整齐，如图 8.14 的空腹鱼腹式吊车梁的移出断面图。当断面形状为对称时，移出断面图也可以表示为图 8.13(c)。

2. 重合断面图

画在投影图轮廓线范围之内的断面图称为重合断面图，如图 8.15 和图 8.16 所示。重合断面也就是假想用一个剖切平面将形体剖开后再将截面旋转 90°。

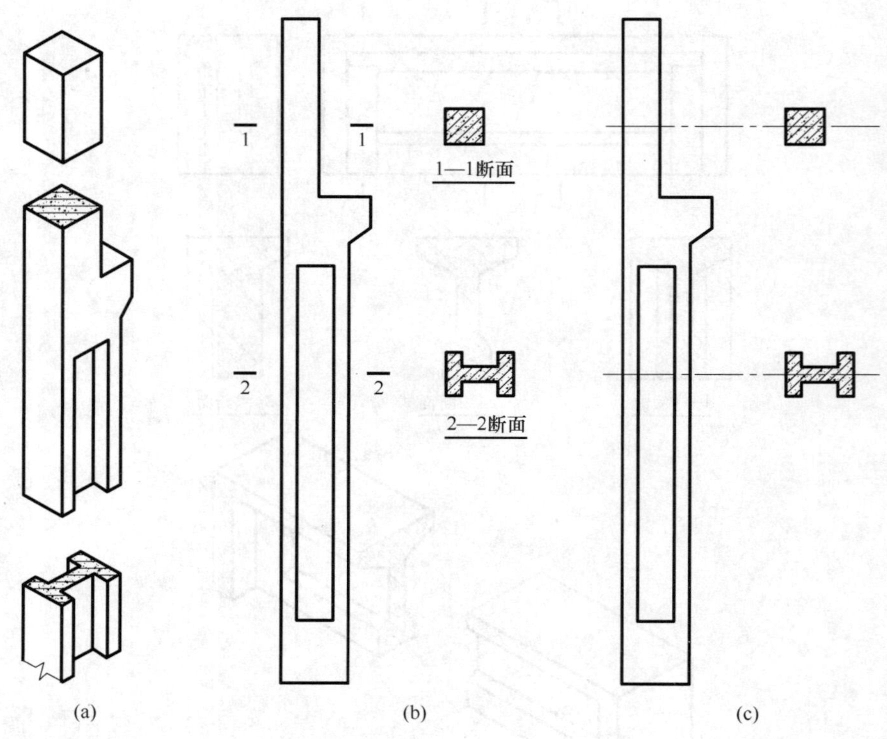

图 8.13　移出断面图

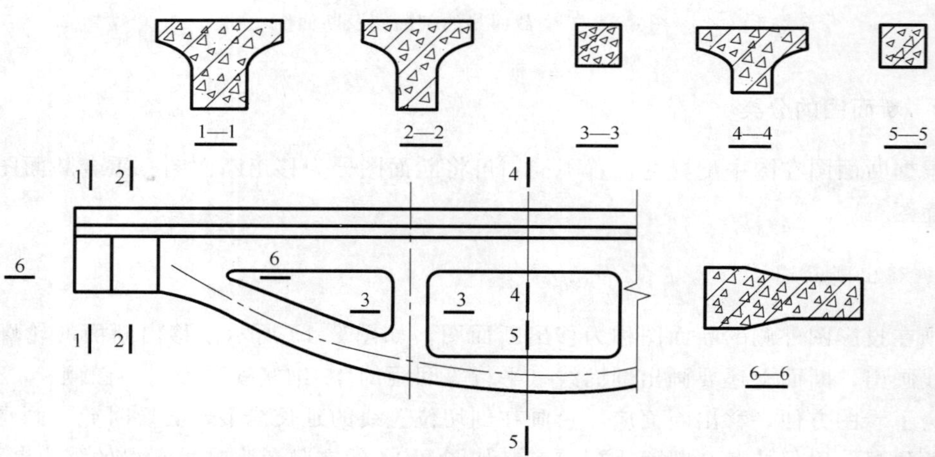

图 8.14　空腹鱼腹式吊车梁的断面图

重合断面不需标注剖切线和编号。为避免与投影图中的图线混淆，当形体的轮廓线为粗实线时，重合断面图的轮廓线用细实线；当物体轮廓线为细实线时，重合断面图的轮廓线用粗实线；当重合断面轮廓线与形体的轮廓线重合时，形体的轮廓线需完整画

出，不应断开。

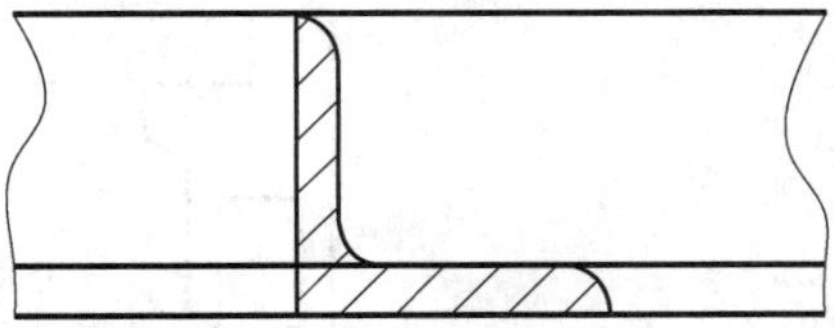

(a) 角钢断面图

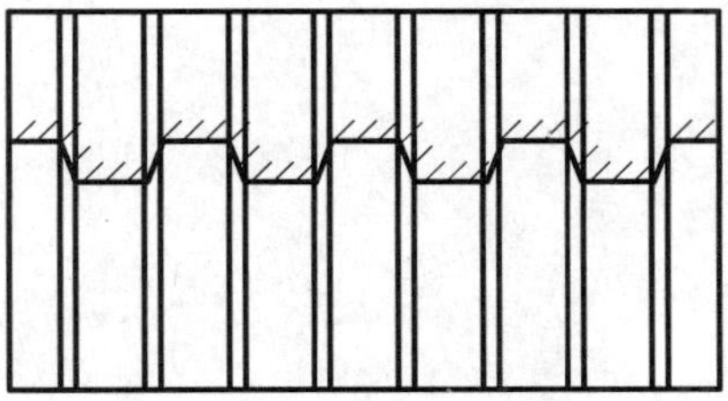

(b) 墙面装饰花纹

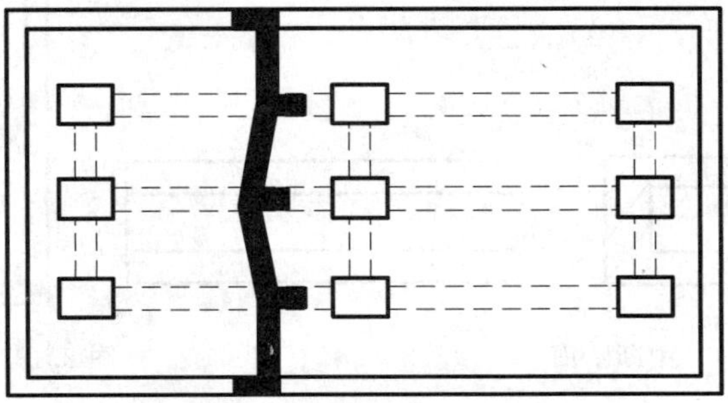

(c) 屋面重合断面图

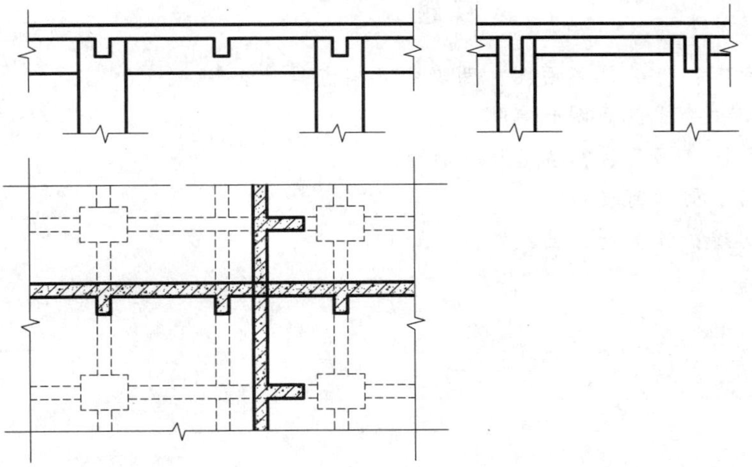

(d) 现浇板的重合断面

图 8.15　重合断面

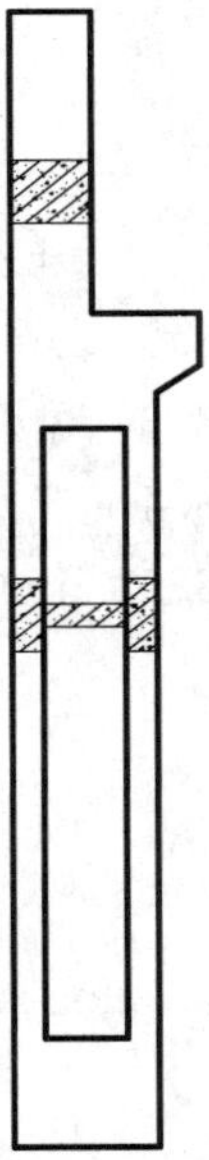

图 8.16　重合断面

3. 中断断面图

画在投影图中断处的断面图称为中断断面图，如图 8.17 和图 8.18 所示。这种断面图适用于形体较长而且断面形状相同时。中断断面的轮廓线用粗实线画出，此时不必标注剖切线及编号，中断处画波浪线。

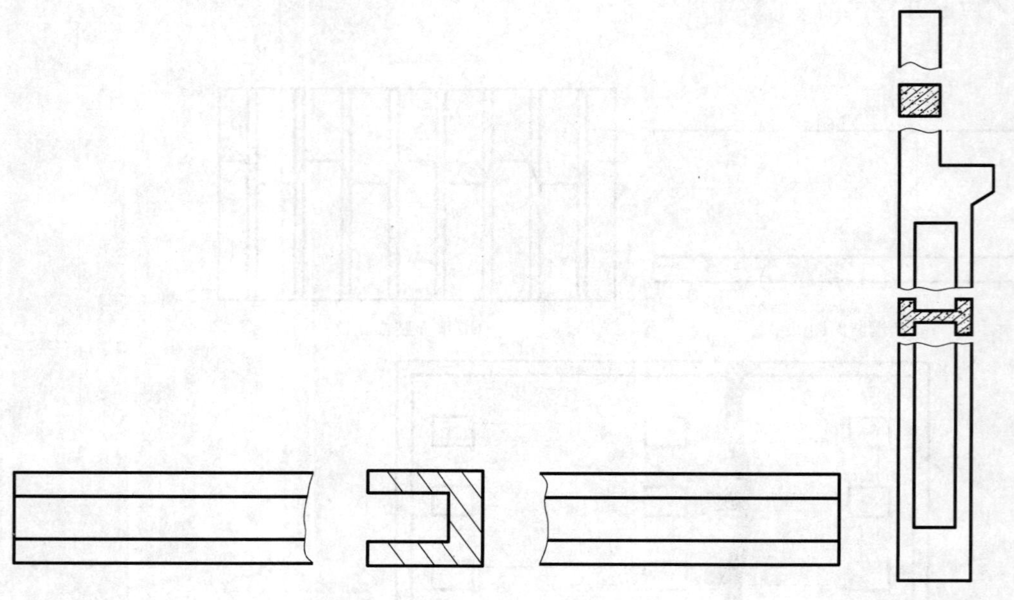

图 8.17　中断断面

图 8.18　中断断面

思考题

8.1　什么是剖面图？什么是断面图？两者的异同点是什么？

8.2　画半剖面图和阶梯剖面图时有哪些注意事项？

8.3　常用的剖面图有哪几种？各适用于什么情况？

8.4　窄小的剖切断面如何表示？

8.5　什么是剖切线？什么是剖面线？

第9章 建筑施工图

教学目标

本章是学习识读与制作建筑施工图的重点。通过本章的学习，学生应掌握建筑施工图的组成以及它的形成、用途、图示方法、图示内容、有关规定；掌握施工图的绘制方法和技巧，能将绘制与读图紧密地联系起来，通过读图提高绘图速度，通过绘图提高读图能力。

9.1 房屋施工图的基本知识

9.1.1 建筑工程图的产生与分类

房屋建筑工程图是根据正投影绘制的一种图样，它将一栋房屋建筑的内外形状和大小以及结构、构造、装修设备等详细地表示在图纸上，用于指导工程施工。

建造一栋房屋，要经过设计和施工两个主要阶段。在业主报建手续完善之后，进入设计阶段。首先，根据业主建造要求和有关政策性的文件、地质条件进行初步设计，绘制房屋的初步设计图，称为方案图。方案图报业主征求意见，并报规划、消防等部门审批。根据审批同意后的方案图进入设计的第二阶段，即技术设计阶段。技术设计阶段包括建筑、结构、给水排水、采暖通风、电气等各专业的设计、计算与协调过程。在这一阶段，需要设计和选用各种主要构配件、设备和构造做法。在技术设计通过评审后，就进入设计的第三阶段——施工图设计阶段，对各种具体的问题进行详尽的设计与计算，并绘制最终用于施工的施工图纸。施工图纸要完整、详尽、统一，并且图样正确、尺寸齐全，对施工中的各项具体要求都明确地反映到各专业的施工图中。

一套房屋建筑工程图一般按专业分为建筑施工图、结构施工图和设备施工图（给水排水施工图、采暖通风施工图、电气施工图）三类。

1. 建筑施工图

建筑施工图简称建施，主要反映建筑物的规划位置、外形和大小、内外装修、内部布置、细部构造做法及施工要求等。建筑施工图包括首页（图纸目录、设计总说明、门窗表等材料表等）、总平面图、平面图、立面图、剖面图和详图。

2. 结构施工图

结构施工图简称为结施，主要表示建筑物承重结构、布置情况，它包括构件的类型、大小及钢筋的摆放，尺寸大小及制作安装方法。图纸包括结构设计说明、基础平面及剖面、柱网布置图、梁的平面配筋图、板的平面配筋图、柱的平面配筋图。

3. 设备施工图

设备施工图简称设施，包括给水排水（简称水施）、电器照明（简称电施）、供暖通风（简称暖通）等设备的平面布置图、系统轴测图及详图。

9.1.2 图纸索引

比例比较小的图纸中，有些构造节点表达不清楚时，可以用索引和局部详图来表示。索引符号和详图符号一一对应，即有索引符号就有详图符号。

1. 被索引的详图在同一张图纸内

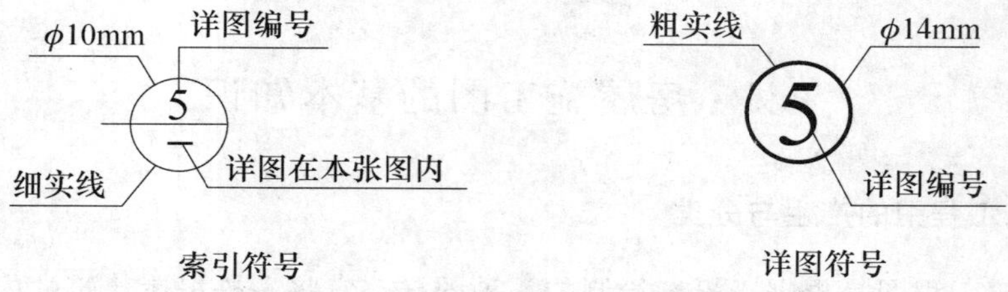

2. 被索引的详图不在同一张图纸内

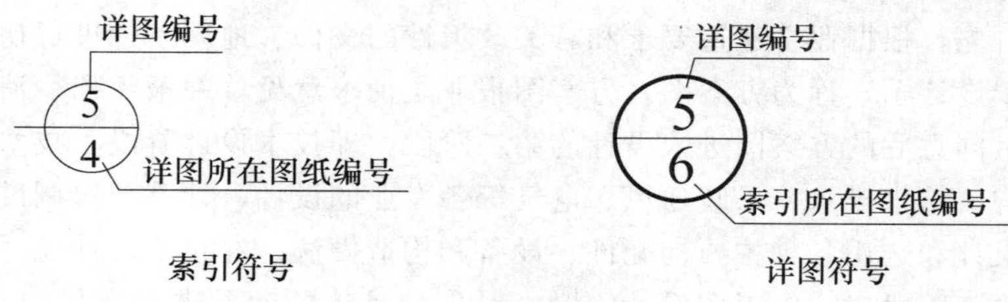

3. 被索引的详图在标准图中

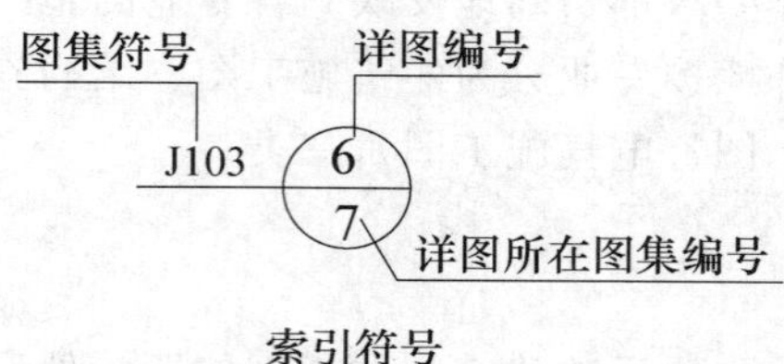

索引符号

4. 被索引的剖视详图在同一张图纸内

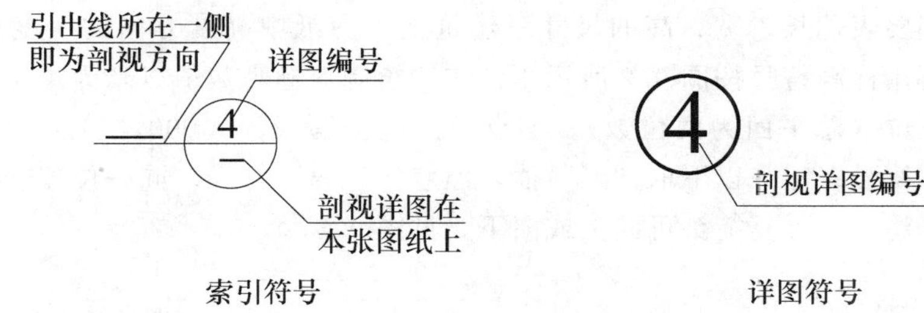

索引符号　　　　　　　　　　　　　　详图符号

5. 被索引的剖视详图不在同一张图纸内

索引符号　　　　　　　　　　　　　　详图符号

9.1.3　图纸中常用的符号和记号

1. 定位轴线

定位轴线是用来确定建筑物承重构件位置的基准线，用细单点长划线表示，并在线的端头画直径为8mm、详图上为10mm的圆。横向定位轴线应用阿拉伯数字，从左向右依次编号；纵向定位轴线应用大写拉丁字母，从下至上依次编号，其中I、O、Z不得采用，以免与数字1、0、2相混淆。平面图上定位轴线的编号宜标注在图样的下方与左侧。

对于一些与主要构件相联系的次要构件，它的定位轴线一般用附加定位轴线，编号可用分数表示，分母表示前一轴线的编号，分子表示附加轴线的编号，用阿拉伯数字依次编号，如图9.1(a)所示。如有一个详图适用于几个轴线时，应同时将各有关轴线的编号注明，如图9.1(b～e)所示。

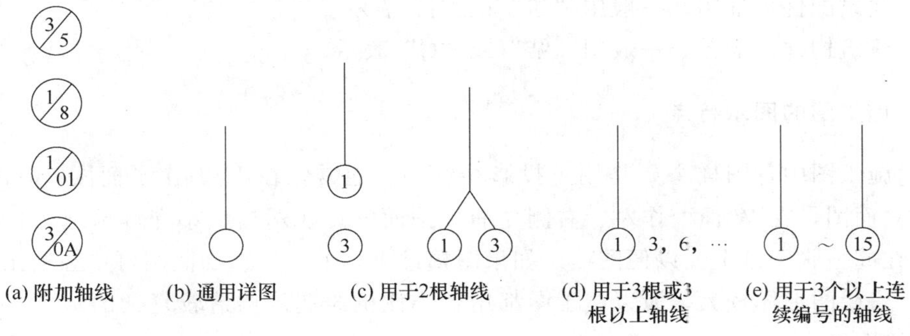

图9.1　定位轴线

2. 标高符号

建筑物都要表达长、宽、高的尺寸。建筑施工图纸中高度方向的尺度用标高来表示。各图上所用标高符号按图 9.2 所示用细实线绘制。标高数值以米为单位，一般注写至小数点后三位（总平面为两位数）。零点标高应注写成±0.000，零点以上取“＋”，但不注“＋”符号；零点以下取“－”值，但应注“－”符号。同一位置表示几个不同标高时可重复注写。标高箭头可向上或向下，见图 9.3。

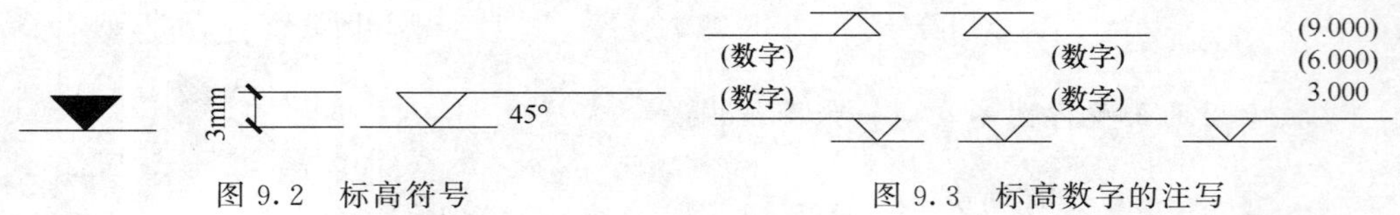

图 9.2　标高符号　　　　图 9.3　标高数字的注写

9.1.4　标准图

1. 标准图的概念

为了适应大规模建设的需要，加快设计施工速度，提高质量，降低成本，将各种大量常用的建筑物及其构配件按国家标准规定的模数协调，根据不同的规格标准设计编绘成套的施工图，以供设计和施工选用，这种图样称为标准图或通用图，将其装订成册即为标准图集或通用图集。

2. 标准图的分类

我国标准图有两种分类方法：一是按使用范围分类；二是按工种分类。

按照使用范围大体分为三类：

1）经国家部委批准的，可在全国范围内使用。

2）经各省、市、自治区有关部门批准的，在各地区使用。

3）各设计单位编制的图集，供各设计单位内部使用。

按工种分为两类：

1）建筑配件标准图，一般用“建”或“J”表示。

2）建筑构件标准图，一般用“结”或“G”表示。

9.1.5　施工图的图示特点

1）施工图中各图样主要是用正投影绘制的。通常，在 H 面作平面图，在 V 面作正、背立面图，在 W 面上作左、右侧立面和剖面图。在图幅大小允许情况下，将平立剖面放在同一张图纸上，以便阅读。如果图幅过小，平、立、剖面图可单独绘出。

2）房屋的形体较大，所以施工图都用较小比例绘制。构造较复杂的地方，可用大比例的详图绘出。

3）由于房屋的构、配件和材料种类较多，国标规定了一系列的图形符号来代表建

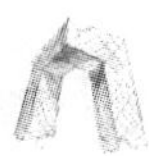

筑构配件、卫生设备、建筑材料等，这种图形符号称为图例。为读图方便，“国标”还规定了许多标准符号。所以，阅读者应对图例和符号有所了解。

4）线型粗细变化：为了使所绘的图样重点突出、活泼美观，建筑上采用了很多线型，如立面图中室外地坪用 1.4b 的特粗线，门窗格子、墙面粉刷分格线用细实线。

9.1.6 施工图的阅读方法

1. 看图的方法

一套房屋施工图，简单的有几张，复杂的有几十张、甚至几百张，究竟从哪一张看起呢？正确的看图方法是关键。实践经验告诉我们，看图的方法是：“由外向里看，由大到小看，由粗到细看；先主体，后局部；图样与说明互相对着看，建施与结施对着看。”

2. 看图步骤

1）先看目录。了解是工业还是民用建筑，是砖混还是框架结构，建筑面积多大，图纸有多少张。

2）按照图纸目录检查各类图纸是否齐全，有无错误，标准图是哪一类。把它们查全，准备在手边，以便随时查看。

3）看设计说明。了解建筑概况和施工技术要求。

4）看总平面图。了解建筑物的地理位置、高程、朝向以及建筑有关情况，考虑如何进行定位放线。

5）看完总平面图，依次看平面图、立面图、剖面图，通过平、立、剖面图在脑海中逐步建立立体形象。

6）通过平、立、剖形成建筑的轮廓以后，再通过详图了解各构件、配件的位置，以及它们之间是如何连接的。

9.2 施工图的首页及总平面图

9.2.1 学习总平面图应具备的知识

1. 风向频率玫瑰图

风向频率玫瑰图是根据当地的气象统计资料将一年中不同风向的吹风频率用同一比例画在十六个方位线上连接而成，图中实折线距中心点最远的顶点表示该方向吹风频率最高，称为常年主导风向。图中虚折线表示当地夏季 6、7、8 三个月的风向频率，称为夏季主导风向，见图 9.4(a)。

2. 指北针

指北针的外圆用细实线绘制，直径为 24mm，指针尾部的宽度为 3mm，见图 9.4(b)。

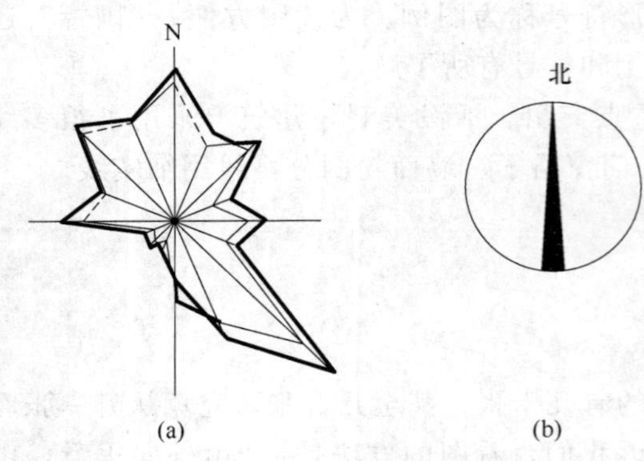

图 9.4　风玫瑰图和指北针

3. 坐标系统

坐标系统有两种形式，即测量坐标系统和建筑坐标系统。测量坐标系统是在国家和地区地形图上绘制的方格网，与地形图采用同一比例尺，以 100m×100m 或 50m×50m 为一方格。其竖轴为 X，横轴为 Y。建筑坐标系统就是将建设地区的某一定点设为 O，水平方向为 A 轴，垂直方向 B 轴，进行分格，格的大小一般用 100m×100m 或 50m×50m，比例尺与地形图相同，方便了两种坐标的换算。

由图 9.5 可以看出，用建筑坐标系统更加方便。也可使建筑坐标系统和新建筑物的轴线平行，但在附注中注明两种坐标系统的换算公式。

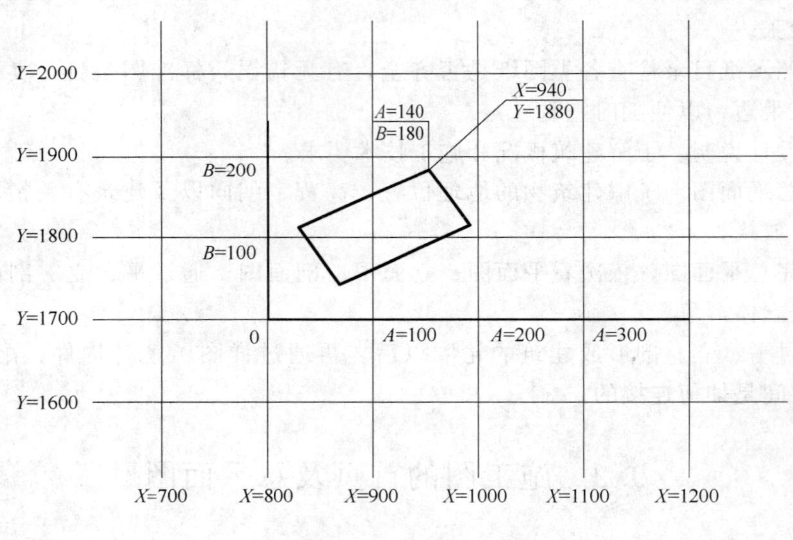

图 9.5　坐标系统

4. 规划红线

在城市建设的规划地形图上划分建筑用地和道路用地的界线，一般都以红色线条表示，称为规划红线，它是建造沿街房屋和地下管线时决定位置的标准线，不能超越。

5. 绝对标高和相对标高

绝对标高：我国把青岛黄海附近的平均海平面定为绝对标高的零点，其他各地标高以它为基准。

相对标高：在房屋建筑设计与施工图中一般都采用假定的标高，并且把房屋的首层

室内地面的标高定为该工程的相对标高零点。在总平面图上常标注出相对标高零点对应的绝对标高值如$\pm 0.000=89.79$，即房屋首层室内地面的相对标高± 0.000等于该绝对标高 89.79m。

6. 等高线

地面上高低起伏的形状称为地形。地形是用等高线来表示的。等高线是预定高度的水平面与所表示表面的截交线。

为了表明地表起伏变化状态，仍可假想用一组高差相等的水平面去截切地形表面，画出一圈一圈的截交线，这就是等高线，见图 9.6。

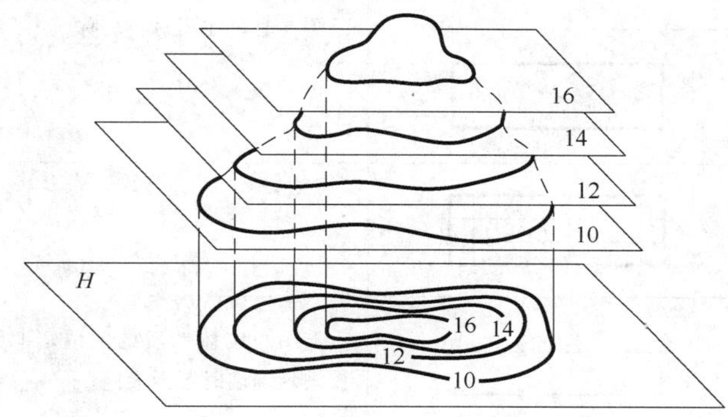

图 9.6　等高线的形成

阅读地形图是土方工程设计的前提，因此会看地形图非常必要。地形图的阅读主要是根据地面等高线的疏密变化大致判断出地面地势的变化。等高线的间距越大，说明地面越平缓；相反，等高线的间距越小，说明地面越陡峭。

从等高线上标注的数值可以判断出地形是上凸还是下凹：数值由外圈向内圈逐渐增大，说明此处地形往上凸；相反，数值由外圈向内圈减小，则此处地形为下凹。

7. 总平面图图例

总平面图图例见表 9.1。

表 9.1　总平面图例

名　称	图　例	说　明
新建建筑物	8 ▲	1. 需要时可用▲表示出入口，可在图形内右上角用点数或数字表示层数 2. 建筑物外形用粗实线表示，需要时地面以上建筑用中实线表示，地面以下建筑用细实线表示
原有建筑物		用细实线表示

续表

名　称	图　例	说　明
计划扩建的预留地或建筑物		用中虚线表示
拆除建筑物	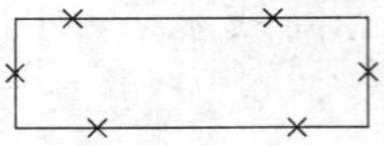	用细实线表示
散状材料露天堆场		需要时可注明材料名称
其他材料露天堆场或露天作业场	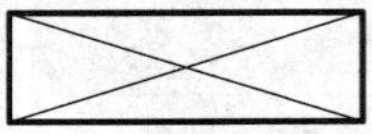	
铺砌场地	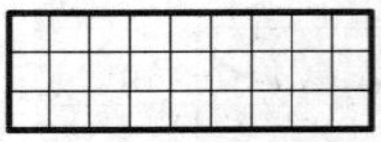	
围墙及大门	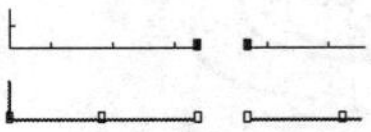	上图为实体性质的围墙，下图为通透性质的围墙，仅表示围墙时不画大门
树木与花卉		各种不同的树木有多种图例
坐标	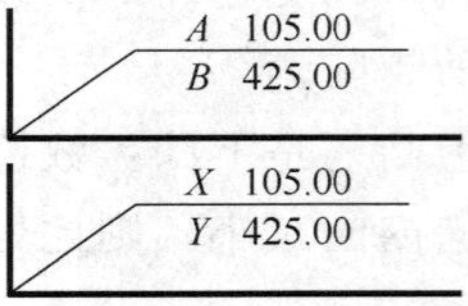 *A* 105.00 *B* 425.00 *X* 105.00 *Y* 425.00	上图表示建筑坐标 下图表示测量坐标
填挖边坡	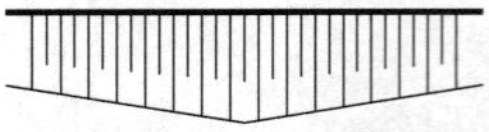	边坡较长时可在一端或两端局部表示 下边线为虚线时表示填方
护坡	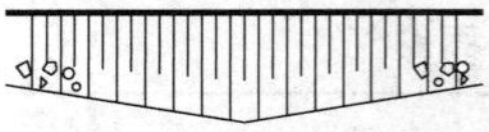	
室内标高	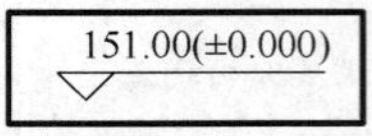 151.00(±0.000)	
室外标高	 ▼ 143.00	
雨水井		
消火栓井	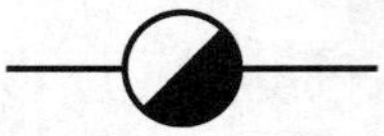	

续表

名　称	图　例	说　明
新建道路	0.6 101.00 R9 150.00	R9 表示道路转弯半径为 9m 150.00 表示路面中心示高 0.6 表示 0.6%的纵向坡度 101.00 表示变坡点间距离
原有道路		
计划扩建道路	‒ ‒ ‒ ‒ ‒ ‒ ‒ ‒	

9.2.2　首页图

施工图中除各种图样外，还包括图纸目录、设计说明、工程做法、门窗统计表等表格和文字说明。这部分内容通常集中编写，编排在施工图的前面，当内容较少时可以全部绘制于施工图的第一张图纸上，成为施工图首页图。

1. 图纸目录

图纸目录包括每张图纸的名称、内容、图号等。编制图纸目录的目的是便于查找图纸。

2. 设计说明

内容包括工程概况（建筑名称、建筑地点、建设单位、建筑面积、建筑占地面积、建筑等级、建筑层数），设计依据（政府有关批文、建筑面积、造价以及有关地质、水文、气象资料），设计标准（建筑标准结构、抗震设防烈度、防火等级、采暖通风要求、照明标准），施工要求（验收规范要求、施工技术及材料的要求，采用新技术、新材料或有特殊要求的做法说明，图纸中不详之处的补充说明）等。

3. 工程做法表

工程做法表主要是对建筑各部位构造做法用表格的形式加以详细说明。

4. 门窗表

门窗表是建筑物上所有不同类型门窗的统计表格。

图纸的编排顺序按上述的顺序。一般中小型工程编写一个设计总说明即可，放在建筑施工图的首页。如果是大型工程或结构复杂的工程，则可把总说明分为三部分——建筑设计说明，结构设计说明、设备设计说明，分别放在各施工图的前面。各专业施工图的编排顺序是：全局性在前，局部性的在后；先施工的在前，后施工的在后；重要的在前，次要的在后。

9.2.3 总平面图的形成和作用

总平面图是假想人站在建好的建筑物上空，用正投影的原理画出地形图，把已有的建筑物、新建的建筑物、将来拟建的建筑物以及道路、绿化等内容按与地形图同样的比例画出来的平面图。

总平面图是新建房屋施工定位、土方施工以及其他专业管线总平面图和施工总平面设计布置的依据。

房屋定位的方法有两种：一是根据原有建筑物定位放线；二是根据坐标系统进行定位放线。

9.2.4 总平面图反映的内容

1）表明建筑物的总体布局：根据规划红线了解拨地范围，各建筑物及构筑物的位置，道路、管网的布置等。

2）确定新建建筑物定位方法：大型复杂建筑物或新开发的建筑群用坐标系统定位，中小型建筑物根据原有建筑物定位。

3）表明建筑物首层地面的绝对标高、室外地坪、道路绝对标高，了解土方填挖情况，地面位置。

4）用风玫瑰图表示当地风向和建筑朝向。中小型建筑也可用指北针。

5）了解地形（坡、坎、坑）和地物（树木、线干、井、坟等）。

9.2.5 总平面图的阅读

以某武装部办公楼的总平面图（图 9.7）为例，其读图过程如下。

1. 办公楼的风向、方位和范围

图的右上角画出了该地区的指北针，按指北针所指的方向可以知道这个办公楼位于公路的南侧。

2. 新建房屋的平面轮廓形状、大小、朝向、层数、位置和室内外地面的标高

以粗实线画出了这栋新建办公楼，显示了它的平面形状，即左右对称；东西总长 38.4（43527.916～43489.516）m，南北总宽 15.4（52822.006～52806.606）m；坐南朝北，整体三层，局部四层。

3. 新建房屋周围的环境以及附近的建筑物、道路、绿化等布置

在新建房屋西面是单位的主入口，还有一个次要入口在北面，由道路红线（用毛石砌筑）给出了拨地范围。院中心有一个中心花坛，花坛的四周布有消防环路，花坛的东面有一四道 200m 操场及两个篮球场，花坛的西面有二期预留发展用地。

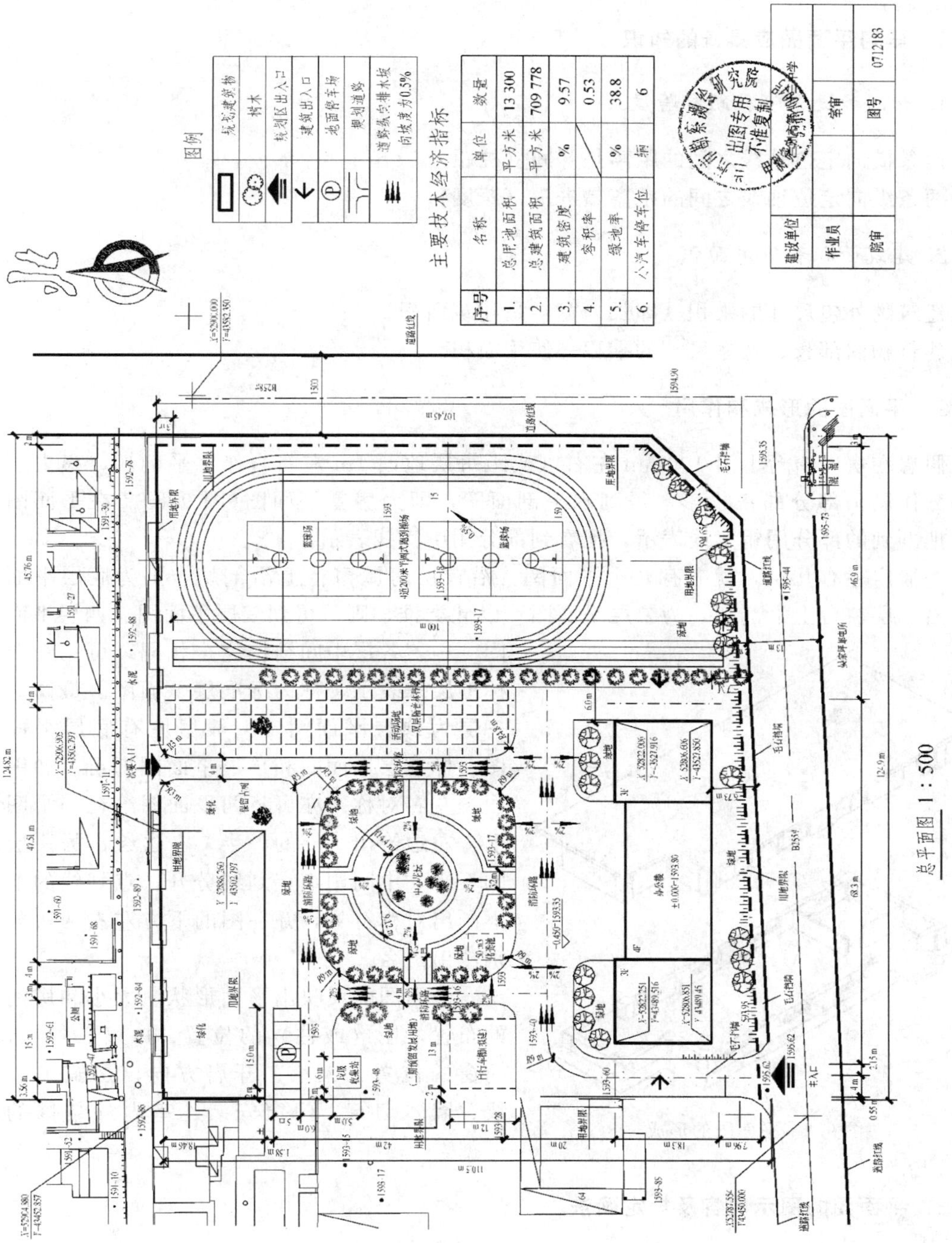

图例

▭	规划建筑物
(树木图例)	树木
(出入口图例)	规划区出入口
←	建筑出入口
Ⓟ	地面停车场
(道路图例)	规划道路
(坡向图例)	道路纵向排水坡向坡度为0.5%

主要技术经济指标

序号	名称	单位	数量
1.	总用地面积	平方米	13 300
2.	总建筑面积	平方米	709 778
3.	建筑密度	%	9.57
4.	容积率		0.53
5.	绿地率	%	38.8
6.	小汽车停车位	辆	6

建设单位			
作业员		室审	
院审		图号	0712183

总平面图 1 : 500

图 9.7　某办公楼总平面图

9.3 建筑平面图

9.3.1 学习平面图应具备的知识

1. 开间和进深（柱距和跨度）

两条横向定位轴线之间的距离是开间（柱距）。
两条纵向定位轴线之间的距离是进深（跨度）。

2. 建筑面积和使用面积

建筑物外包尺寸的乘积（即长×宽）是建筑面积。
建筑物内部长、宽净尺寸的乘积是使用面积。

9.3.2 平面图的形成和作用

假想在房屋窗台上沿 100mm 左右（或距每层地面 1m 左右）作水平剖切，移去上面部分作剩余部分的正投影，得到水平剖面图，即为房屋平面图（图 9.8）。在平面图上，把剖到的部分用粗实线表示，把看到部分用中实线表示。

一般房屋有几层，就应有几个平面图。沿首层房屋窗台上沿剖切，则为底层平面图；沿二层窗台上沿剖切，为二层平面图；以此类推，则可得到三层平面图、四层平面图……若各层中间结构完全相同，可用一个标准层来表示，称为标准层平面图。最高的一层为顶层平面图。一般房屋有底层平面图、标准层平面图和顶层平面图即可。如平面图左右对称，亦可将两平面图绘在一个图上，左边绘出一层的一半，右边绘出另一层的一半，中间用细点划线分开，点划线的上下画出对称符号，并在图的下方左右两边分别注出图名。

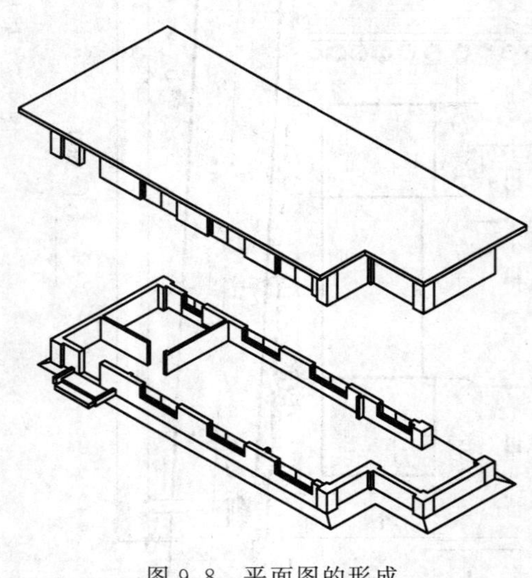
图 9.8 平面图的形成

平面图能反映出平面形状、大小和房间的布置，墙（或柱）的位置、厚度、材料，门窗的位置、大小、开启方向，是施工放线、墙体砌筑、门窗安装、室内外装修的依据。

9.3.3 平面图的图示内容及规定画法

1. 图名、比例及朝向

应注明是哪层平面图，图名后标出比例，在图名处加中实线作下划线。常用比例有

1∶100、1∶200 等。一层平面图应标注指北针，用来确定建筑物的朝向。

2. 图例

因为建筑平面图的绘图比例比较小，所以在平面图中某些建筑构造、配件和卫生器具等都不能按真实投影画出，而是按国标中规定的图例表示。绘制房屋施工图常用的图例见表 9.2。

表 9.2 施工图常见构造及配件图例

常见构造及配件	图　例	说　明
楼梯	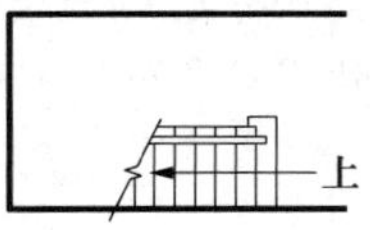 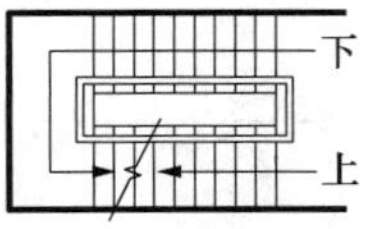 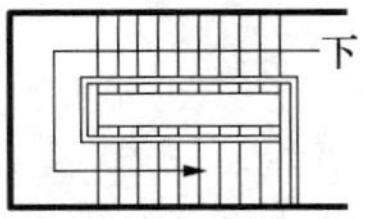	1. 上图为底层楼梯平面，中图为中间层楼梯平面图，下图为顶层楼梯平面 2. 楼梯及栏杆扶手的形式和梯段踏步数应按实际情况绘制
坡道	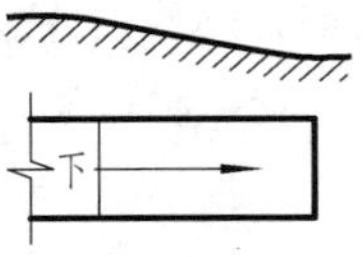 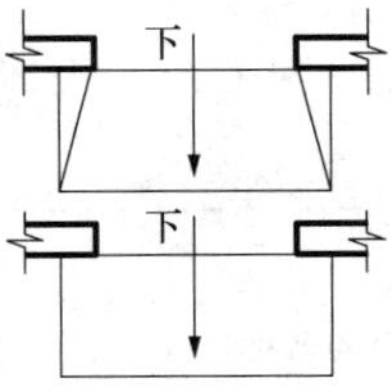	上图为长坡道，下图为门口坡道
检查口		左图为可见检查孔，右图为不可见检查孔
孔洞		阴影部分可以涂色代替
坑槽		

续表

常见构造及配件	图　　例	说　　明
墙预留洞	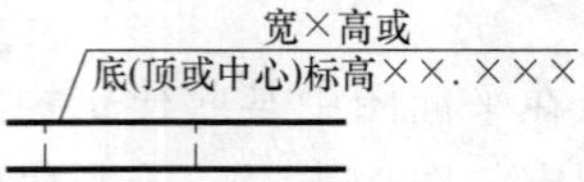 宽×高或 底(顶或中心)标高××.×××	1. 以洞中心或洞边定位 2. 宜以涂色区别墙体和留洞位置
烟道	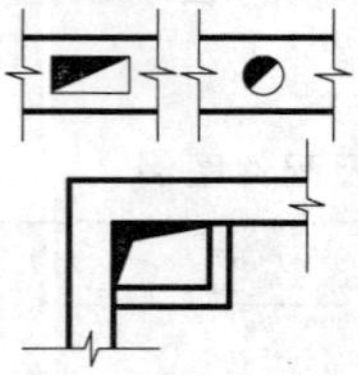	1. 阴影部分可以涂色代替 2. 烟道与墙体为同一材料，其相接处墙身线应断开
通风道	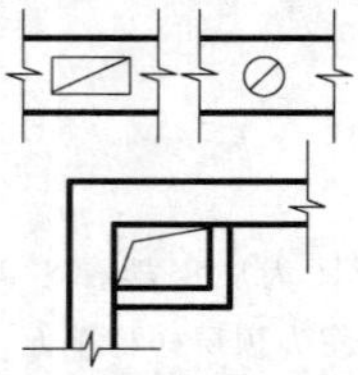	
电梯	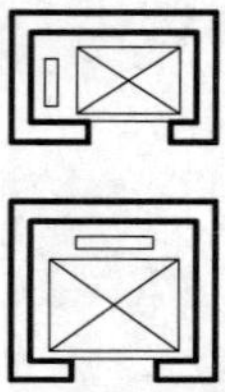	
平面高差	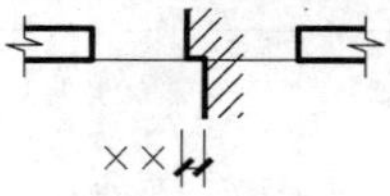 ××	适用于高差小于100的两个地面或楼面相接处
空门洞	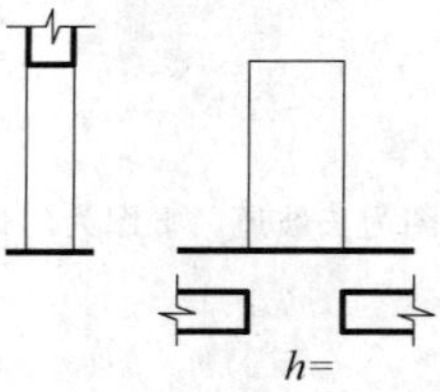 *h*=	*h*为门洞高度
单扇门（包括平开或单面弹簧）	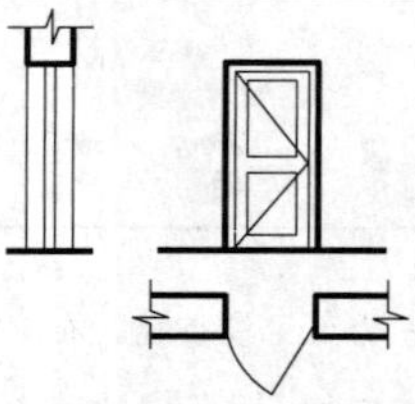	1. 门的名称代号用M表示 2. 剖面图中左为外、右为内，平面图中下为外、上为内 3. 立面图中开启方向线交角的一侧为安装合页的一侧，实线为外开，虚线为内开 4. 平面图中门线应90°或45°开启，开启弧线宜绘出 5. 立面图中的开启线在一般设计图中可不表示，在详图及室内设计图中应表示 6. 立面形式应按实际情况绘制
双扇门（包括平开或单面弹簧	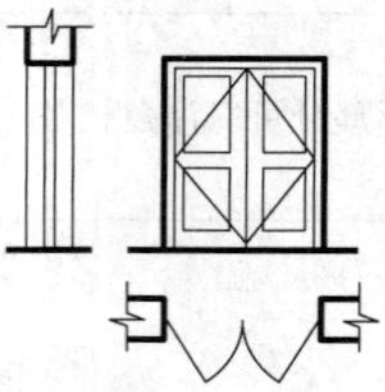	

续表

<table>
<tr><th>常见构造及配件</th><th>图　例</th><th>说　明</th></tr>
<tr><td>单扇双面弹簧门</td><td> 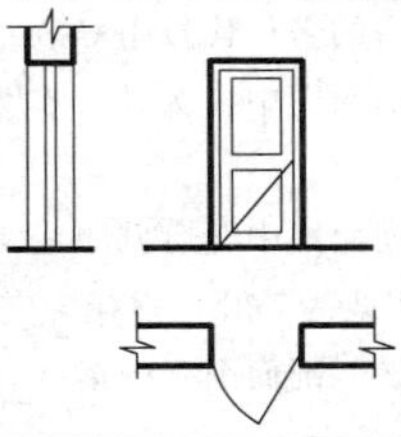</td><td rowspan="3">1. 门的名称代号用 M 表示
2. 剖面图中左为外、右为内，平面图中下为外、上为内
3. 立面图中开启方向线交角的一侧为安装合页的一侧，实线为外开，虚线为内开
4. 平面图中门线应 90°或 45°开启，开启弧线宜绘出
5. 立面图中的开启线在一般设计图中可不表示，在详图及室内设计图中应表示
6. 立面形式应按实际情况绘制</td></tr>
<tr><td>双扇双面弹簧门</td><td></td></tr>
<tr><td>推拉门</td><td></td></tr>
<tr><td>单层固定窗</td><td> 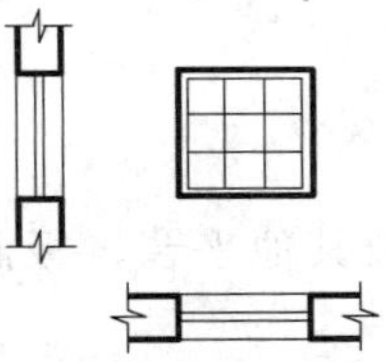</td><td rowspan="4">1. 窗的名称代号用 C 表示
2. 剖面图中左为外、右为内，平面图中下为外、上为内
3. 立面图中开启方向线交角的一侧为安装合页的一侧，实线为外开，虚线为内开
4. 平、剖面图上的虚线仅说明开关方式，在设计图中不需表示
5. 小比例绘制时平、剖面的窗线可用单粗实线表示
6. 立面形式应按实际情况绘制</td></tr>
<tr><td>单层外开上悬窗</td><td></td></tr>
<tr><td>单层外开平开窗</td><td></td></tr>
<tr><td>单层内开平开窗</td><td></td></tr>
</table>

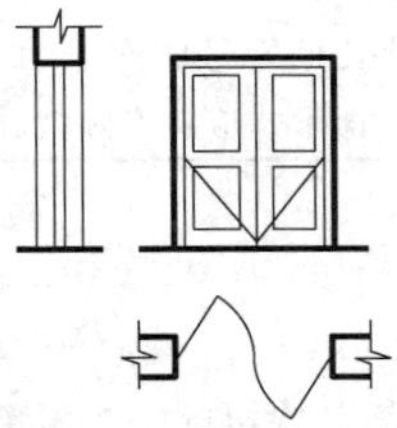

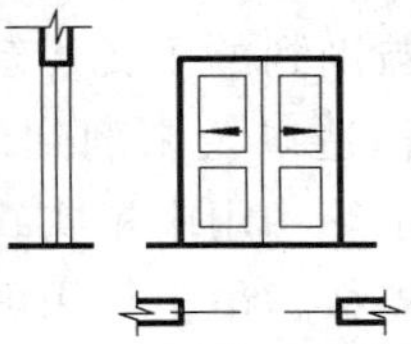

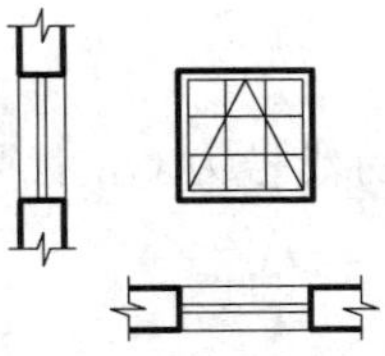

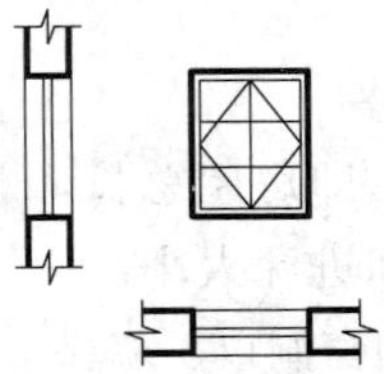

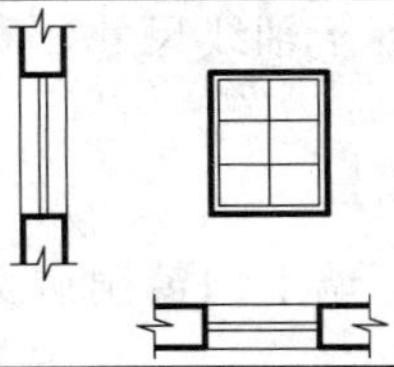

续表

常见构造及配件	图　例	说　明
推拉窗		1. 窗的名称代号用C表示 2. 剖面图中左为外、右为内，平面图中下为外、上为内 3. 立面图中开启方向线交角的一侧为安装合页的一侧，实线为外开，虚线为内开 4. 平、剖面图上的虚线仅说明开关方式，在设计图中不需表示 5. 小比例绘制时平、剖面的窗线可用单粗实线表示 6. 立面形式应按实际情况绘制

3. 图线

由于在平面图上要表示的内容较多，为了分清主次和增加图面效果，常选用不同的线宽和线型来表示不同的内容。国标规定，凡是被剖到的主要建筑构造，如承重墙、柱等断面轮廓线用粗实线绘制；被剖到的次要建筑构造以及未剖到但可见的配件轮廓线，如窗台、阳台、台阶、楼梯、门的开启方向和散水等均用中粗实线画出；属于本层但又位于剖切平面以上的建筑构造及设施，如高窗、隔板、吊柜等用虚线；表示剖面图的剖切位置及剖视方向线均用粗实线绘制。

4. 标高

一般在楼层平面图中要注明主要楼面、地面及其他平台、板面的完成面的标高。底层平面还应注出室外地坪标高。

5. 门窗编号

注明门窗的代号和编号。门的代号为M、窗的代号为C，代号后面是编号。

6. 尺寸标注

(1) 外部尺寸

外部尺寸主要有三道。

最外边一道尺寸：房屋两端外墙之间的距离，即房屋总长，总宽，也称总尺寸。

中间一道尺寸：轴线尺寸，表明房屋的开间和进深大小。

最里面一道尺寸：细部尺寸，表示外墙厚度及门窗洞口、墙垛、柱的尺寸和定位尺寸。

三道尺寸之间有联系，所有细部尺寸加起来等于轴线尺寸，所有轴线尺寸加外部墙厚等于总尺寸。看图时应认真复核各尺寸。

(2) 内部尺寸

在平面图中需标出房间的净尺寸、内墙厚度、墙上门窗洞口宽度和定位尺寸以及其他设施的定量定位尺寸。

9.3.4　平面图的绘图步骤

1）图面安排。首先按图幅规格打好图纸边框，留出图标位置，然后选择合适比例安排各图位置，使各图之间关系恰当、疏密匀称。同时留出注写尺寸、节点详图和有关文字说明的位置。

2）根据开间和进深尺寸画出定位轴线［图 9.9(a)］。

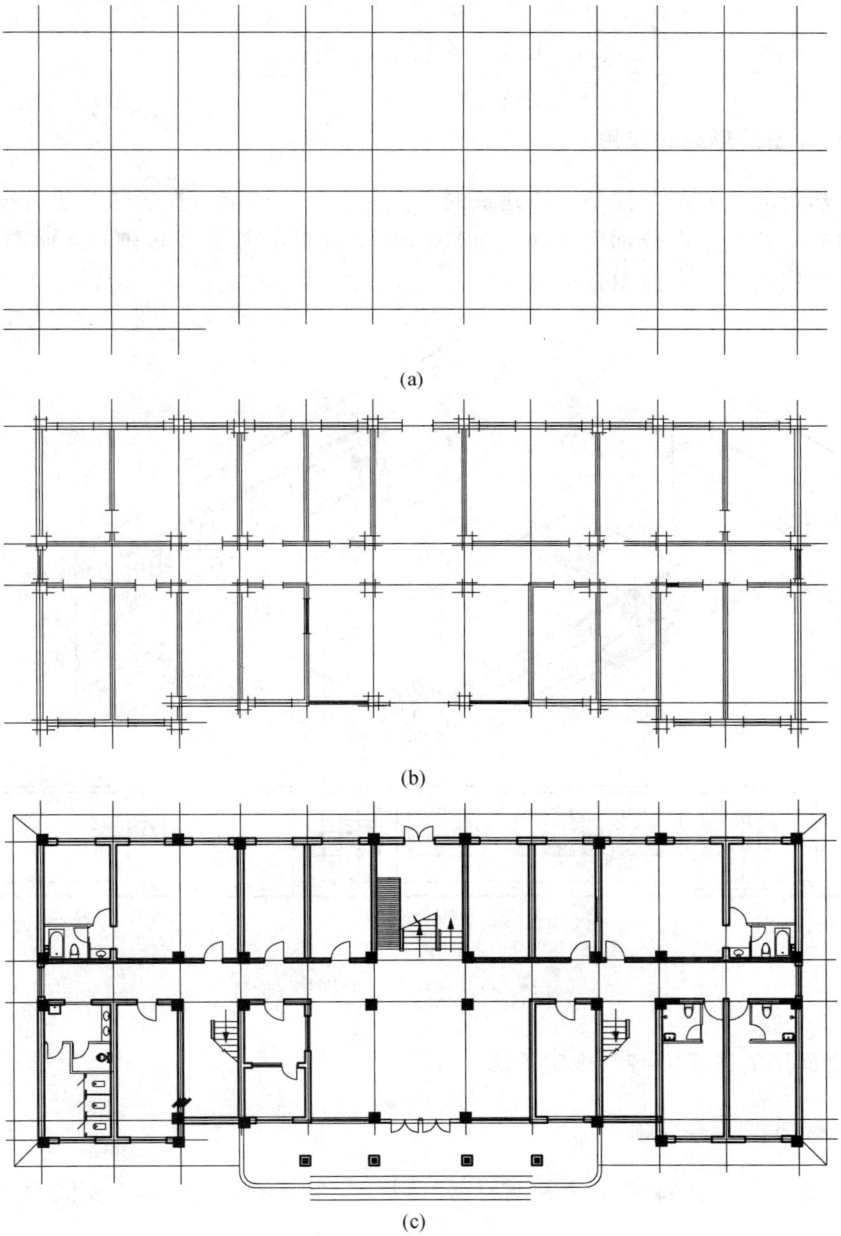

(a)

(b)

(c)

图 9.9　平面图的绘制步骤

3）根据墙体厚度、门窗洞和窗间墙等分段尺寸画出内外墙身轮廓线的底线［图 9.9(b)］。

4）根据尺寸画出楼梯、台阶、平台、散水等细部，再按图例画出门窗和卫生间的设备、烟道、通风道等［图 9.9(c)］。

5）按图线层次要求加深所有图线，再画尺寸界线、尺寸线和轴线编号圆圈，最后注写轴线、门窗编号和尺寸数字。

9.4 建筑立面图

9.4.1 立面图的形成和作用

房屋建筑的立面图，就是一栋建筑的正立面投影图与侧面投影图。通常按建筑各个立面的朝向将几个投影分别称为东立面图、西立面图、南立面图和北立面图。图 9.10 就是一栋建筑的两个立面图。

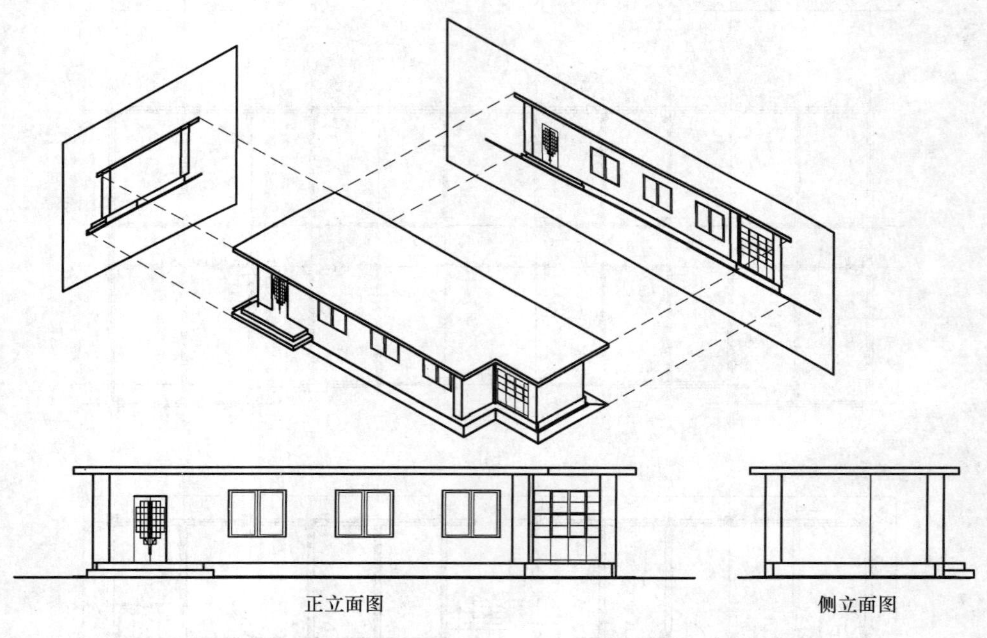

图 9.10 立面图的形成

9.4.2 立面图的图示内容及规定画法

1. 定位轴线

标出立面图两端的轴线，并注写标号，以便与平面图对照确定立面图的方向。

2. 图线

为了使立面图中的主次轮廓线层次分明，增强图面效果，应采用不同的线型，具体要求如下：地面线用特粗实线画出，立面外包轮廓线用粗实线绘制，立面上凹进或突出墙面的轮廓线、门窗洞口、较大的建筑构配件的轮廓线用中实线画出，较小的建筑构配件或装饰线如门窗扇、雨水管、墙面引条线、文字说明的引出线均用细实线绘制。

3. 尺寸标注

立面图中应注出外墙各主要部位的标高及高度方向的尺寸，如室外地面、台阶、窗台、门窗洞口、阳台、雨篷、檐口、屋顶、烟道、通风道等处的标高。对于外墙预留洞，除注出标高外还应注明其定形尺寸和定位尺寸。在竖直方向标注三道尺寸，里面一道尺寸标注房屋的室内外高差、门窗洞口高度、垂直方向窗间墙、窗下墙、檐口高度尺寸；中间一道尺寸标注层高；外面一道尺寸标注总高。

4. 材料的说明

表明外墙面装修材料和做法的文字说明及表示需另见详图和索引符号。

9.4.3　立面图的绘图步骤

1）布图。选择和平面图相同的比例。

2）画出室外地坪线、房屋外形轮廓线和屋顶线［图 9.11(a)］。

3）确定门窗洞口、阳台的分格线［图 9.11(b)］。

4）画细部，如门窗、台阶、雨篷、勒脚、落水管等。按要求加深图线［图 9.11(c)］。

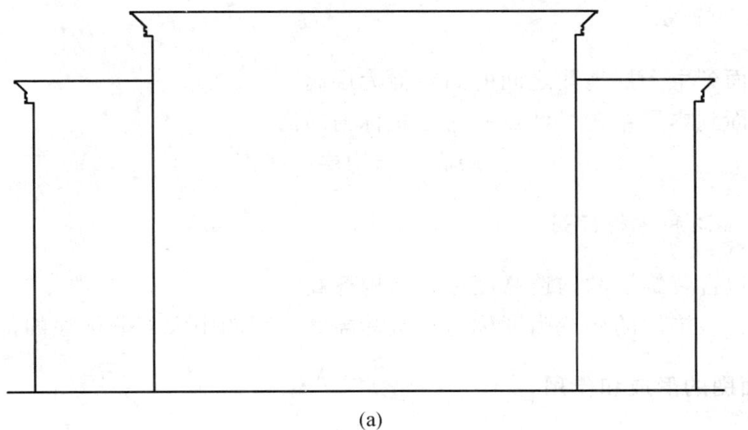

(a)

图 9.11　立面图的绘制步骤

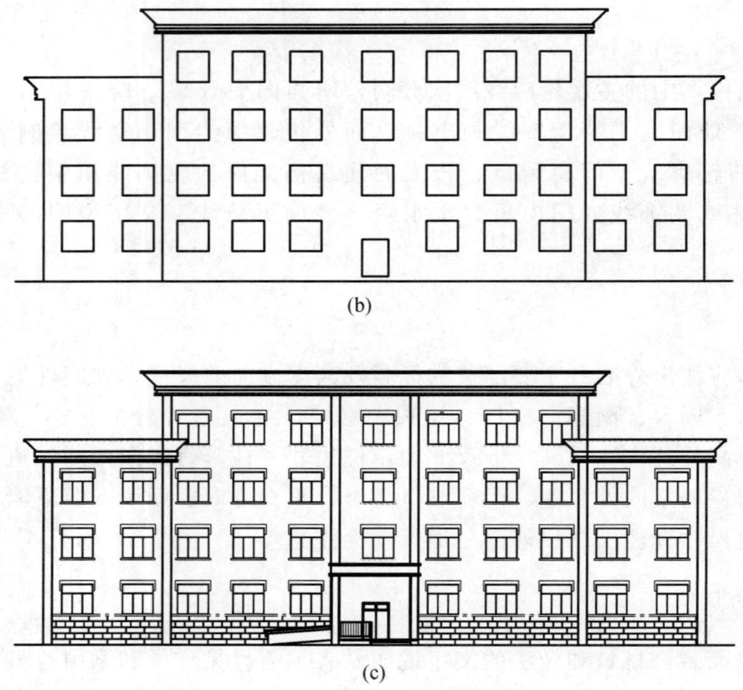
(b)

(c)

图 9.11 立面图的绘制步骤（续）

9.5 建筑剖面图

9.5.1 学习剖面图应具备的知识

1. 层高和净高

本层地面到上一层地面之间的高差称为层高。
本层地面到本层结构最低点的底标高称为净高。

层高－结构层＝净高

2. 建筑标高和结构标高

构件不包含装饰层的构造高度称为结构标高。
构件包含装饰层的构造高度称为建筑标高。工程图中大部分标注的都是建筑标高。

9.5.2 剖面图的形成和作用

假想用一个或多个垂直于外墙轴线的铅垂剖切面将房屋剖开，所得的投影图称为建筑剖面图（图 9.12）。

剖面图的数量是根据房屋的具体情况和施工实际需要而决定的。其位置选择在能反

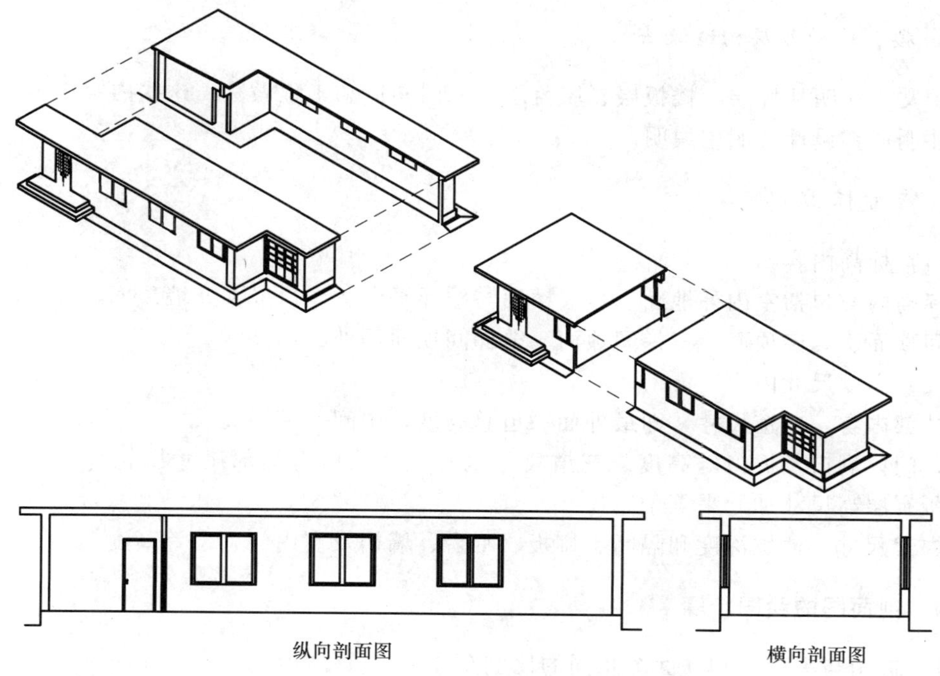

图 9.12　剖面图的形成

映出房屋内部构造比较复杂与典型的部位，并应通过门、窗、洞的位置。

剖面图的作用是表示建筑物内部的结构形式、分层情况、各部分的竖向联系、材料及高度等。

9.5.3　剖面图的图示内容及规定画法

1. 定位轴线

在剖面图中，凡是被剖到的承重墙、柱都要画出定位轴线，并注写与平面图相同的编号。

2. 剖切符号

剖切位置线和剖视方向线必须在底层平面图中画出并注写编号，在剖面图的下方标注与其相同的图名。

3. 图线

室外地坪线用加粗实线表示；剖切到的墙身、楼板、屋面板、楼梯平台等轮廓线用粗实线表示；未剖切到的可见轮廓如门窗洞口、楼梯段、楼梯扶手和内外墙轮廓用中实线表示，较小的建筑构配件与装修面层线等用细实线表示。尺寸线、尺寸界线、引出线索引符号如标高符号按规定画成细实线。

4. 楼、地面各层构造做法

用文字注明地坪层、楼板层、屋盖层的分层构造和工程做法，这些内容也可以在详图中注明或在设计说明中说明。

5. 尺寸标注

(1) 标高内容

标高内容包括室内外地面、各层楼面与楼梯平台、檐口或女儿墙顶面，高出屋面的水箱间顶面、烟囱顶面、楼梯间顶面、电梯间顶面等处的标高。

(2) 高度尺寸内容

外部内容：三道尺寸，即最外面一道总高度，中间一道层高尺寸，最里面一道细部尺寸，门窗洞口及檐口等高度。三道尺寸也有联系，所有细部尺寸加起来等于层高尺寸，所有层高尺寸加起来等于总尺寸。

内部尺寸：地坑深度和隔断、搁板、平台、墙裙及室内门、窗等高度。

9.5.4 剖面图的绘图步骤

1) 选用与平面图和立面图相同的比例布图。
2) 画出定位轴线、地坪线以及各层分层线［图 9.13(a)］。
3) 画门窗的位置、楼梯和屋面的控制线等细部［图 9.13(b)］。
4) 加深图线，注写尺寸、标高和文字说明等［图 9.13(c)］。

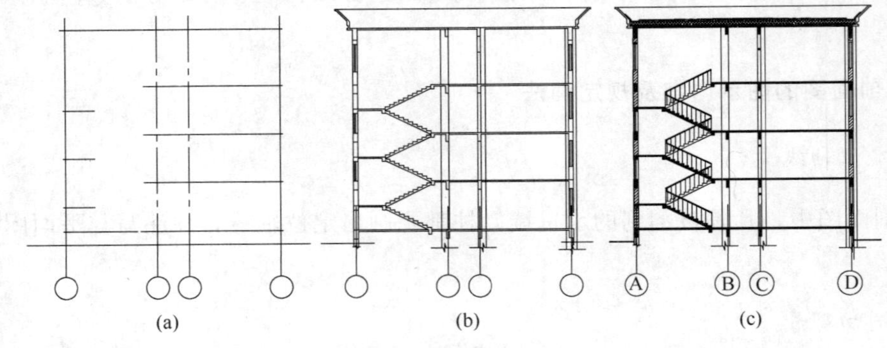

图 9.13 剖面图的绘制步骤

9.6 建筑详图

建筑平面图、立面图和剖面图是建筑施工图的基本图样，主要表达建筑的平面布置、外部形状、内部空间与主要尺寸。但因其反映的内容范围大、比例小，对建筑的细部结构难以表达清楚。为了满足施工要求，将建筑的细部构造用较大的比例详细地表达出来，这种图样称为建筑详图，有时也称为大样图，它是对基本图样的补充和完善。

1. 详图的特点

1）大比例。在详图上应画出建筑材料图例符号及各层次构造，如抹灰线。

2）全尺寸。图中所画出的各构造，除用文字注写或索引外，都需详细注出尺寸。

3）详说明。因详图是建筑施工的重要依据，不仅要大比例，还必须图例和文字详尽清楚，有时还引用标准图。

2. 详图的分类

常用的详图基本上可以分为三类，即节点详图、房间详图和构配件详图。

（1）节点详图

节点详图用索引和详图表达某一节点部位的构造、尺寸做法、材料、施工需要等。最常见的节点详图是外墙剖视详图，它将外墙各构造节点等部位节点详图按其位置集中画在一起，构成局部剖视图。

（2）房间详图

房间详图是将某一房间用更大的比例绘制出来的图样，如楼梯详图、单元详图、厨厕详图。一般来说，这些房间的构造或固定设施都比较复杂。

（3）构配件详图

构配件详图是表达某一构配件的形式、构造、尺寸、材料、做法的图样，如门窗详图、雨篷详图、阳台详图。一般情况下采用国家和某地区编制的建筑构造和构配件的标准图集。

在后两节我们主要介绍墙身详图和楼梯详图。

9.7 墙身详图

9.7.1 学习墙身详图应具备的知识

1. 过梁

过梁用于门窗上部，为解决其荷载传至门窗两侧而设置的承重构件。

2. 圈梁

围绕在砖混结构的内、外墙上连续设置的钢筋混凝土梁要闭合连通，以供增加建筑物的整体性，这就是圈梁。

3. 泛水

凡屋面防水层与垂直屋面的凸出物交接处均做防水处理，称为泛水。

9.7.2　墙身详图的内容

1. 比例

墙身剖面详图常用的比例是1∶20。

2. 图示内容

墙身剖面详图主要用以详细表达地面、楼面、屋面和檐口等处的构造，楼板与墙体的连接形式以及门窗洞口、窗台、勒脚、防潮层、散水和雨水管等的细部做法。同时，在被剖到的部分应根据所用材料画上相应的材料图例，以及注写多层构造说明。

3. 规定画法

由于墙身较高且绘图比例较大，画图时常在窗洞口处将其折断成几个节点。若多层房屋的各层构造相同时，则可只画底层、顶层或加一个中间层的构造节点。但要在中间层楼面和墙洞上下皮的标高处用括号加注省略层的标高。

有时，房屋的檐口、屋面、楼面、窗台、散水等配件节点详图可直接在建筑标准图集中选用，但需在建筑平面图、立面图或剖面图中的相应部位标出索引号，并注明标准图集的名称、编号和详图号。

4. 尺寸标注

在墙身剖面详图的外侧应标注垂直分段尺寸和室外地面、窗口上下皮、外墙顶部等处的标高，墙的内侧应标注室内地面、楼面和顶棚的标高。这些高度尺寸和标高应与剖面图中所标尺寸一致。

墙身剖面详图中的门窗过梁、屋面板和楼板等构件，其详细尺寸均可省略不注，施工时可在相应的结构施工图中查到。

外墙详图常用的是外墙剖面图，它是建筑剖面图的局部放大图。它表达房屋的屋面、楼层、地面和檐口构造、楼板与墙的连接、门窗顶、窗台和勒脚、散水等处构造的情况，是施工的重要依据。

多层房屋中，若各层情况一样可只画底层、顶层或加一个中间层来表示。画图时，往往在窗洞中间处断开，成为几个节点详图的组合。有的也可不画整个墙身详图，而是把各个节点的详图分别单独绘制。

9.7.3　墙身详图的阅读

阅读外墙详图时，首先应找到详图所表示的建筑部位，应与平面图、剖面图或立面图对应来看。

看图时要由下向上或由上向下阅读。要一个节点一个节点阅读，了解各部位的详细构造尺寸做法，并应与材料做法表核对，看其是否一致。

第一节点：室内外地坪部分（包括勒脚、室内地面、室外地面、散水、台阶、防

潮层）。

第二节点：窗套部分（包括室内窗台、室外窗台、过梁、圈梁、楼板）。

第三节点：檐口部分（包括挑檐、女儿墙、屋顶构造层次、圈梁、屋面板、雨水板）。

9.8　楼梯详图

9.8.1　学习楼梯详图应具备的知识

1. 楼梯的组成

楼梯由梯段板、楼梯梁、楼梯平台和栏杆等组成。

2. 板式楼梯和梁板式楼梯

板式楼梯就是梯段踏步板直接支撑在两端的楼梯梁上。梁板式楼梯是梯段踏步板直接搁置在斜梁上，斜梁搁置在梯段两端的楼梯梁上。

9.8.2　楼梯详图的内容

楼梯详图一般由楼梯平面图、楼梯剖面图和楼梯节点详图组成。楼梯平面图与楼梯剖面图比例要一致，以便对照阅读。节点详图比例要大一点，以便能清楚地表达该部分的构造情况。

楼梯详图一般分建筑楼梯详图和结构楼梯详图，并分别绘制。但对比较简单的楼梯，可将建筑楼梯详图和结构楼梯详图合二为一，此时楼梯平面图的剖切位置应在各层休息平台之上，以利于反映休息平台板的配筋。

1. 楼梯平面图

楼梯平面图实际是在建筑平面图中楼梯间部分的局部放大图。通常画出底层楼梯平面图、标准层楼梯平面图和顶层楼梯平面图。

楼梯平面图中，楼段的上行或下行方向是以各层楼地面为基准标注的，向上称为上行，向下成为下行，并用长线箭头和文字在楼段上注明上行、下行的方向及踏步总数。

阅读楼梯平面图，要掌握各层平面图的特点。在底层平面图中只有一个被剖到的梯段和栏杆，该楼段为上行梯段，故长箭头上注明“上”字，并注出从底层到达二层的踏步总数。顶层平面图中由于剖切平面在栏杆扶手之上，故剖切平面未剖到任何梯段，能看到两段完整的下行梯段和楼梯平台，在梯口处只有一个注有“下”字的长箭头，并注出从顶层到达下一层的踏步总数。标准层平面图中既画出被剖到往上走的梯段（注有“上”字的长箭线），还画出该层往下走的完整梯段（注有“下”字的长箭线）、楼梯平台及平台往下的部分梯段。这部分梯段与被剖到的梯段的投影重合，以 45°折断线为界。

楼梯平面图中，应注出定位轴线和编号，以确定其在建筑平面图中的位置，还应注

出楼梯间的开间尺寸和进深尺寸、梯段的水平投影长度和宽度、踏步面的个数和宽度、平台宽度、楼梯井宽度等。此外，还要注出各层楼面、休息平台面及底层地面的标高。如有详图说明的节点应画出索引符号。

读图中还应注意的是，各层平面图上所画的每一分格表示梯段的一级。但因最高一级的踏面与平台面或楼面重合，所以平台图中的每一梯段画出的踏面数总比级数少一个。例如，图 9.14 中底层平面图中剖到的第一梯段有 11 级，但在平面图中只有 10 格，梯段长度为 10×300＝3000(mm)。

2. 楼梯剖面图

假想用一个竖直剖切平面沿梯段的长度方向将楼梯间从上至下剖开，然后往另一梯段方向投影，所得的剖面图称为楼梯剖面图。

楼梯剖面图能清楚地表明楼梯梯段的结构形式、踏步的踏面宽度、踢面高度、踏步级数和楼地面、楼梯平台、墙身、栏杆、栏板等的构造做法及其相对位置。

阅读楼梯剖面图时，应了解楼梯剖面图的习惯画法及有关规定。表示楼梯剖面图的剖切位置的剖切符号应在底层平面图中画出。

在多层建筑中，若中间层楼梯完全相同时，楼梯剖面图可只画出底层、中间层、顶层的楼梯剖面，在中间层处用折断线符号分开，并在中间层的楼面和楼梯平台面上注写适用于其他中间层楼面的标高。若楼梯间的屋面构造做法没有特殊之处，一般不再画出。

在楼梯剖面图中，应标注楼梯间的进深尺寸及定位轴线编号，各梯段和栏杆栏板的高度尺寸，楼地面的标高以及楼梯间外墙上门窗洞口的高度尺寸和标高。梯段的高度尺寸可用级数与踢面高度的乘积来表示，应注意的是级数与踏面数相差为 1，即踏面数等于级数减 1，而踢面数等于级数。

在楼梯剖面图中，需另画详图的部位应画上索引符号。

3. 楼梯节点详图

楼梯节点详图主要表明栏杆、扶手及踏步的形状、构造与尺寸。

9.8.3 楼梯详图读图举例

现以某武装部办公楼为例，说明楼梯详图的内容与阅读方法。

(1) 楼梯平面图

如图 9.14 和图 9.15 所示，该办公楼的楼梯详图绘制了底层、标准层和顶层的楼梯平面图，所以我们到建筑平面图中去查楼梯平面图。本工程为四层楼，在②～③、⑥～⑦定位轴线与Ⓐ～Ⓑ定位轴线的相交处有两部相同的楼梯。楼梯间的开间和进深尺寸分别为 3.3m 和 6.0m。因是框架结构，所以在建筑物的四角有 450×450 的框架柱。两横墙厚为 200mm。Ⓐ轴线墙为 300mm，梯段宽度为 1500mm，梯井宽 100mm。底层的梯段长度＝踏面宽×(级数－1)＝300×(11－1)＝3000(mm)，因层高相同，其他各层的梯段长度也是 3000mm。休息平台宽 1800mm，各层楼面标高分别是±0.000、3.3m、6.6m、9.9m。各层休息平台标高分别是 1.65m、4.95m、8.25m。底层标有“上”且

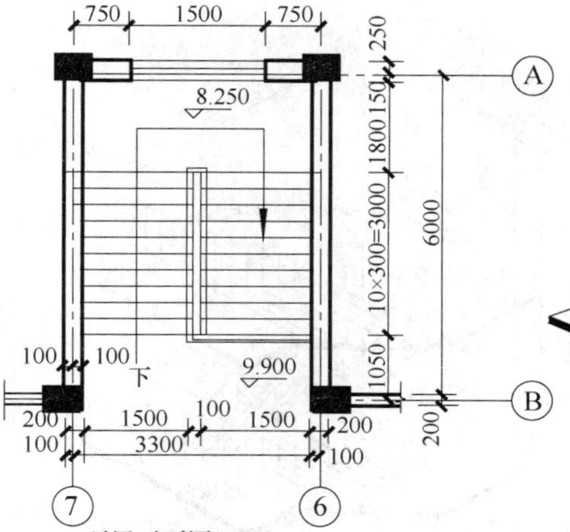

顶层平面图 1:50

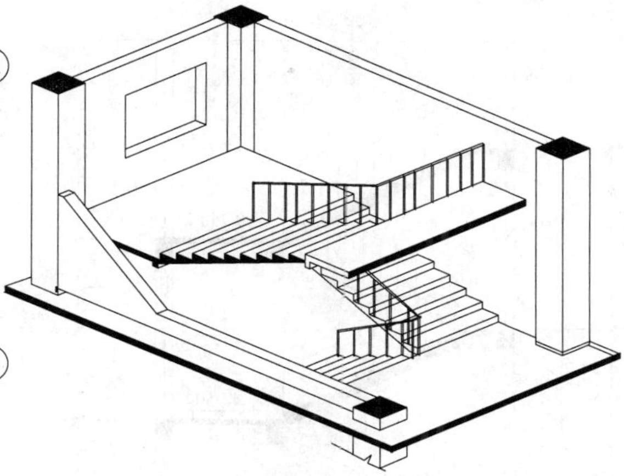

顶层轴测剖面图

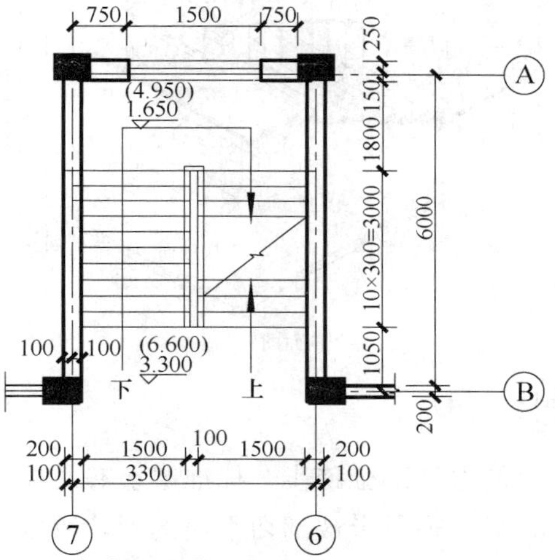

标准层平面图 1:50

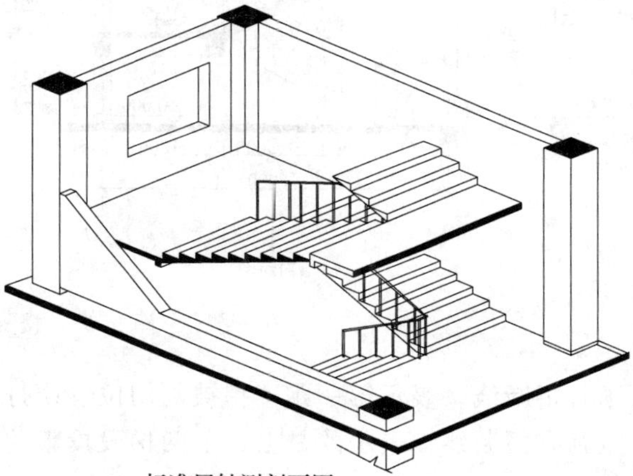

标准层轴测剖面图

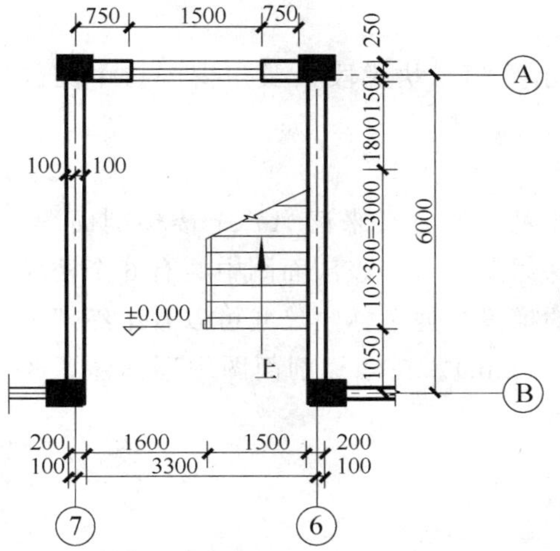

底层平面图 1:50

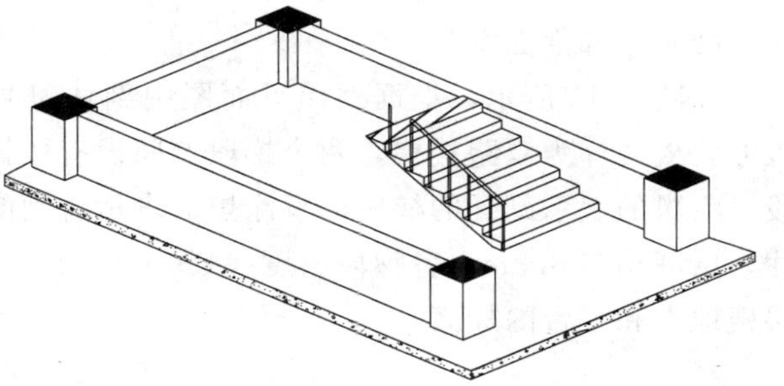

底层轴测剖面图

图 9.14　楼梯平面图

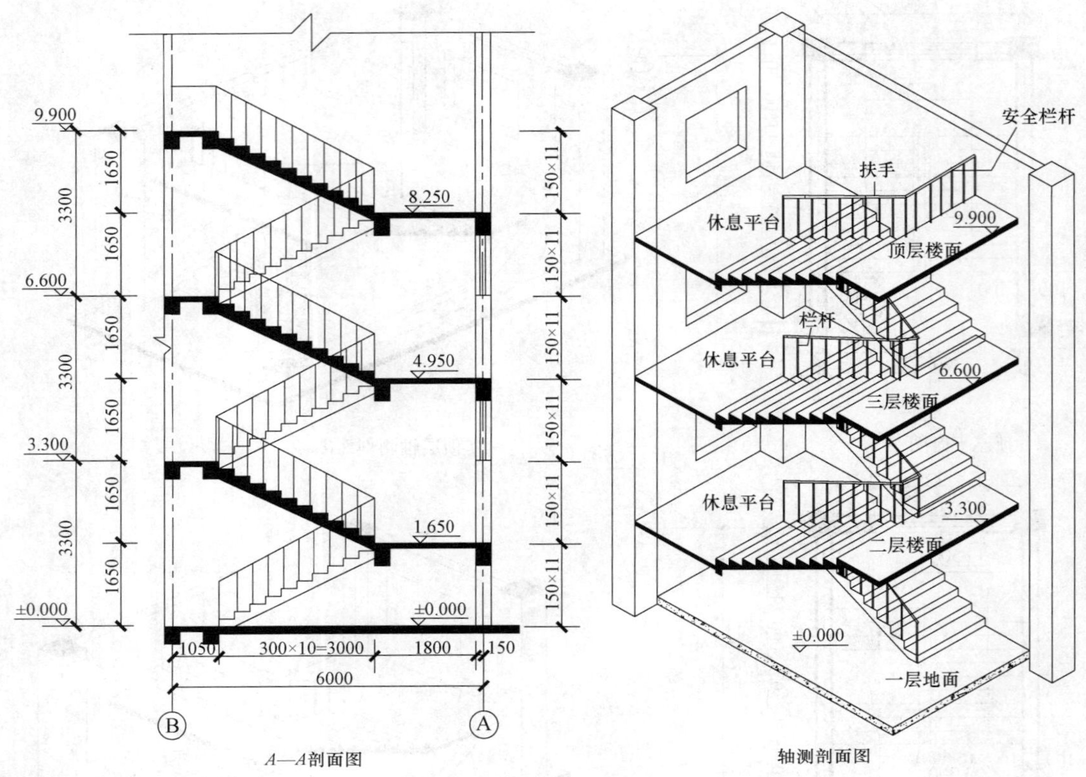

图 9.15　楼梯剖面图

画有折断线，表示第一跑楼梯被剖切位置线打断，只能看到部分踏步。标准层上有一梯段画有折断线，表示的是上、下两梯段投影的组合；另一梯段未被剖切平面剖到，所以是完整的。顶层楼梯平面图，因剖切平面在 9.9m 之上，所以看到的是四层两块完整的梯段板，因此不画折断线。

此外，在底层平面图中还标有剖切符号，表示沿第二块梯段板及门窗洞口中间剖切，向未剖切到的梯段作的投影。

（2）楼梯剖面图

如图 9.15 所示，根据楼梯平面图中剖切符号表示的含义来读 *A—A* 楼梯剖面图。该办公楼楼梯为双跑楼梯，两个梯段之间设有楼梯休息平台。该剖面图中共有 6 个楼梯段，涂黑的表示剖到的梯段，没涂黑的表示看到的梯段。通过标注尺寸可以看出细部尺寸，层高均为 3.3m，各梯段高度＝150×11＝1650(mm)。在楼梯剖面图中还标注了各层楼地面和平台的标高。

9.8.4　楼梯详图的画图步骤

1. 楼梯平面图（以底层平面图为例）

1）根据楼梯间的开间和进深尺寸画出定位轴线，然后画出墙厚及门洞。量出楼梯

平台宽 a、梯段长度 L、梯段宽度 b，见图 9.16(a)。

2）根据踏步级数 n 在楼梯上用等分两平行线间距离的方法画出踏步面数（等于$n-1$），[图 9.16(b)]。

3）画出其他细部，并根据图线层次依次加深图线，再标注标高、尺寸数字、轴线编号、楼梯上下方向指示线和箭头 [图 9.16(c)]。

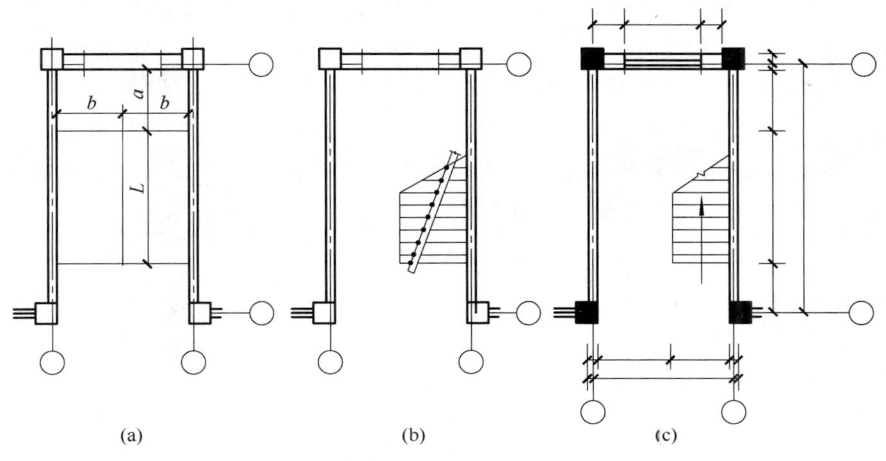

图 9.16　楼梯平面图绘图步骤

2. 楼梯剖面图

1）先画外墙定位轴线及墙身，再根据标高画出室内外地坪线、各层楼面、楼梯休息平台的位置线 [图 9.17(a)]。

2）根据梯段的长度 L、平台宽度 a、踏步数 n 定出楼梯梯段的位置。再根据等分两平行线距离的方法画出踏步的位置 [图 9.17(b)]。

3）画门、窗、梁、台阶、栏杆、扶手等细部 [图 9.17(c)]。

4）加深图线并标注尺寸、标高、轴线编号等 [图 9.17(d)]。

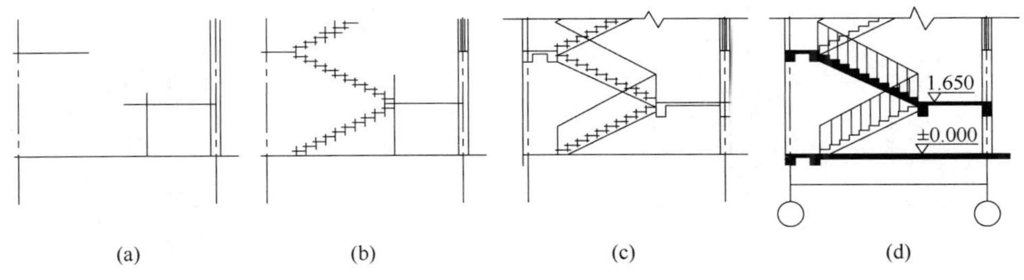

图 9.17　楼梯剖面图绘图步骤

思考题

9.1　什么是方案图?

9.2　施工图分哪几类图纸？设计总说明应包含哪些内容？

9.3　说明索引符号和详图符号的关系。

9.4　什么是定位轴线？定位轴线如何表示？

9.5　施工图的阅读方法是什么？

9.6　什么是风向频率玫瑰图？它的作用是什么？

9.7　平面图的剖切位置在哪里？平面图应标注几道尺寸？它们之间的关系如何？

9.8　详图的特点是什么？

9.9　什么是结构标高和建筑标高？它们之间有什么区别？

9.10　剖面图应剖切在什么位置？其反映哪些内容？

9.11　楼梯的剖切位置在何处？它和平面图的剖切位置是否相同？

9.12　楼梯的平面图应反映哪些内容？

第 10 章　结构施工图

教学目标

本章主要介绍结构施工图的内容及图中的构件代号、钢筋的表达方式和钢筋混凝土构件的基本知识等。通过学习，应能熟练地运用基本知识，准确地识读钢筋混凝土构件布置图及配筋图的含义，为以后的工程图识读奠定基础。

10.1　概　　述

建筑物的外部造型千姿百态，无论其造型如何，都需要承重部件组成的骨架体系将其支撑起来，这种承重骨架体系称为建筑结构，组成建筑结构的各个部件称为结构构件，如板、梁、柱、屋架、基础等。

结构施工图是在建筑设计的基础上，对房屋各承重构件的布置、形状、大小、材料、构造及其相互关系等进行设计而画出来的图样，主要用作施工放线、开挖基槽、支模板、绑扎钢筋、设置预埋件、浇捣混凝土和安装梁、板、柱等构件及编制预算和施工组织计划等的依据。

10.1.1　结构施工图的分类及内容

1. 结构设计说明

结构设计说明以文字叙述为主，主要说明设计的依据，如地基情况、风雪荷载、抗震情况，选用材料的类型、规格、强度等级，施工要求，选用标准图集等。

2. 结构布置图及规划

结构布置图是房屋承重结构的整体布置图，主要表示结构构件的位置、数量、型号及相互关系。常用的结构平面布置图有基础平面图、楼层结构布置平面图、屋面结构布置平面图等。

3. 构件详图

构件详图表达结构构件基础、梁、板、柱、楼梯、屋架等的形状、大小、材料及施工要求。

10.1.2　绘制结构施工图的规定

绘制结构施工图应遵守《房屋建筑制图统一标准》(GB/T 50001—2010) 的规定，还应遵守《建筑结构制图标准》(GB/T 50105—2010) 的规定。

1. 图线

结构施工图中各种图线的用法见表 10.1。

表 10.1　图线

名称		线型	线宽	一般用途
实线	粗	——————	b	螺栓、主钢筋线，结构平面图中的单线结构构件线，钢木支撑及系杆线，图名下横线，剖切线
	中	——————	$0.5b$	结构平面图及详图中剖到或可见的墙身轮廓线，基础轮廓线，钢、木结构轮廓线，箍筋线等
	细	——————	$0.25b$	可见的钢筋混凝土构件的轮廓线，尺寸线，标注引出线，标高符号，索引符号
虚线	粗	- - - - - -	b	不可见的钢筋、螺栓线，结构平面图中的不可见的单线结构构件线及钢、木支撑线
	中	- - - - - -	$0.5b$	结构平面图中的不可见构件、墙身轮廓线及钢、木结构轮廓线
	细	- - - - - -	$0.25b$	基础平面图中的管沟轮廓线，不可见的钢筋混凝土构件轮廓线
单点长划线	粗	—— · —— · ——	b	柱间支撑，垂直支撑，设备基础轴线图中的中心线
	细	—— · —— · ——	$0.25b$	中心线，对称线，定位轴线等
折断线		——\/\——	$0.25b$	断开界线

2. 比例

绘制结构施工图时应根据图样用途和被绘制物体的复杂程度选用适当的比例绘制。当构件的纵、横向断面尺寸相差悬殊时，可在同一详图中的纵、横向选用不同的比例绘制。

3. 构件代号

结构施工图中，构件的名称应用代号表示，代号后应用阿拉伯数字标注该构件的型号或编号，也可用构件顺序号。构件的顺序号采用不带角标的阿拉伯数字连接编排。常用的构件代号见表 10.2。

表 10.2 常用构件代号

序号	名称	代号	序号	名称	代号	序号	名称	代号
1	板	B	19	圈梁	QL	37	承台	CT
2	屋面板	WB	20	过梁	GL	38	设备基础	SJ
3	空心板	KB	21	连系梁	LL	39	桩	ZH
4	槽形板	CB	22	基础梁	JL	40	挡土墙	DQ
5	折板	ZB	23	楼梯梁	TL	41	地沟	DG
6	密肋板	MB	24	框架梁	KL	42	柱间支撑	ZC
7	楼梯板	TB	25	框支梁	KZL	43	垂直支撑	CC
8	盖板或沟盖板	GB	26	屋面框架梁	WKL	44	水平支撑	SC
9	挡雨板或檐口板	YB	27	檩条	LT	45	梯	T
10	吊车安全走板	DB	28	屋架	WJ	46	雨篷	YP
11	墙板	QB	29	托架	TJ	47	阳台	YT
12	天沟板	TGB	30	天窗架	CJ	48	梁垫	LD
13	梁	L	31	框架	KJ	49	预埋件	M
14	屋面梁	WL	32	刚架	GJ	50	天窗端壁	TD
15	吊车梁	DL	33	支架	ZJ	51	钢筋网	W
16	单轨吊车梁	DDL	34	柱	Z	52	钢筋骨架	G
17	轨道连接梁	DGL	35	框架柱	KZ	53	基础	J
18	车挡	CD	36	构造柱	GZ	54	暗柱	AZ

4. 定位轴线

结构施工图中的定位轴线及编号应与建筑施工图一致。

5. 尺寸标注

结构施工图上的尺寸应与建筑施工图相符。应注意的是，结构施工图中所注尺寸应是结构构件的结构尺寸（即实际尺寸），不包括结构表面装修层厚度。桁架式结构的单线图，其杆件的轴线长度尺寸应标注在构件的上方；在杆件布置和受力均堆成的桁架单线图中，可在左半边标注杆件几何轴线尺寸，右半边标注杆件的内力值和反力值。

10.1.3 钢筋混凝土结构图的图示方法

钢筋混凝土构件只能看见其外形，内部的钢筋是不可见的。为了清楚地表明构件内

部的钢筋，可假设混凝土为透明体，使包含在混凝土中的钢筋成为“可见”，这种能显示混凝土内部钢筋配置的投影图成为配筋图。配筋图包括平面图、立面图、断面图等，它们主要表示构件内部的钢筋配置、形状、数量和规格，是钢筋混凝土构件图的主要图样。必要时，还可把构件中的各种钢筋抽出来绘制钢筋详图，并列出钢筋表。

对于形状比较复杂的构件，或设有预埋件的构件，还需画模板图（表达构件形状、尺寸及预埋件位置的投影图）和预埋件详图，以便于模板的制作和安装及预埋件的布置。

10.2 钢筋混凝土结构基本知识

10.2.1 钢筋混凝土的基本知识

1. 钢筋混凝土的概念

混凝土是由水泥、砂子、石子和水按一定比例拌和，经浇筑、振捣、养护硬化后形成的一种人造材料，它的抗压能力强而抗拉能力差。用混凝土制成的构件极易因受拉、受弯而断裂。为了提高构建的承载能力，往往在构建的受拉区域内配置一定数量的钢筋，使之与混凝土粘结成一个整体，共同承受外力，这种配有钢筋的混凝土称为钢筋混凝土。由钢筋混凝土制成的构件（如梁、板、柱等）称钢筋混凝土构件。

2. 混凝土强度等级和钢筋符号

混凝土按其立方体抗压强度标准值的高低分为 C7.5、C10、C15、C20、C25、C30、C35、C40、C45、C50、C55、C60 等，等级愈高混凝土抗压强度也愈高。

根据钢筋的品种等级不同，结构施工图中用不同的符号来表示，符号后加注钢筋直径。常见的钢筋符号见表 10.3。

表 10.3 钢筋的品种与代号

<table>
<tr><th colspan="2">钢筋类别</th><th>钢筋牌号</th><th>代号</th></tr>
<tr><td colspan="2">热轧光圆钢筋</td><td>HPB300</td><td>Φ</td></tr>
<tr><td rowspan="7">热轧带肋钢筋</td><td rowspan="3">普通热轧钢筋</td><td>HRB335</td><td>Φ</td></tr>
<tr><td>HRB400</td><td>Φ</td></tr>
<tr><td>RRB500</td><td>Φ</td></tr>
<tr><td rowspan="4">细晶粒热轧钢筋</td><td>HRBF335</td><td>$Φ^F$</td></tr>
<tr><td>HRBF400</td><td>$Φ^F$</td></tr>
<tr><td>RRB400</td><td>$Φ^R$</td></tr>
<tr><td>HRBF500</td><td>$Φ^F$</td></tr>
</table>

3. 钢筋的种类及作用

根据钢筋在构件中所起作用不同，将其分为以下几种：

1）受力筋：承受构件内产生的拉力或压力，主要配置在梁、板、柱等混凝土构件中，如图 10.1 所示。

2）箍筋：承受构件内产生的部分剪力和扭矩，并用以固定受力筋的位置，主要配

置在梁、柱等构件中。

3）构造筋：因构造要求配置的钢筋，如架立筋、分布筋等。

① 架立筋：用于和受力筋、箍筋一起构成钢筋的整体骨架，一般配置在梁的受压区外缘两侧，如图 10.1(a)所示。

② 分布筋：用于固定受力筋的正确位置，并有效地将荷载传递到受力钢筋上，同时可防止由于温度或混凝土收缩等原因引起的混凝土的开裂，一般配置于板中，如图 10.1(b)所示。

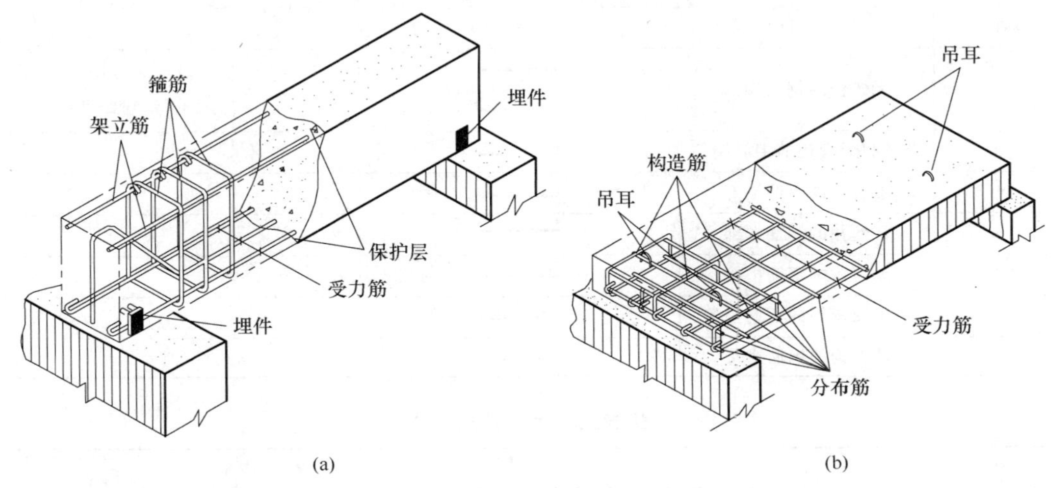

图 10.1　梁、板内的钢筋

4. 钢筋的保护层和弯钩

为了防止钢筋锈蚀和保证钢筋与混凝土紧密粘接，构件都应具有足够的混凝土保护层。混凝土保护层指钢筋外缘至构件表面的厚度，常见受力钢筋混凝土保护层最小厚度见表 10.4。

表 10.4　钢筋混凝土构件混凝土保护层的最小厚度

环境条件	构件类别	混凝土强度等级		
		≤C20	C25 及 C30	≥C35
室内正常环境	板、墙、壳	15		
	梁和柱	25		
露天或室内高温环境	板、墙、壳	35	25	15
	梁和柱	45	35	25

为了加强光圆钢筋与混凝土之间的粘结强度，提高钢筋的锚固效果，要求在钢筋的端部做成弯钩，弯钩的角度有 45°、90°、180°。Ⅱ级钢筋和Ⅱ级以上钢筋与混凝土之间

粘接强度大，所以Ⅱ级和Ⅱ级钢筋以上钢筋钢筋端部可不做弯钩。

5. 钢筋的一般表示方法

在结构图中通常用单根的粗实线表示钢筋的立面，用黑圆点表示钢筋的横断面，常见的具体表示方法见表 10.5。在结构施工图中钢筋的常用画法见表 10.6。

表 10.5　一般钢筋常用的图例

序号	名　称	图　例	说　明
1	钢筋横断面	•	
2	无弯钩的钢筋端部		下图表示长、短钢筋投影重叠时，短钢筋的端部用 45°斜划线表示
3	带半圆形弯钩的钢筋端部		
4	带直钩的钢筋端部		
5	带丝扣的钢筋端部		
6	无弯钩的钢筋搭接		
7	带半圆弯钩的钢筋搭接		
8	带直钩的钢筋搭接		

表 10.6　钢筋常规画法

序号	说　明	图　例
1	在结构平面图中配置双层钢筋时，底层钢筋的弯钩应向上或向左，顶层钢筋的弯钩则向下或向右	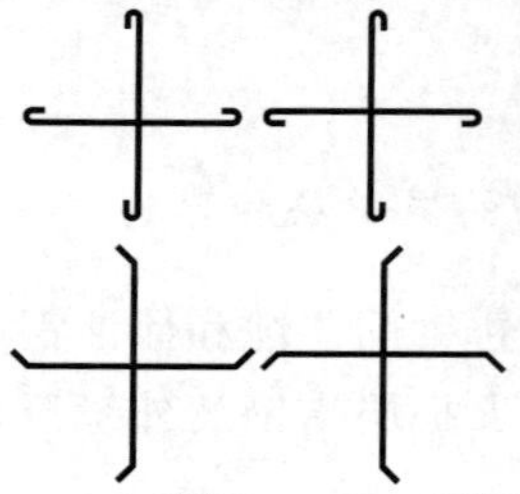 (底层)　(顶层)
2	钢筋混凝土墙体配双层钢筋时，在配筋立面图中，远面钢筋的弯钩应向上或向左，而近面钢筋的弯钩向下或向右	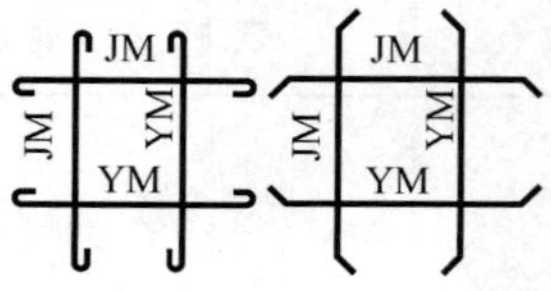 JM YM JM YM JM YM JM YM (JM 表示近面，YM 表示远面)
3	若在断面图中不能表达清楚的钢筋布置，应在断面图外增加钢筋大样图（如钢筋混凝土墙、楼梯等）	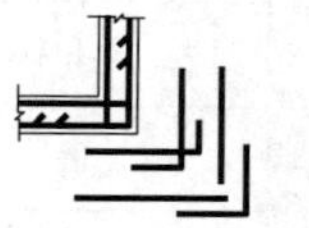
4	图中所表示的箍筋、环筋等若布置复杂时，可加画钢筋大样及说明	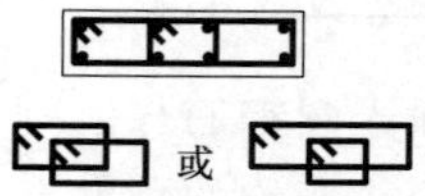 或

10.2.2　钢筋混凝土构件图举例

1. 钢筋混凝土梁

梁的结构详图一般包括立面图和断面图。梁的立面图主要表达梁的轮廓尺寸、钢筋位置、编号及配筋情况；梁的断面图主要表达梁截面尺寸、形状、箍筋形式及钢筋的位置、数量。断面图剖切位置应选择梁截面尺寸及配筋有变化处。

最常见的梁为钢筋混凝土梁，如图 10.2 所示，该梁两端支撑在墙上，是一个简支梁。该图画出了梁的立面图和断面图，表明了梁的基本尺寸和梁内钢筋的基本配置情况。在遇到某些内部钢筋配置复杂的梁时，可根据需要作出梁的钢筋分布图或如图 10.2 中下图所示的钢筋表，以便于配筋。

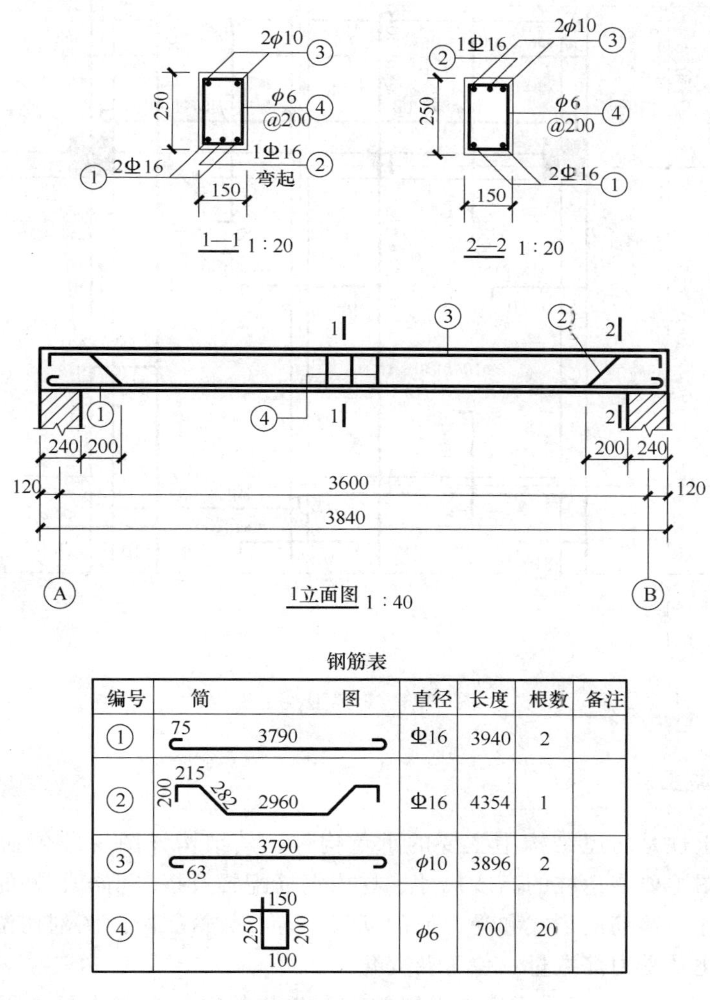

钢筋表

编号	简图	直径	长度	根数	备注
①	75　3790	Φ16	3940	2	
②	215　200　282　2960	Φ16	4354	1	
③	3790　63	φ10	3896	2	
④	150　250　200　100	φ6	700	20	

图 10.2　钢筋混凝土梁

2. 钢筋混凝土现浇板

钢筋混凝土现浇板结构详图。板的结构详图一般可绘在建筑物结构平面图上，主要表达板中钢筋的直径、间距、等级、摆放位置及板的截面高度等情况。

图 10.3 是从结构平面图中截取的一部分，能看到①、②、⑦、⑧号板的配筋情况。从图中可看出⑦号板是双向板，受拉筋分别为 ϕ10@150 和 ϕ8@200，板左右支座负筋是 ϕ8@150，上下支座负筋 ϕ8@180，并且能查出它们各自的长度。

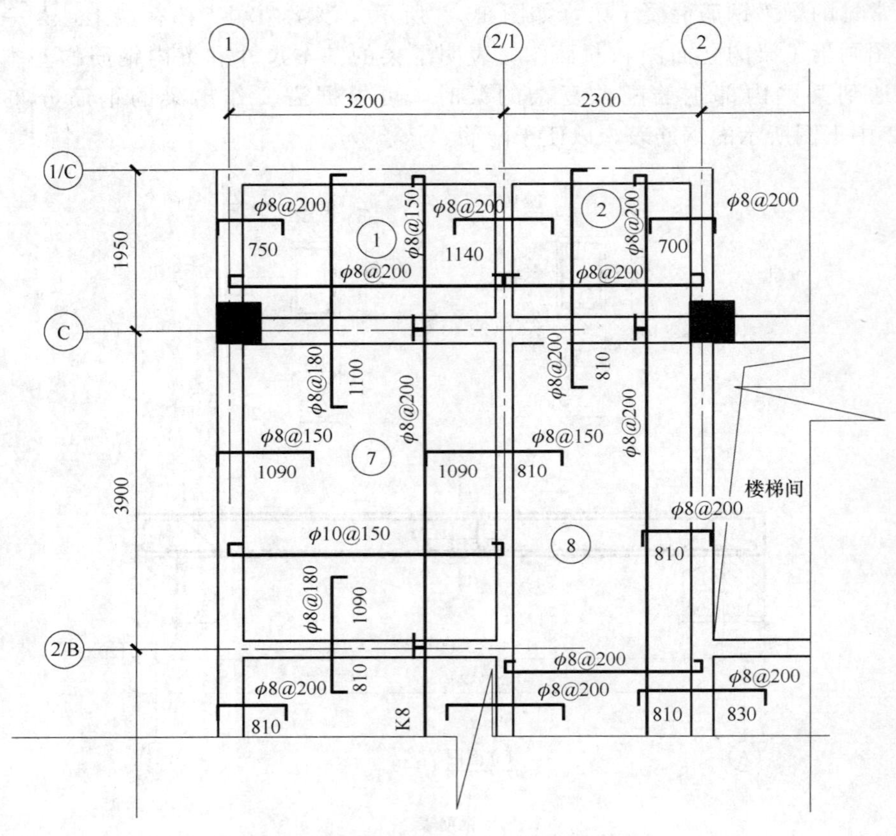

图 10.3　钢筋混凝土板

3. 钢筋混凝土柱

钢筋混凝土柱是房屋结构中主要的承重构件，其结构详图一般包括立面图和断面图。柱的立面图主要表达柱的高度尺寸、柱内钢筋配置及搭接情况。柱的断面图主要表达柱子截面尺寸、箍筋的形式和受力筋的摆放位置及数量。断面图剖切位置应选择在柱的截面尺寸变化及受力筋数量、位置及变化处。

图 10.4 画出了一根工业厂房中常用的带有牛腿的钢筋混凝土柱的配筋图、断面图和模板图。

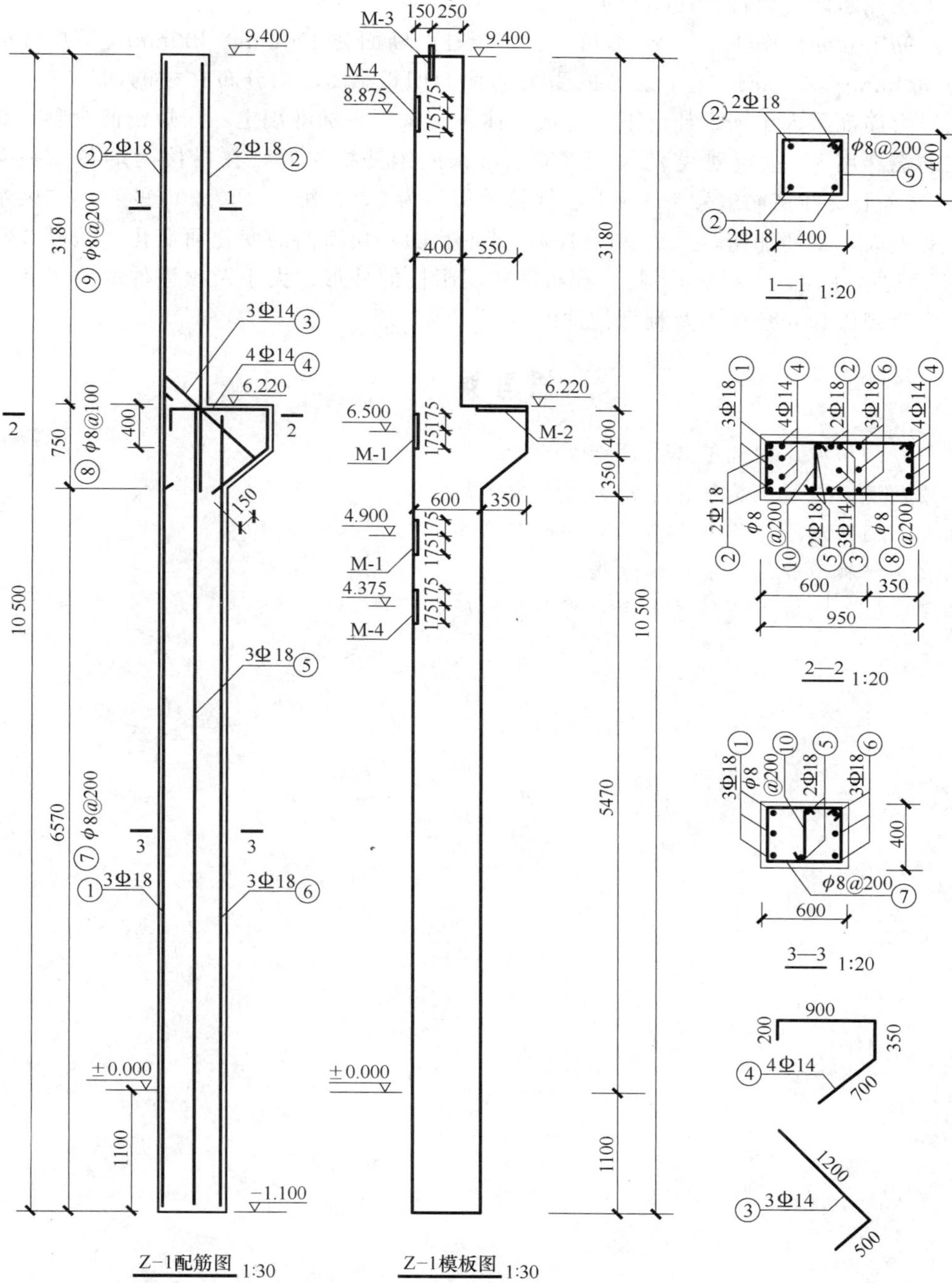

Z-1配筋图 1:30　　Z-1模板图 1:30

1—1 1:20　　2—2 1:20　　3—3 1:20

图 10.4　钢筋混凝土柱

牛腿部分是用来支撑工业厂房中吊车梁的，所以牛腿内的配筋比柱的其他部分复杂，2—2 断面图反映了牛腿内的配筋情况。牛腿以上的柱主要是用来支撑屋架的，断面较小，称为上层柱；牛腿以下的柱受力较大，所以断面较大，称为下层柱。为了节省材料，下层柱断面可以设计成工字形。

由配筋图和断面图1—1、2—2可知：上层柱的断面为400mm×400mm，下层柱的断面为400mm×600mm。上下层柱的受力筋均为四根 ϕ18，均分布在柱的四周。上下层柱的受力筋都深入牛腿，使上下层连成一体。国家制图标准规定：长短钢筋投影重叠时在钢筋端部用45°粗短划线表示；两条无弯钩的钢筋搭接时，在搭接两端各画一条45°粗短线。上层柱箍筋编号为9，下层柱箍筋编号为7，都配有 ϕ8@200 的箍筋。因牛腿部分受力大，箍筋加密，采用 ϕ8@100，其形状随牛腿断面的变化而变化。编号3和4的弯筋配在牛腿部，以加强牛腿。模板图表明了柱的外形、大小及预埋件的位置和代号等，作为制作和安装模板及预埋构件的依据。

思考题

10.1 结构施工图包括哪些图纸？

10.2 钢筋混凝土构件代号是用什么表示的？

10.3 钢筋混凝土构件中常见的钢筋有哪些？

10.4 何种型号的钢筋应加弯钩？

10.5 钢筋混凝土构件详图由哪两个图组成？

附录　施工图的识读

为了培养学生的动手能力和实践能力，提高实际应用中的绘图和读图能力，本着学生绘图能力和读图能力的训练知识点要全的原则，特选某武装部办公楼建筑施工图和结构施工图供学生进行全程训练，力求使学生的思维得到全面、系统的锻炼，并要求根据课堂中所学的知识发现图纸中的不足之处，促进知识深化，最终掌握并能够熟练读图和绘图。

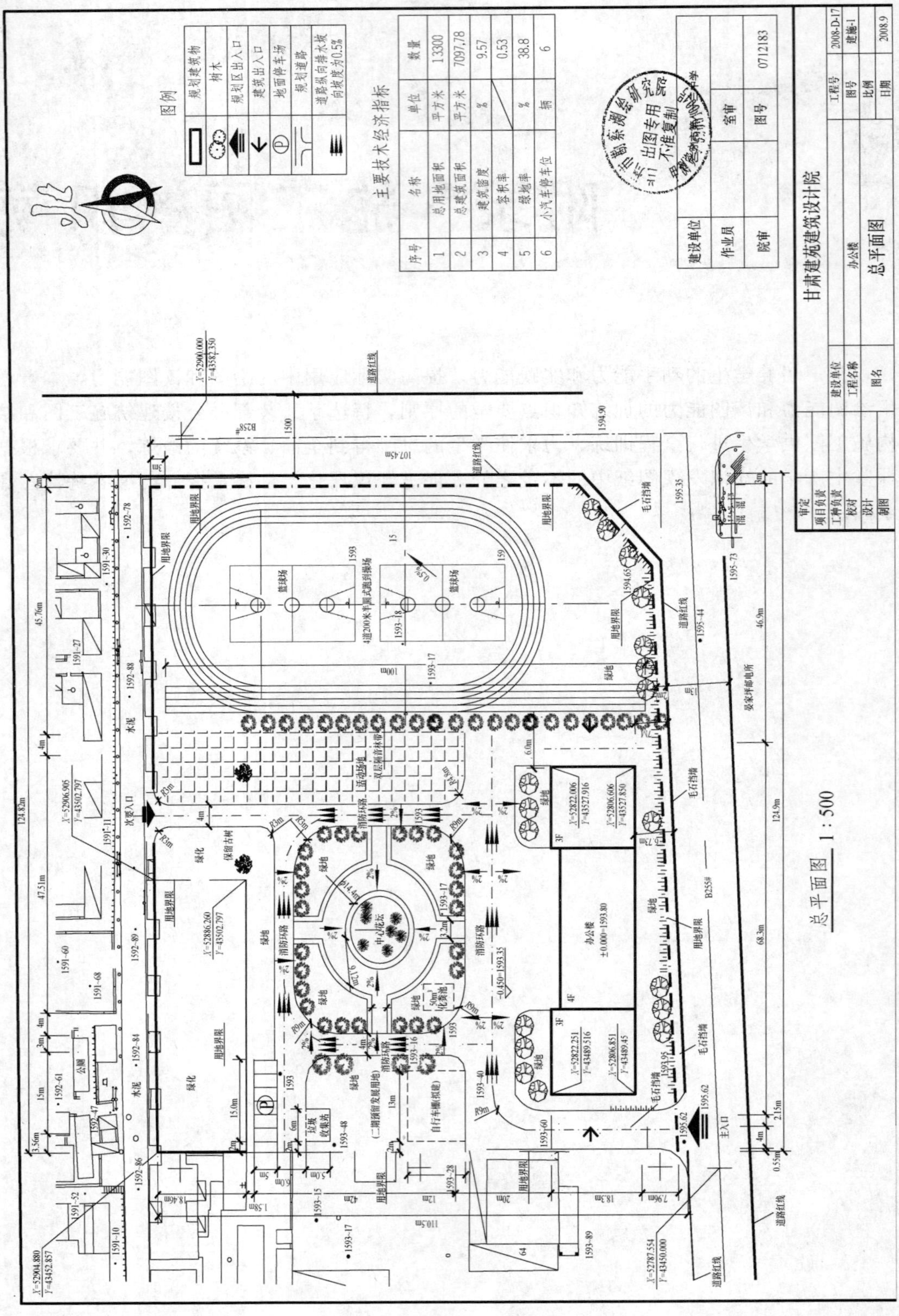

图例

图例	说明
	规划建筑物
	树木
	规划区出入口
	建筑出入口
	地面停车场
	规划道路
	道路纵向排水坡向坡度为0.5%

主要技术经济指标

序号	名称	单位	数量
1	总用地面积	平方米	13300
2	总建筑面积	平方米	7097,78
3	建筑密度	%	9.57
4	容积率		0.53
5	绿地率	%	38.8
6	小汽车停车位	辆	6

建设单位			
作业员		室审	
院审		图号	0712183

兰州市勘察测绘研究院 出图专用 不准复制

审定	甘肃建苑建筑设计院			
项目负责				
工种负责	建设单位		工程号	2008-D-17
校对	工程名称	办公楼	图号	建施-1
设计	图名	总平面图	比例	
制图			日期	2008.9

总平面图 1∶500

建筑设计说明

一、设计依据

1. 建设单位提出的设计委托及初定方案设计。

2.建设单位提供的场地地质资料。

3.现行国家《工程建设标准强制性条文》及地方性文件规定。

(1)《民用建筑设计通则》(GB50352—2005)。

(2)《建筑设计防火通则》(GB50016—2006)。

(3)《办公建筑设计规范》(JGJ67—2006)。

(4)《公共建筑节能设计标准》(GB50189—2005)。

二、工程设计基本原则

1. 建筑耐火等级为二级。

2.屋面防水等级为II级，防水层使用年限为15年。

3.建筑物耐久年限为二级，合理使用年限为50年。

4.本工程抗震设防烈度为8度。

三、工程概况

1. 本工程为甘肃省有色地质勘查局106队兰州基地办公楼扩建项目。

2.结婚形式为框架结构，基础为工人成孔灌注桩。

3.总建筑面积：1283.97 m²。

4.建筑层高、层数、及室内外高差见立面图。

四、外装修

1. 除注明外所有立面外墙均乳胶漆墙面(墙面做1.0m×1.0m的分隔，缝营帐100mm,内图灰色涂料)。

2.勒脚大及台阶挡墙处均贴灰色斩假石(200×300)。

3.散水与主体必须分离并设变形缝，沿长方向每6m设置伸缩缝一道，所有变形缝内均用沥青填封。沿散水外缘不得设置雨水明沟。

4.墙体采KM型黏十空心砖，混合砂浆砌筑。墙体厚度见平面图

五、内装修

1.本设计为普通装修，如需二次装修，由甲方自理，不得在装修过程中任意砸，拆构件。

2.楼、地面均铺贴金瓷地砖；内墙面为普通抹灰，107涂料增白。

3.厕所楼、地面必须进行蓄水试验；并向地漏处找坡，坡度为0.5%。

六、其余未注明安全事宜
由甲方自定。

七、单位本图除标高以m计外，其余均以mm计。

八、本工程如须修改变更时，须由建设、设计、施工、三方共同协定后方可按设计变更单进行施工。

九、施工要求施工时应满足各部分装修及构造设计要求，并且与设备安装密切配合，注意墙体、楼(地)面、梁、柱有关部位预留孔洞、管线、嵌入件等，以免后期补打、补凿，影响工程质量。

十、图中未尽事宜
须严格按国家现行工程施工及验收规范执行。

十一、本工程采用标准图集
《02系列建筑标准设计图集》(甘02J01~11)。

六、节能设计

1. 除特别说明外所有外露窗均采用塑钢中空下班窗(6+12+6)，因其具备以下性能：

气密性(m³/h·m):05-1.5　　水密性(Pa):350　　保温性能(W/m²·k):2.5

玻璃种类:LOW-E涂膜5厚玻璃　　空气层厚度(mm):12　　密封胶条:橡胶密封条

2. 变形缝处200厚培体彩用KM型砖，内贴保温体系(粘贴50厚XPS保温板)：

砖的导热系数(W/m·k):0.32　　XPS保温板导热系数(W/m·k):0.030

参照图集:甘06J4-28　　传热系数(W/m²·k):0.45

3.200厚墙体彩用KM型砖，外保温体系(粘贴60厚XPS保温板)：

砖的导热系数(W/m·k):0.32　　XPS保温板导热系数(W/m·k):0.030

参照图集:甘06J4-28　　传热系数(W/m²·k):0.40

3. 300厚墙体采用KM型砖，外保温体系(粘贴50厚XPS保温板)：

砖的导热系数(W/m·k):0.32　　XPS保温板导热系数(W/m·k):0.030

参照图集:甘06J4-28　　传热系数(W/m²·k):0.43

4. 屋面采用55厚XPS保温板，1:6水泥砂浆找坡：

XPS保温板导热系数(W/m·k):0.030　　1:6水泥焦渣导热系数(W/m·k):0.290

参照图集:甘02J01-117-屋　　传热系数(W/m·k):0.43

窗墙比

	南			北			西			东		
窗墙比	窗面积	126.34	0.23	窗面积	149.2	0.25	窗面积	11.25	0.04	窗面积	11.25	0.04
	墙面积	554.06		墙面积	585.16		墙面积	249.65		墙面积	249.65	

体形系数

$$S=\frac{F_0}{V_0}=\frac{1639.16}{6880.35}=0.25$$

材料做法表

项目	类 别	绝 号	应用范围	备 注
外墙	贴面砖墙面	外墙21	未标注外墙立面	颜色甲方确定
	干挂挂大理石	外墙35	见立面图标注	颜色见立面标注
	喷涂涂料墙面	外墙13	见立面图标注	颜色见立面标注
散 水	混凝土散水	散3	所有室外散水	宽1200
地面	铺地砖地面	地28	除卫生间所有地面	地砖规格甲方自选(500×500)
	铺地砖地面	地28	卫生间	(300×300防滑地砖)
楼面	铺地砖楼面	楼39	其余房间	地砖规格甲方自选择500×500)
	铺地砖楼面	楼41	卫生间	(300×300防滑地砖)
踢 脚	铺地砖 踢脚	踢19	室内所有踢脚	
内墙	乳胶漆墙面	内墙17	砖墙墙面	白色
	乳胶漆墙面	内墙18	其余混凝土墙面	白色
	釉面砖墙面	内墙38	卫生间(砖墙)	釉面砖通贴(200×300)白色面砖
顶 棚	板氏抹灰顶棚	棚4		107增白涂料两道
油漆	木材面油漆	油6		均为乳白色
	金属面油漆	油23		
层 面	不上人屋面	层1114		防水层为SBS、保温层为厚55保温板
注1本表作法全部选用甘 02J01 06J4 《建筑用料及做法》。				

门窗统计表

门窗	洞口尺寸	门窗数量					采用图集		备 注
名称	宽×高	1F	2F	3F	4F	合计	图集号	型 号	
C-1	1800×1800	17	20	20	12	69	甘02J06-3	CST-82	塑钢中空玻璃窗
C-2	1500×1200	0	2	2	2	6	甘02J06-3	CST-14	塑钢中空玻璃窗，窗台高"0"
C-3		1	0	0	0	1	参见C-2大样定做建施-13		铝合金中空玻璃固定窗
C-4	1500×1800	2	2	2	0	6	甘02J06-3	CST-68	塑钢中空玻璃窗
C7	600×600	2	0	0	0	2	甘02J06-3	CST-6	塑钢普通璃窗,窗顶平梁底
M1	1000×2400	10	13	10	4	37	甘02J06-1	M1-302	镶板木门
M2	900×2100	2	2	2	0	6	甘02J06-1	M1-143	镶板木门
M3	800×2100	6	3	3	0	12	甘02J06-1	M1-33	镶板木门
M4	1500×2200	1	0	0	3	4	甘02J06-2	LNHM100-21	铝合金地弹门
M5	3000×2700	1	0	0	0	1	甘02J06-2	LNHM100-53	铝合金地弹门
MC-1	2400×2400	1	0	0	0	1	甘02J01-129	M4-78	

审　定	甘肃建苑建筑设计院			
项目负责				
工种负责	建设单位	×××××××××××××	工程号	2008-D-7
校　对	工程名称	办公楼	图　号	建施-2
设　计	图　名	建筑设计说明、门窗表、做法表	比　例	
制　图			日　期	2008.04

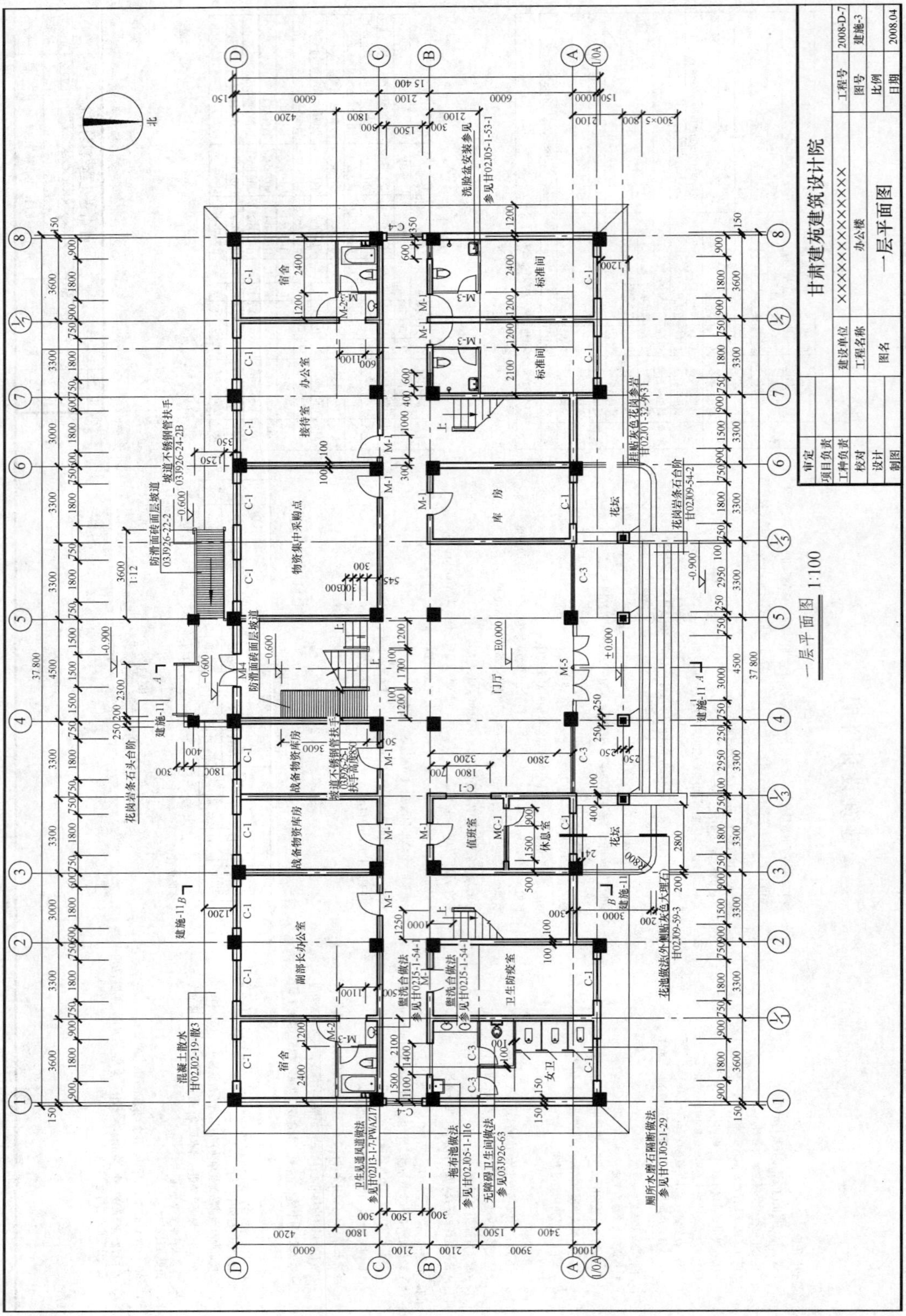

宿舍
副部长办公室
战备物资库房
战备物资库房
物资集中采购点
接待室
办公室
宿舍
卫生防疫室
女卫
值班室
休息室
门厅
库房
标准间
标准间
花坛
花坛

花岗岩条石头台阶
混凝土散水
甘02J02-19-散3
防滑面砖面层坡道
03J926-22-2
坡道不锈钢管扶手
03J926-24-2B
防滑面砖面层坡道
坡道不锈钢管扶手
03J926-25-1
扶手高度850
卫生见通风道做法
参见甘02J13-1-7-PWAZ17
盥洗台做法
参见甘02J5-1-54-1
盥洗台做法
参见甘02J5-1-54-1
拖布池做法
参见甘02J05-1-116
无障碍卫生间做法
参见03J926-63
洗脸盆安装参见
参见甘02J05-1-53-1
厕所水磨石隔断做法
参见甘01J05-1-29
花池做法(外侧贴灰色大理石)
甘02J09-59-3
挂贴灰色花岗岩
甘02J01-32-外31
花岗岩条石台阶
甘02J09-54-2

一层平面图 1:100

审定	甘肃建苑建筑设计院			
项目负责				
工种负责	建设单位	××××××××××××××	工程号	2008-D-7
校对	工程名称	办公楼	图号	建施-3
设计	图名	一层平面图	比例	
制图			日期	2008.04

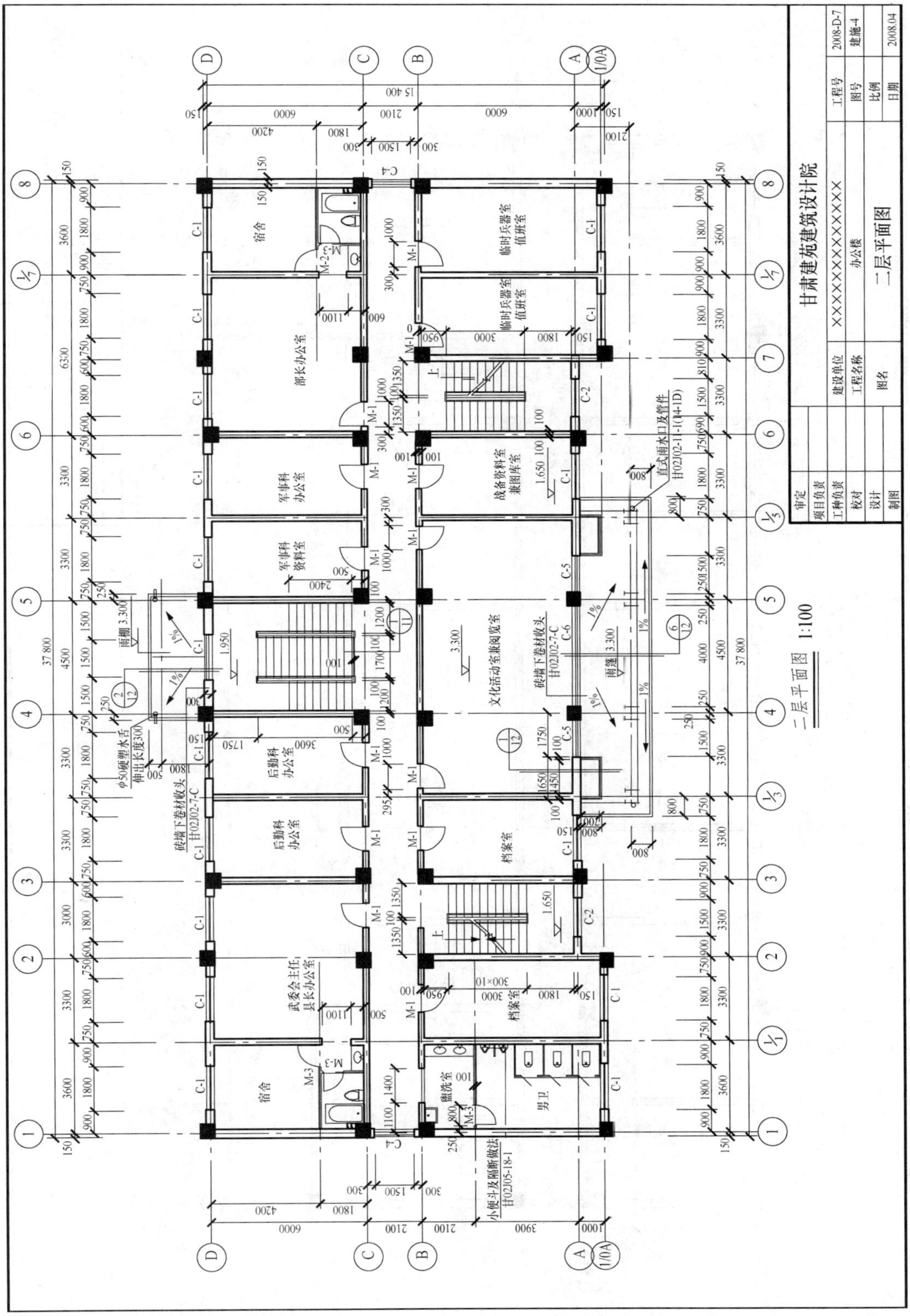

二层平面图　1:100

甘肃建苑建筑设计院			
审定			
项目负责			
工种负责	建设单位	××××××××××××××	工程号 2008-D-7
校对	工程名称	办公楼	图号 建施-4
设计	图名	二层平面图	比例
制图			日期 2008.04

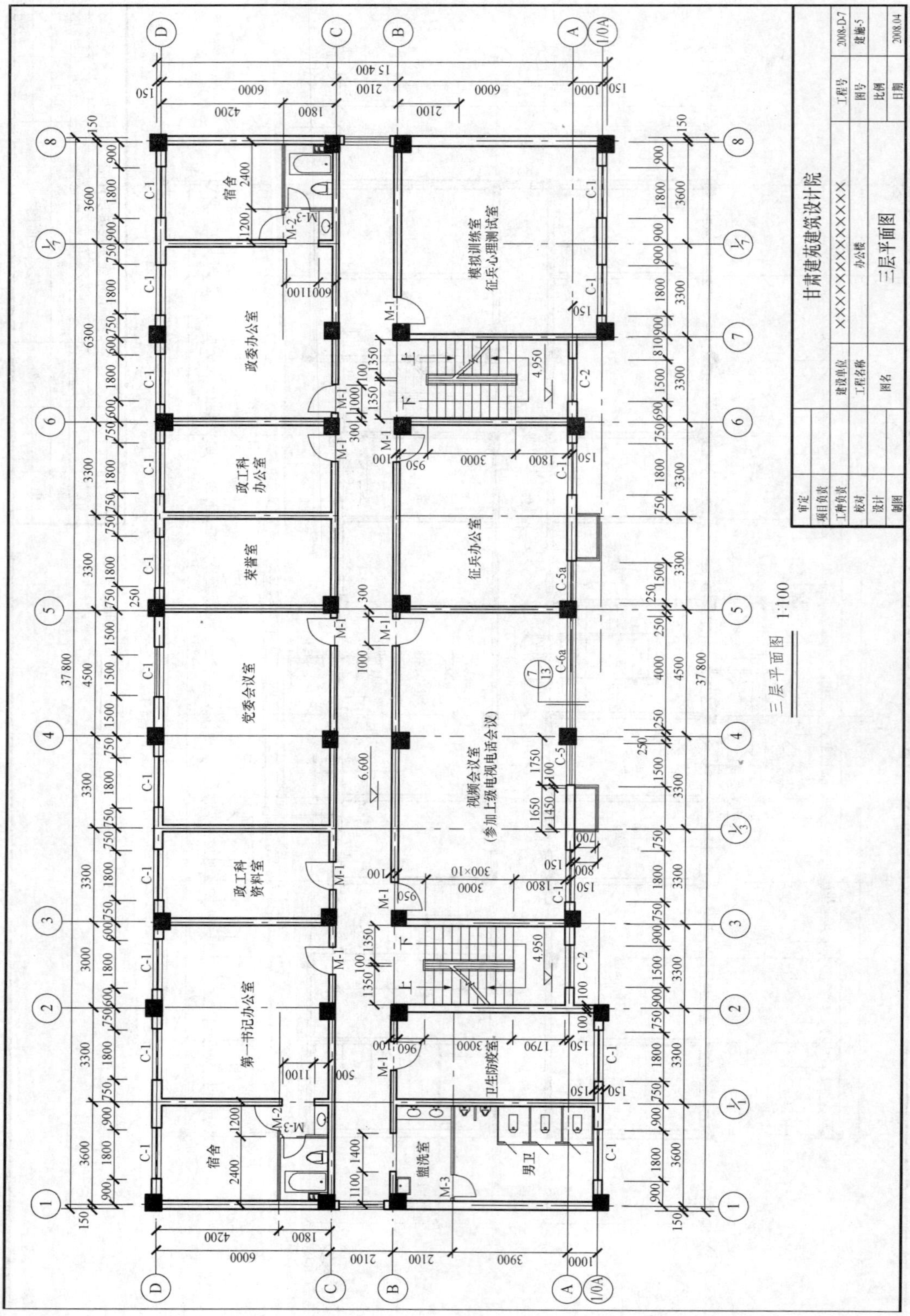

宿舍 第一书记办公室 政工科资料室 党委会议室 荣誉室 政工科办公室 政委办公室 宿舍

盥洗室 男卫 卫生防疫室 视频会议室（参加上级电视电话会议） 征兵办公室 模拟训练室 征兵心理测试室

三层平面图 1:100

甘肃建苑建筑设计院			
审定	建设单位	××××××××××××	工程号 2008-D-7
项目负责	工程名称	办公楼	图号 建施-5
工种负责	图名	三层平面图	比例
校对			日期 2008.04
设计			
制图			

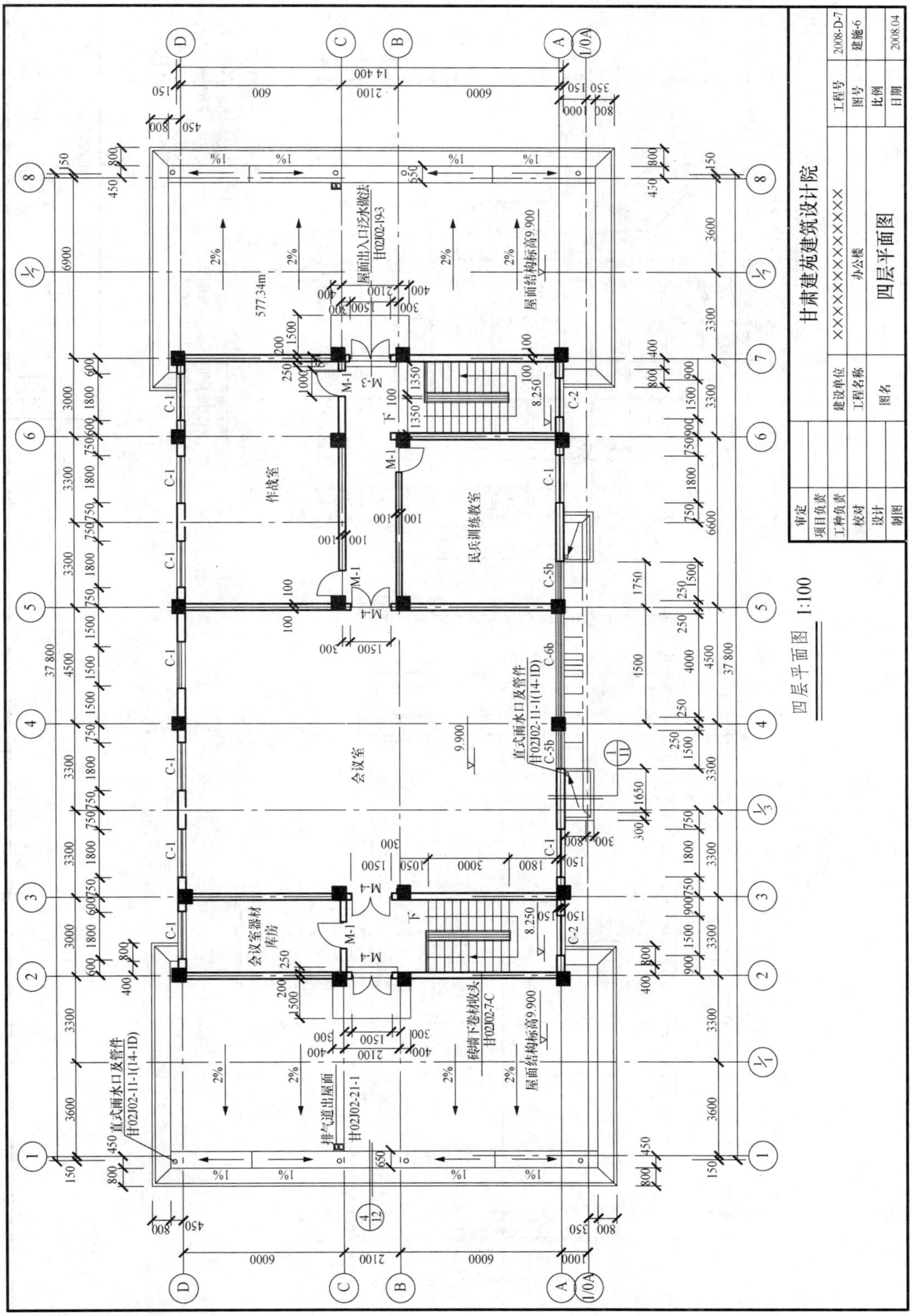

四层平面图　1:100

作战室

民兵训练教室

会议室

会议室器材库房

审定		建设单位	××××××××××××	工程号	2008-D-7
项目负责		工程名称	办公楼	图号	建施-6
工种负责		图名	四层平面图	比例	
校对				日期	2008.04
设计					
制图					

甘肃建苑建筑设计院

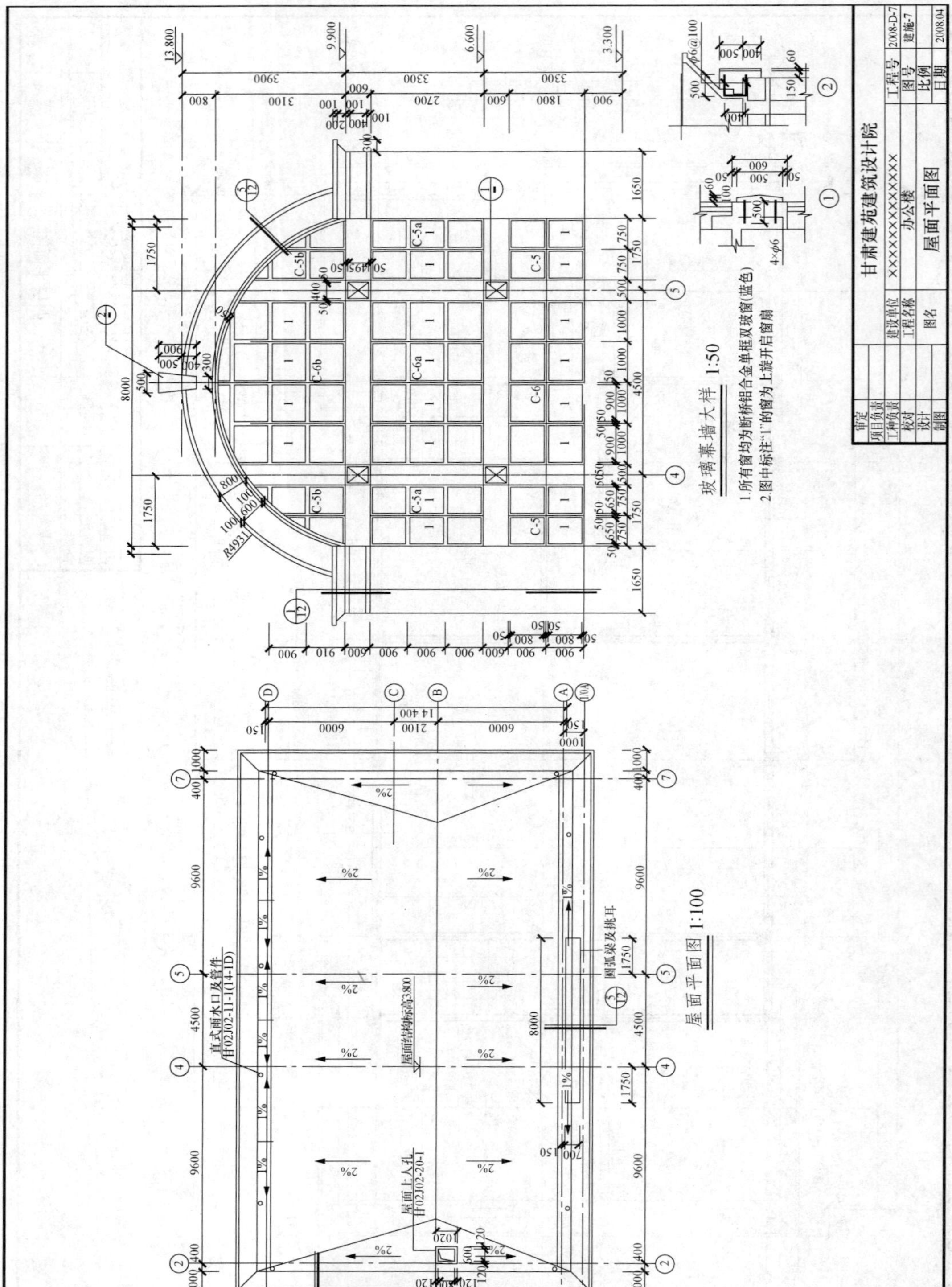

直式雨水口及管件
甘02J02-11-1(14-1D)

屋面上人孔
甘02J02-20-1

屋面结构标高3.800

圆弧梁及挑耳

屋面平面图 1:100

玻璃幕墙大样 1:50

1.所有窗均为断桥铝合金单框双玻窗(蓝色)
2.图中标注"1"的窗为上旋开启窗扇

审定	甘肃建苑建筑设计院			
项目负责				
工种负责	建设单位	×××××××××××××	工程号	2008-D-7
校对	工程名称	办公楼	图号	建施-7
设计	图名	屋面平面图	比例	
制图			日期	2008.04

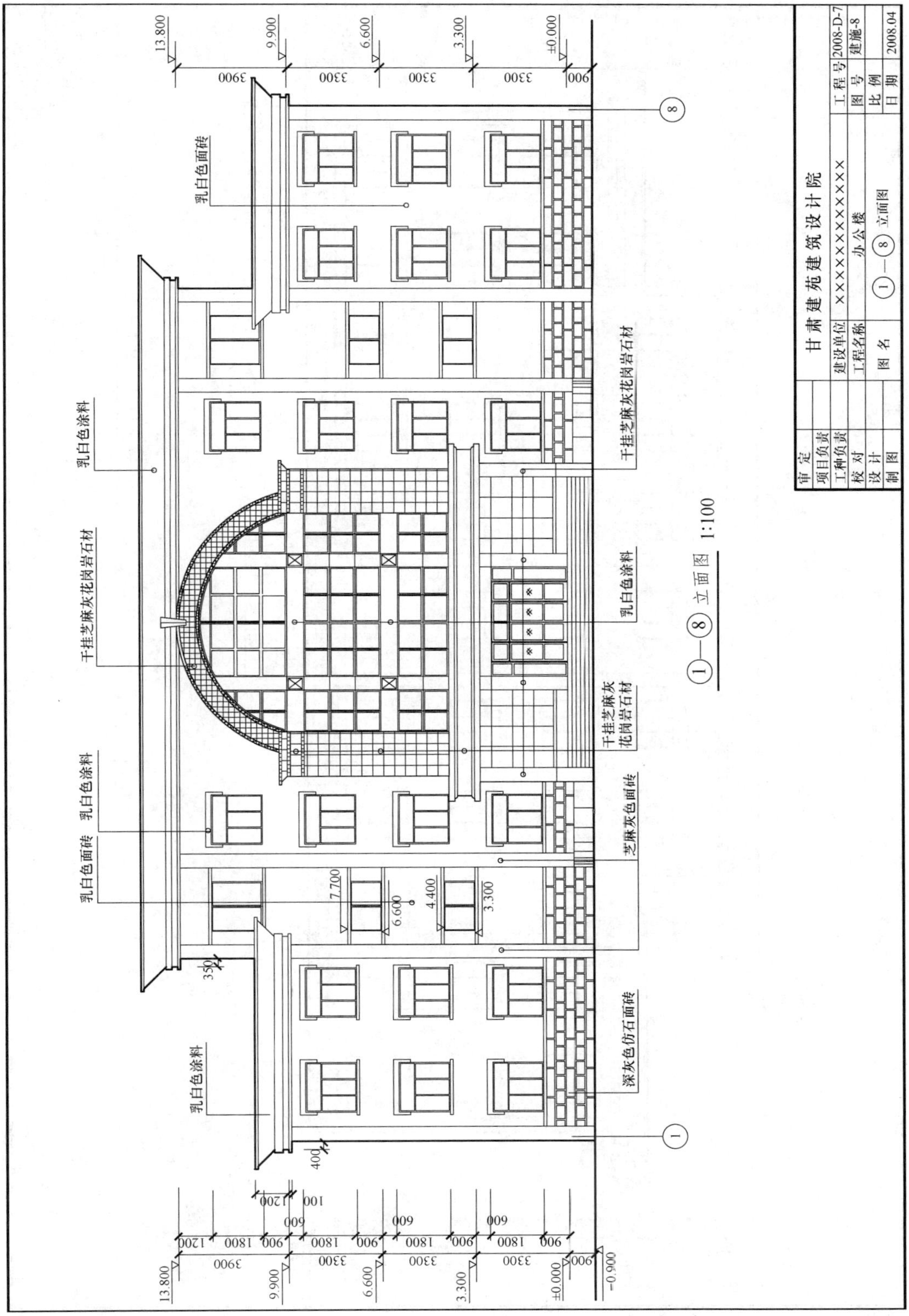

乳白色面砖

乳白色涂料

干挂芝麻灰花岗岩石材

乳白色涂料

乳白色面砖

乳白色涂料

乳白色涂料

深灰色仿石面砖

芝麻灰色面砖

干挂芝麻灰花岗岩石材

乳白色涂料

干挂芝麻灰花岗岩石材

①—⑧立面图　1:100

审定		甘肃建苑建筑设计院		
项目负责		建设单位	××××××××××××	工程号	2008-D-7
工种负责		工程名称	办公楼	图号	建施-8
校对		图名	①—⑧立面图	比例	
设计				日期	2008.04
制图					

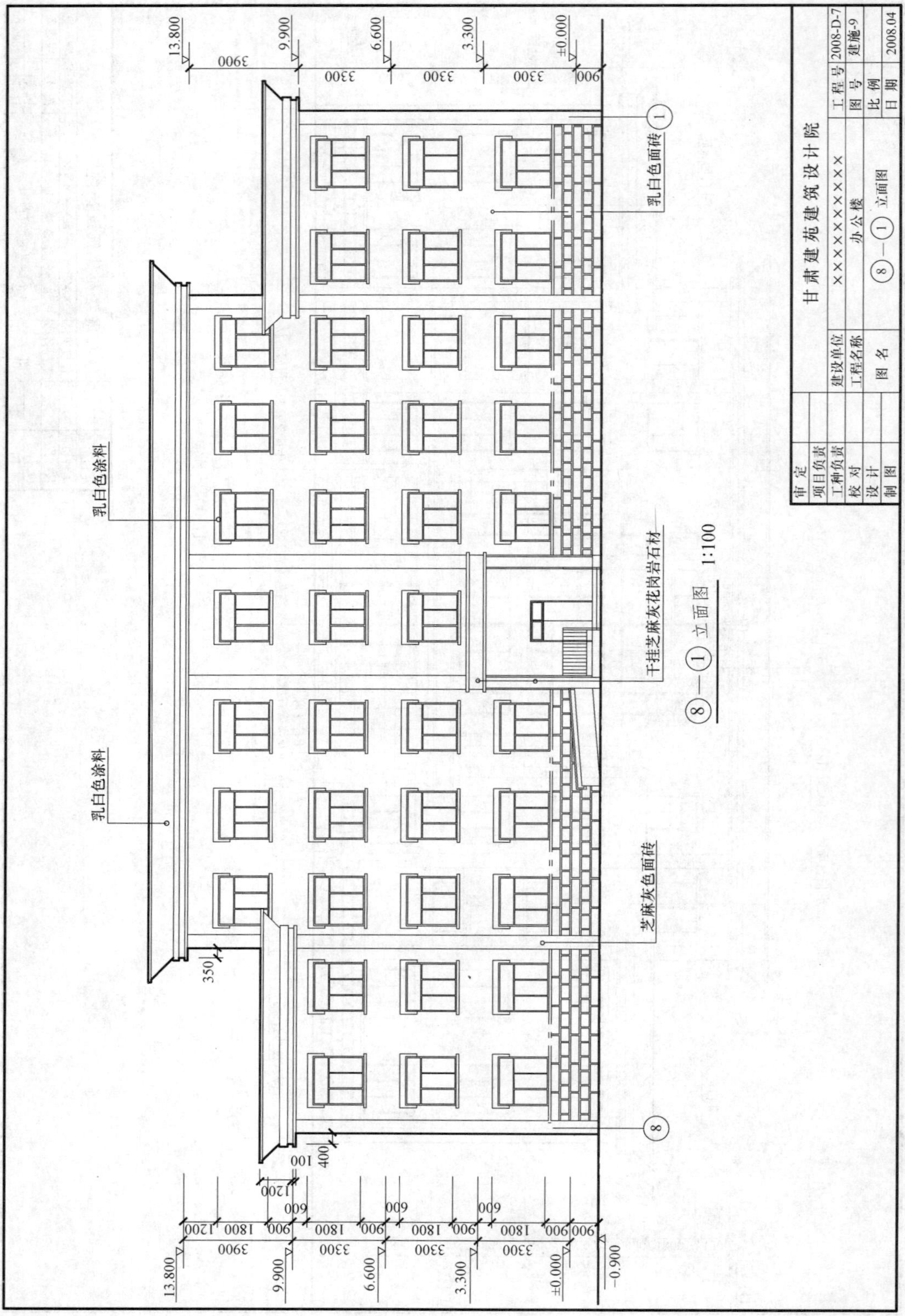

乳白色涂料
乳白色涂料
13.800
9.900
6.600
3.300
±0.000
−0.900
1200
1800
900
600
3300
3900
350
100
400
8
1
芝麻灰色面砖
干挂芝麻灰花岗岩石材
乳白色面砖

⑧—① 立面图 1:100

审 定		甘肃建苑建筑设计院			
项目负责					
工种负责		建设单位	××××××××××	工程号	2008-D-7
校 对		工程名称	办公楼	图 号	建施-9
设 计		图 名	⑧—① 立面图	比 例	
制 图				日 期	2008.04

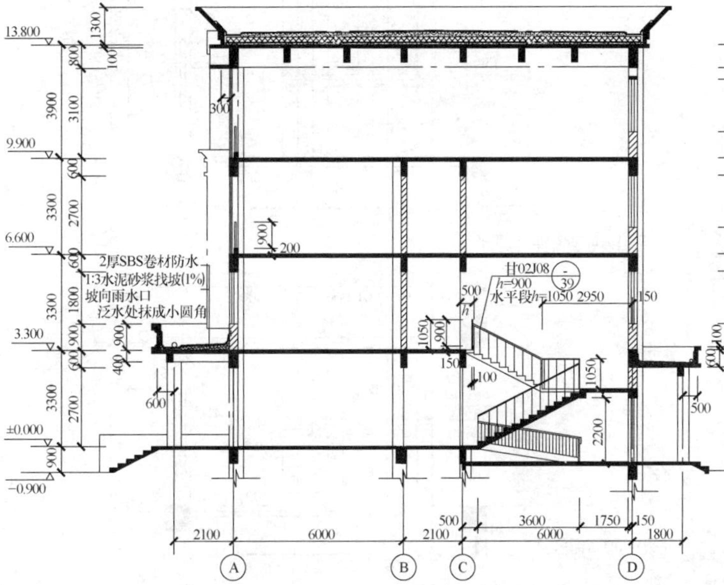

2厚SBS卷材防水
1:3水泥砂浆找坡(1%)
坡向雨水口
泛水处抹成小圆角

A—A剖面图 1:100

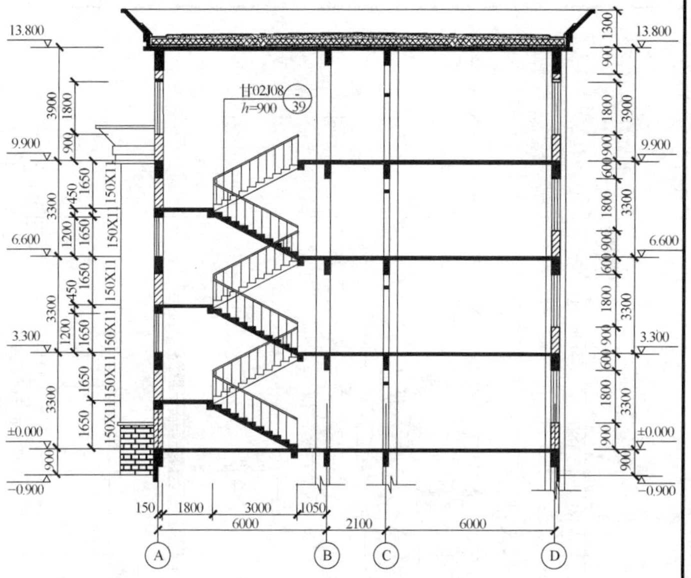

B—B剖面图 1:100

审定		甘肃建苑建筑设计院		
项目负责				
工种负责		建设单位	××××××××××	工程号 2008-D-7
校对		工程名称	办公楼	图号 建施-11
设计		图名	A—A和B—B剖面图	比例
制图				日期 2008.04

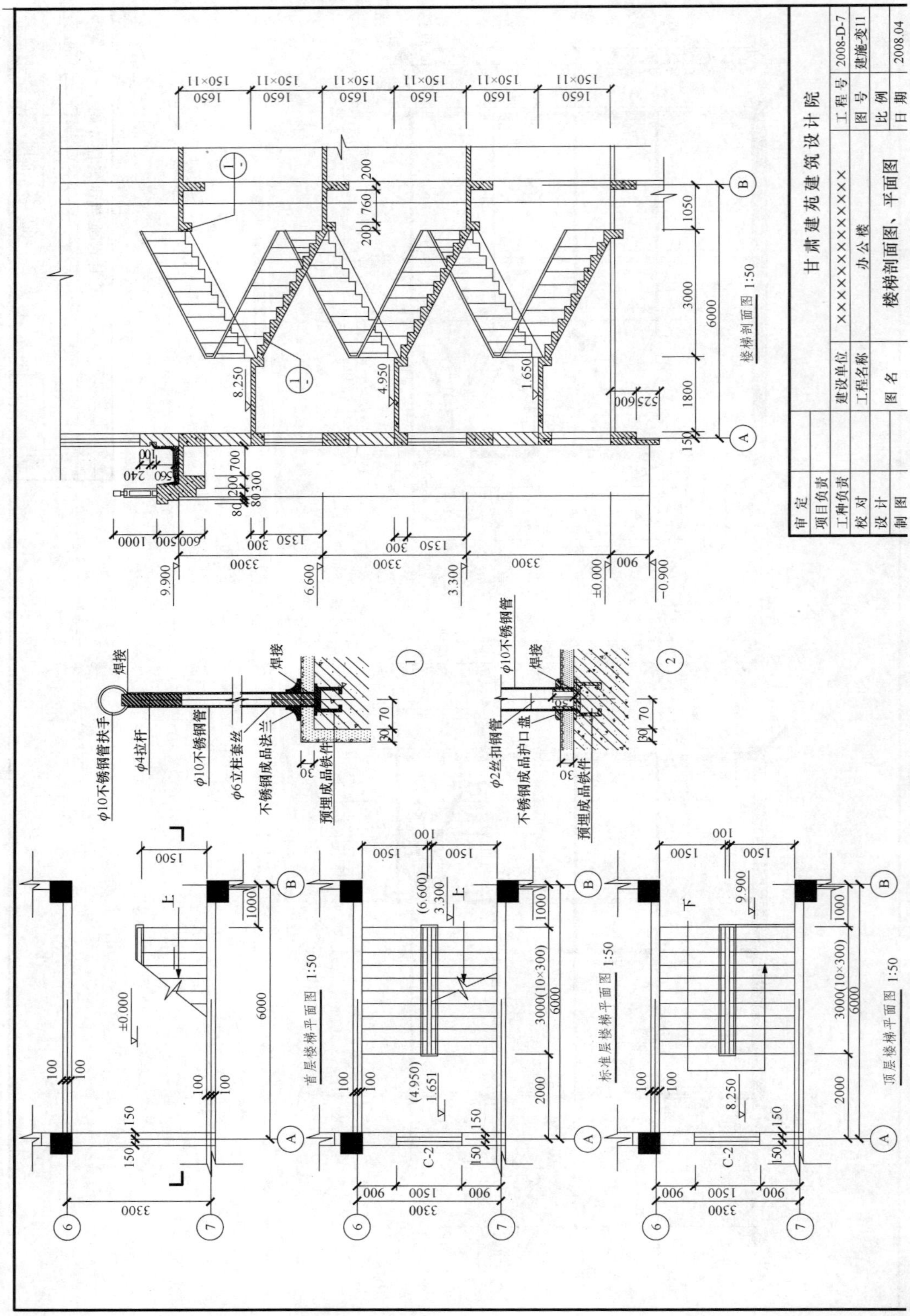

首层楼梯平面图 1:50

标准层楼梯平面图 1:50

顶层楼梯平面图 1:50

ϕ10不锈钢管扶手
焊接
ϕ4拉杆
ϕ10不锈钢管
ϕ6立柱套丝
不锈钢成品法兰
焊接
预埋成品铁件
①

ϕ2丝扣钢管
ϕ10不锈钢管
不锈钢成品护口盘
焊接
预埋成品铁件
②

楼梯剖面图 1:50

审 定		甘肃建苑建筑设计院			
项目负责					
工种负责		建设单位	×××××××××××××	工程号	2008-D-7
校 对		工程名称	办公楼	图 号	建施-变11
设 计		图 名	楼梯剖面图、平面图	比 例	
制 图				日 期	2008.04

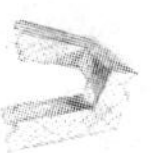

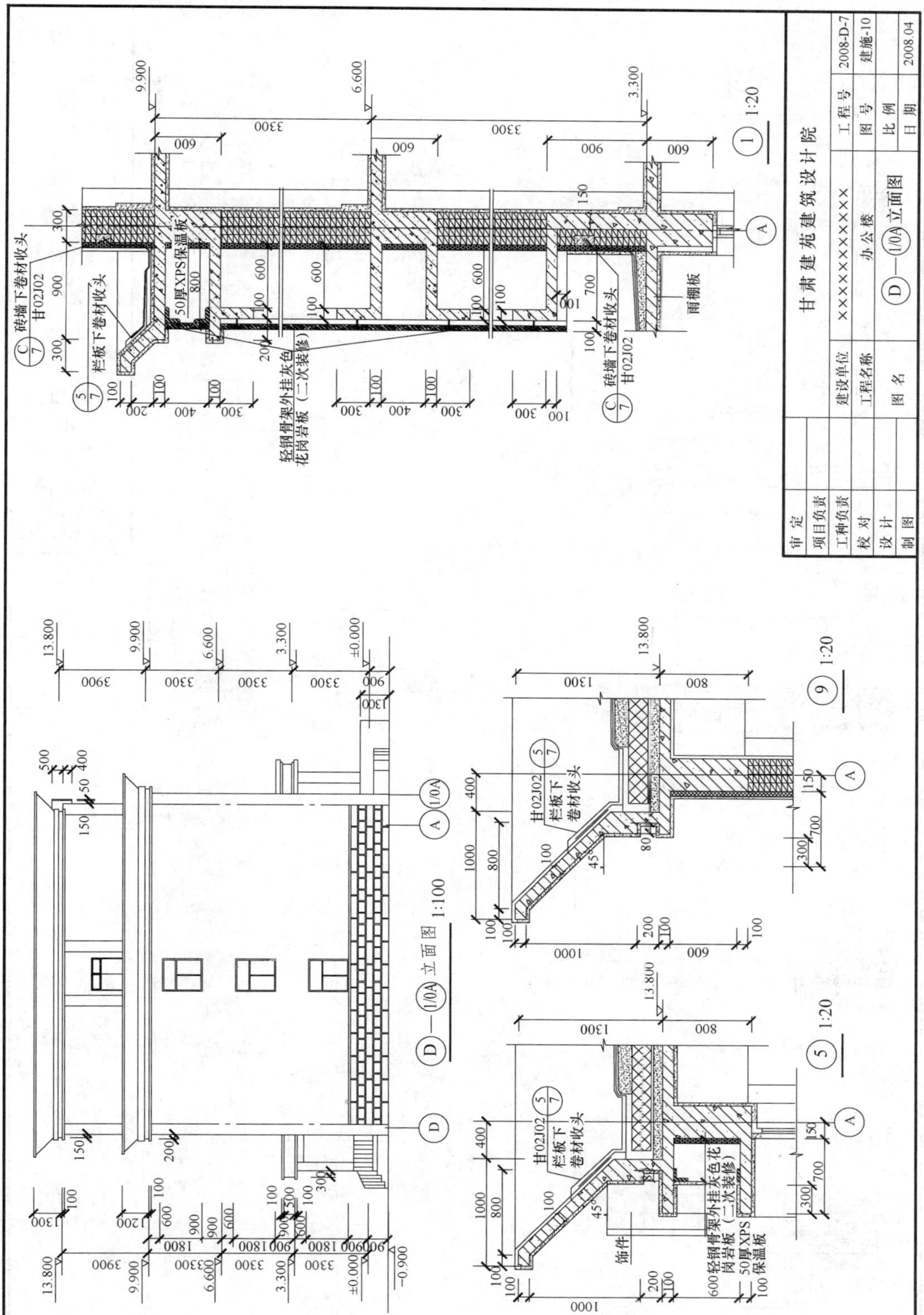

D—1/0A 立面图 1:100

5 1:20

9 1:20

1 1:20

审 定		甘肃建苑建筑设计院			
项目负责					
工种负责		建设单位	××××××××××××	工程号	2008-D-7
校 对		工程名称	办公楼	图 号	建施-10
设 计		图 名	D—1/0A 立面图	比 例	
制 图				日 期	2008.04

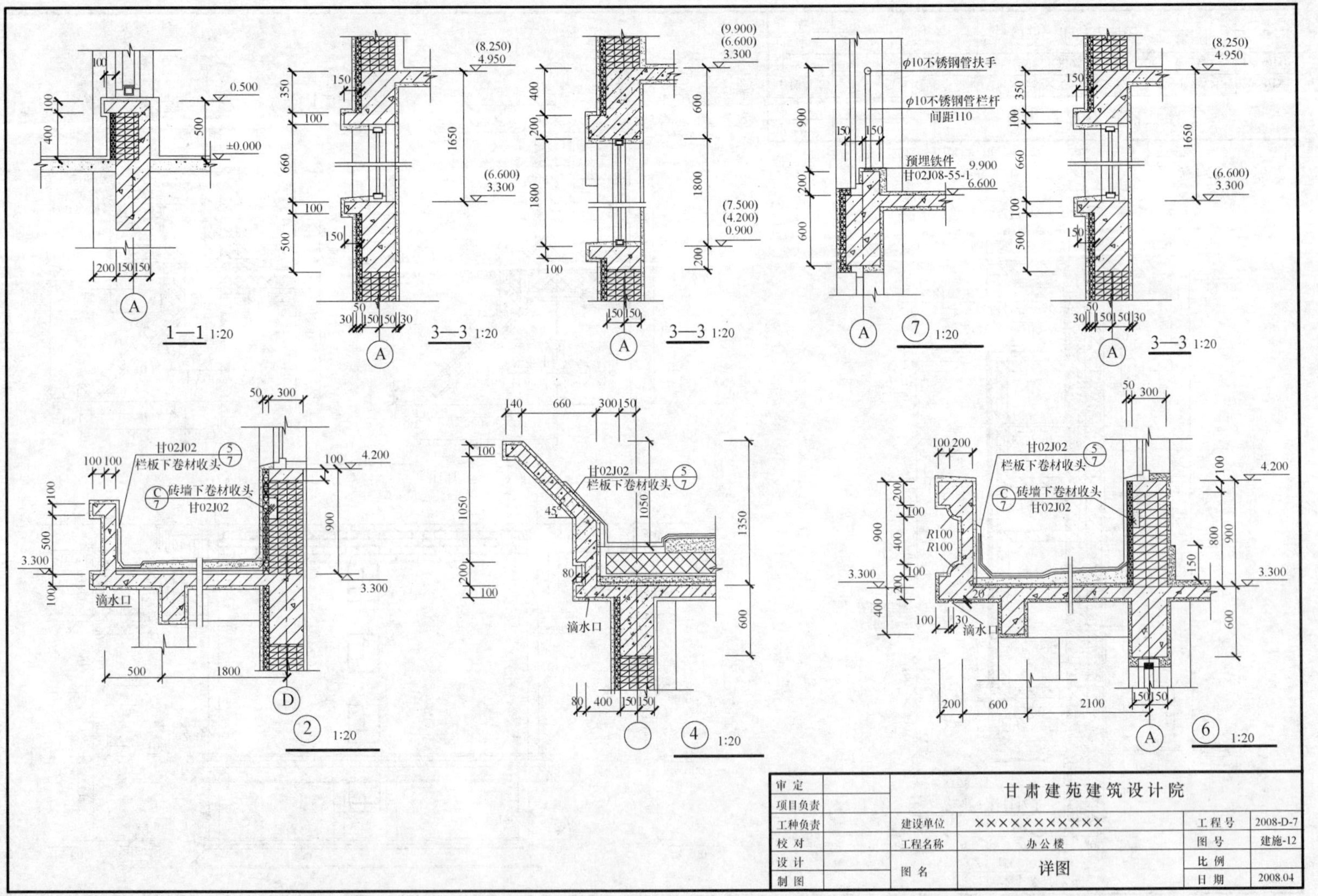
1—1 1:20
3—3 1:20
3—3 1:20
7 1:20
3—3 1:20
2 1:20
4 1:20
6 1:20
φ10不锈钢管扶手
φ10不锈钢管栏杆
间距110
预埋铁件
甘02J08-55-1
甘02J02
栏板下卷材收头
砖墙下卷材收头
滴水口
R100
(8.250)
4.950
(6.600)
3.300
(9.900)
(6.600)
(7.500)
(4.200)
0.900
9.900
6.600
0.500
±0.000
4.200
甘肃建苑建筑设计院
审 定
项目负责
工种负责
校 对
设 计
制 图
建设单位
××××××××××
工程名称
办公楼
图 名
详图
工 程 号
2008-D-7
图 号
建施-12
比 例
日 期
2008.04

结构设计总说明

1.工程概况

本工程为四层钢筋混凝土框架办公楼，基础形式为柱下钢筋混凝土基础。

2.建筑结构安全等级及设计使钐年限

(1) 建筑结构安全等级：二级。
(2) 设计使用年限：50年。
(3) 建筑抗震设防类别：丙类。
(4) 地基基础设计等级：丙级。
(5) 框架抗震等级：三级。

3.自然条件

(1) 基本风压：W_0=0.30kN/m²。
地面粗糙度类别：B类。
(2) 基本雪压：S_0=0.25kN/m²。
(3) 地场地震基本烈度：7度(0.10g)，设计地震分组第二组。
建筑场地类别：II类。
(4) 场地标准冻土深0.70m。

4.场地的工程地质条件

(1) 本工程根据平凉市规划建筑勘测设计有限公司提供的《岩土工程勘察报告》进行设计.拟建场地自上而下各土层的工程地质特征如下:
1) 杂填土层，厚度0.50~1.00m。
2) 黄土状粉土层，厚度0.50~1.00m。
3) 砾砂层，厚度0.40~0.50m。
4) 圆砾层，稍密，厚度3.20~3.60m。
5) 泥岩层，该层未穿透。
(2) 根据《岩土工程勘察报告》：建筑场地类别为II类采用人工成孔砼灌注桩基础，并以泥岩层作为持力层。桩端进入泥岩层的深度不得小于1M，同时做好清底工作。泥岩层桩的极限端阻力标准值为：q_{pk}=2000kPa，桩基安全等级为一级。
(3) 场地内有地下水，地下水埋深约4.7~4.9m。在基础施工时应采取必要降水措施。地下水对混凝土结构弱腐蚀性，对钢筋混凝土结构中的钢筋弱腐坏蚀性。地基土对混凝土和钢筋无腐蚀性。建筑场地为II级自重湿陷性黄土场地。

5. 本工程设计遵循的标准、规范、规程、标准图

建筑结构可靠度设计统一标准(GB50068—2001)。
建筑抗震设防分类标准(GB50223—2004)。
建筑结构荷载规范(GB50009—2001)(2006年版)。
建筑抗震设计规范(GB50011—2001)。
高层建筑混凝土结构技术规程(JGJ3—2002，J186—2002)。
混凝土结构工程施工质量验收规范(GB50204—2002)。
建筑地基基础设计规范(GB50007—2002)。
混凝土结构设计规范(GB50010—2002)。
建筑地基处理技术规范(JGJ79—2002，H220—2002)。
建筑桩基技术规范(JGJ94—94)。
02系列结构标准设计图集(DBJT25—98—2002)。
混凝土结构施工图平面整体表示方法制图规则和结构详图(03G101-1)
本工程按现行国家设计标准件进行设计，施工时除应遵守本说明及各设计图纸说明外，尚应严格执行国家及工程所在地区的有关规范或规程。

6.设计计算程序

(1) 结构整体分析：中国建筑科学研究院PKPM 软件 SATWE(2007.8)。
(2) 基础计算：中国建筑科学研究院PKPM 软件 JCCAD。

7. 设计采用的均布活荷载标准值数

办公室	2.0kN/m²	不上人屋面	0.5kN/m²
厕所、洗室	2.0kN/m²	走廊、楼梯	2.5kN/m²
资料室、档案室	2.0kN/m²	上人屋面	2.0kN/m²

8. 本工程管沟及盖板采用"02G04"图集

室内管沟断面尺寸为1200×1400(注明者除外)，管壁厚度为240砖墙，采用MU10烧结普通砖，M45水泥砂浆砌筑，做法参见图集第18页③或④详图，室内管沟盖板1000mm处选用图集第32页GB-10，板1200mm处选用图集第32页GB-11.室内管沟检查井盖板及井盖采用图集第34页；室内管沟穿墙大样图参见图集第35页；室内管沟转角平面布置及节点详图参见图集第38页；室内管沟穿墙过梁由地圈梁代替，地圈梁纸另加2φ12(L=1500) 受力主筋，箍筋同时加密为φ6@150。无地圈梁时选用图集第36页GL-2，梁长改为1500mm；管沟入口详图参见图集第43页，室外地坪距管沟盖板底面400mm。本工程地沟入口位置及尺寸详见水暖图，待管道安装完毕后堵砌。

9. 主要材料

(1) 混凝土强度等级：桩基础30，一至四层现浇板架柱，梁均为C25，板、楼梯C25，地梁均为C30。［满足二(b)类环境要求］
(2) 框架中纵向钢筋的抗拉强度实测值与屈服强度实测值的比值不应不于1.25，且屈服强度实测值与强度标准植的比值不应大于1.30。
(3) 钢筋及钢材。
钢筋采用HPB235级(φ)和HRB335级(Φ)。
(4) 焊条。HPB235、HRB335钢筋采用E43XX钢筋与型钢焊接随钢筋定焊条。
(5) 油漆。凡外露钢铁件必须在除锈后涂防锈漆，面漆两道，并经常注意维护。
(6) 墙体。
墙体：所有外墙均采用300厚非承重空心砖，所有内墙均采用200厚非承重空心砖所有墙体均采用M5混合砂浆砌筑。非承重烧结空心砖非容种不应大于8kN/m³。

10 混凝土的构造要求

(1) 混凝土保护层厚度(mm):
1) 基础梁为40mm，井桩为70mm。
2) 框架柱30mm，且不宜小于纵筋直径；梁25mm，且不宜小于纵筋直径。
3) 各层楼板、楼梯板15mm。
(2) 结构混凝土环境类别及耐久性的基本要求：基础、基础梁、地上外露构件为二(b)类，其他为一类。

结构混凝土耐久性的基本要求

环境类别	最大水灰比	最小水泥用量	最大氯离子含量	最大碱含量
一	0.65	225kg/m³	1.0%	不限制
二(b)	0.55	275kg/m³	0.2%	3.0kg/m³

(3) 纵向受拉钢筋最小锚固及搭接长度：详见03G101-1图集33~34页。
(4) 梁侧面纵向构造钢筋和拉筋要求如图10.4所示。
未注明部分同国标图集《03G101-1》的有关要求。
(5) 梁、柱的构造要求见国标03G10-1《混凝土结构施工图平面整体表示方法制图规则和构造详图》及本工程梁、柱详图。
1) 悬挑构件模板必顺待混凝土强度达到100%方可拆摸。
2) 当次梁与主梁同高时，次梁钢筋应放在主梁钢筋之上。
3) 钢筋混凝土过梁选用"02G05"《钢筋混凝土过梁》图集。过梁长度小于600mm者按600mm制作，长度为$L=L_0+500$(L_0为洞口净尺寸)。凡未注明过梁者均为TGLS××××1型(前两个××为墙厚，后两个××为洞口尺寸)。过梁遇柱或梁采用C20混凝土现浇，浇柱时予留过梁钢筋。
4) 本工程门窗上部未明过梁均为II型，位置及尺寸详建施图。
(6) 楼板、屋面板的构造要求。
1) 图中未注明的现浇板分布钢筋为φ6@200，支座构造负筋均为φ8@200，双向板(或异形板)钢筋的放置，短向钢筋置于下层，长向在上。现浇板施工时，应采取措施保证钢筋位置，跨度大于3.6m的板施工时应按规范要求起拱。
2) 当钢筋长度不够时，楼板、梁及屋面板、梁上部筋应在跨中搭接，梁板下部钢筋应在支座处搭接，筏基础梁、板下部钢筋应在跨中搭接，上部钢筋应在支座处搭接。
3) 钢筋接头应错开。板在同一截面内接头不超过25%，梁、柱在同一截面内接头不超过50%。在钢筋搭接范围内的箍筋间距≤100mm。采用焊接接头时，钢筋焊接接头连接区段的长度为35d(d为纵向受力钢筋的较大值)且不小于500mm；采用搭接接头时，钢筋搭接接头连接区段的长度为1.3倍搭接长度。凡接头中点位于该连接区段长度内的焊接或搭接接头均属于同一连接区段，任一截面内钢筋接头的数量不得超过规范要求。
4) 各板角负筋，纵横两向必须重叠设置成网格状。
5) 钢筋的工地接头：当直径d≥22时，柱中钢筋采用电渣压力焊，梁中采用单面搭接焊。
6) 凡在板上砌隔墙时，应在墙下板内底部增设加强筋，并锚固于两端支座内。加强钢筋详见结施图。
7) 板、墙内钢筋如遇洞口，当D(D为洞口宽度或直径)<300mm时，钢筋绕过洞口不需截断；当$D\geqslant$300mm时，钢筋于洞边可截断并弯曲锚固，于洞边增设加强钢筋(见具体施工详图)。
8) 管道井内钢筋在予留洞口处不得切断，待管道安装后用高一级混凝土浇筑。
9) 板内埋设管线时，反铺设管线应放在板底钢筋之上，板上部钢筋之下，且管线的混凝土保护层应不小于30mm。
10) 对设备的予留孔洞及予埋件须与安装单位配合，施工时如有疑问可与设计单位联系。
11) 板、梁上下应注意予留构造柱插筋或联结用的予埋件。
12) 未经设计人员同意，不得随意打洞、剔凿。
(7) 其他要求。
1) 采用标准图，重复使用图或通用图时，均应按所用图集要求进行施工，
2) 在施工安装过程中，应采取有效措施保证结构的稳定性，确保施工安全。
3) 混凝土结构施工前应对予留孔、予埋件、楼梯栏杆和阳台栏杆的位置与各专业图纸加以校对，并与设备及各工种密切配合施工。
4) 材料代用时应经过详细换算对承重结构材料的代换，应征得设计单位同意。
5) 所有外露铁件均应涂刷防锈底漆，面漆材料及颜色按建筑要求施工。
6) 施工期间不得超负荷堆放建材和施工垃圾，特别注意梁上集中负荷时，对结构受力和变形的不利影响。
7) 当梁与柱斜交时，梁的纵向钢盘应放样下料，满足钢筋的锚固长度的要求。
8) 当梁的跨度大于4m时，梁的跨中应按0.2%起拱。
9) 外露现浇板、檐板、女儿墙，每隔12~15m设伸缩缝，缝宽20mm，满填沥青麻丝。当不设伸缩缝时，应按图纸要求加强其抗温度变形的措施。

11.砌体与混凝土墙、柱的连接及圈梁、过梁、构造柱的要求

(1) 后砌隔墙、填充墙与柱的拉结做法详见02G02图集相关部分施工，施工时必须配合建施图在后砌隔墙、填充墙位置在柱予留锚拉钢筋。若遇洞口按实际尺寸布置。
(2) 后砌隔墙、填充墙当墙长>5m时，墙顶部与梁或板应拉结，详图参见02G02图集第46页。当墙长超过层高两倍时，墙中应设构造柱，载面240×墙厚，配筋4Φ12/φ6@200。墙体与构造柱拉结钢筋做法见44页。
(3) 后砌隔墙、填充墙与现浇板的拉结，施工现浇板，应按图示预钢筋拉结。

12. 预埋件

所有的预埋件及预留孔洞应按各专业的图纸预埋、预留、不得遗漏。

13. 其他

(1) 本工程结构施工时，应与各专业施工图密切配合。所有穿楼板的管洞与其它专业核对无误后方可施工，不得后凿。设备、机电的管道间，楼板混凝土须后浇时，请将钢筋予留，待管道安装后再浇筑混凝土。管道安装时不得切断钢筋，后浇板边应上下附加加强钢筋，用高一级的微膨胀混凝土灌实孔洞缝隙。其他专业图纸或设计修改通知与本条说明有矛盾时应征得结构设计人员同意并采取有效的技术措施后方可施工。
(2) 图中凡未注明单位的尺寸，除标高为米(m)外，其余均为毫米(mm)。
(3) 本说明未详尽处，均应遵照现行国家有关规范、规程、标准图集及各结施图施工。
(4) 楼层房间应按照建筑图中注明内容使用，未经设计单位同意，不得任意更改使用用途，不得在楼层梁和板上增设建筑图中未标注的隔墙。

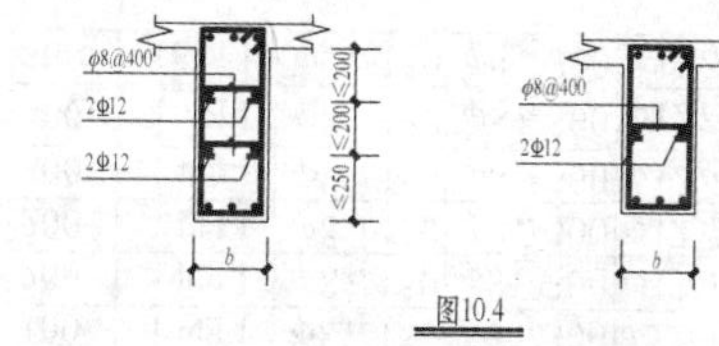

图10.4

审定		甘肃建苑建筑设计院			
项目负责					
工种负责		建设单位	XXXXXXXXXXXXXXXXXXXXXXX	工程号	2008-D-7
校对		工程名称	办公楼	图名	结施-1
设计		图名	结构设计总说明	比例	1∶100
制图				日期	2008.4

柱表配筋图

柱号	标高	b×h (圆角直径D)	角筋	b边一侧中部筋	h边一侧中部筋	箍筋类型号	箍筋
	−0.060,−3.300	450×450	4Φ22	1Φ22	1Φ22	1(3×3)	φ8@100/200
KZ1	3.300,−6.600	450×450	4Φ22	1Φ22	1Φ22	1(3×3)	φ8@100/200
	6.600,−9.900	450×450	4Φ22	1Φ22	1Φ22	1(3×3)	φ8@100/200
	−0.060,−3.300	450×450	4Φ22	1Φ22	1Φ22	1(3×3)	φ8@100/200
KZ2	3.300,−6.600	450×450	4Φ22	1Φ22	1Φ22	1(3×3)	φ8@100/200
	6.600,−9.900	450×450	4Φ22	1Φ22	1Φ22	1(3×3)	φ8@100/200
KZ3	9.900,−13.800	450×450	4Φ18	1Φ18	2Φ18	1(3×4)	φ8@100/200
	−0.060,−3.300	450×450	4Φ22	1Φ18	2Φ18	1(3×4)	φ10@100/200
	3.300,−6.600	450×450	4Φ22	1Φ18	2Φ18	1(3×4)	φ8@100/200
KZ4	6.600,−9.900	450×450	4Φ22	1Φ18	2Φ18	1(3×4)	φ8@100/200
	9.900,−13.800	450×450	4Φ22	1Φ18	2Φ18	1(3×4)	φ8@100/200
	−0.060,−3.300	450×450	4Φ18	1Φ18	2Φ16	1(3×4)	φ8@100/200
KZ5	9.900,−13.800	450×450	4Φ18	1Φ18	2Φ18	1(3×4)	φ8@100/200
KZ6	−0.060,−3.300	300×300	4Φ18	1Φ18	2Φ18	1(3×4)	φ8@100/200
	−0.060,−3.300	450×450	4Φ18	1Φ18	2Φ18	1(3×4)	φ8@100/200
KZ7	3.300,−6.600	450×450	4Φ18	1Φ18	2Φ18	1(3×4)	φ8@100/200
	6.600,−9.900	450×450	4Φ18	1Φ18	2Φ18	1(3×3)	φ8@100/200

井桩表

桩号	桩直径d	b	配筋 1	配筋 2	配筋 3	配筋 4
ZH-1	800	100	14Φ14	φ8@150	φ8@300	φ12@2000
ZH-2	800	200	14Φ14	φ8@150	φ8@300	φ12@2000
ZH-3	800	200	14Φ14	φ8@150	φ8@300	φ12@2000
ZH-4	800	300	14Φ14	φ8@150	φ8@300	φ12@2000
ZH-5	900	300	16Φ14	φ8@150	φ8@300	φ12@2000
ZH-6	900	300	16Φ14	φ8@150	φ8@300	φ12@2000

桩基配筋示意图

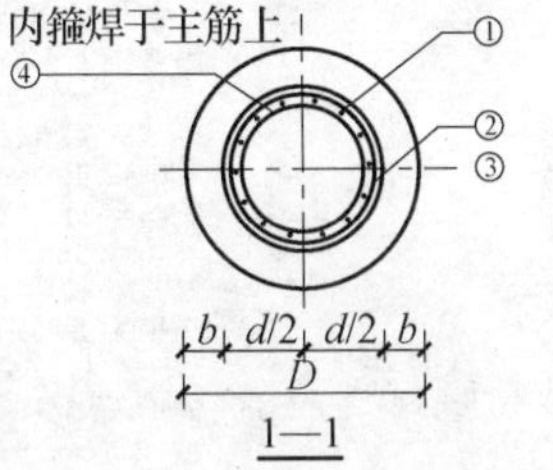

1—1

圆形柱

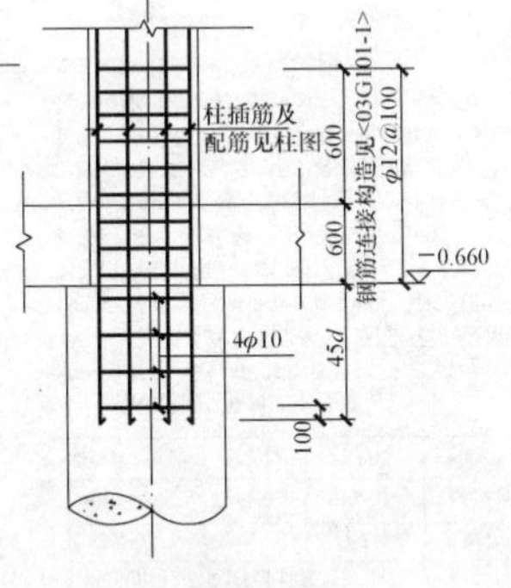

柱插筋示意图

屋面	13.800	3.300
3	9.900	3.300
2	6.600	3.300
1	3.300	3.300
地梁	−0.060	3.300
层号	标高/m	层高/m

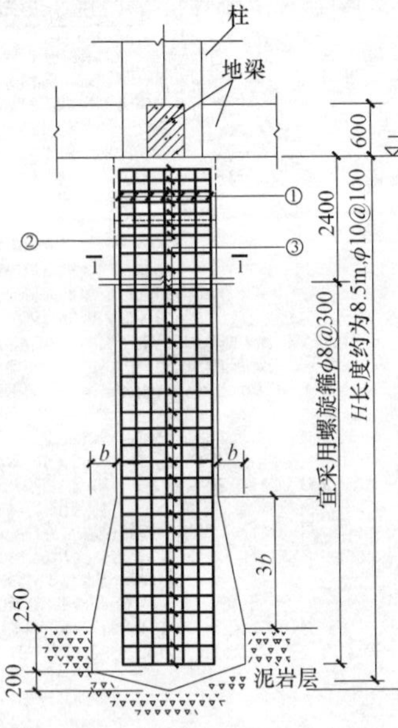

结构层楼面标高
结构层高

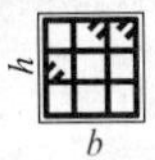

箍筋类型1.$(m\times n)$

说明：

1. 根据工程地质勘察报告。为了保证施工安全，采用第五层泥岩层作为持力层；人工成孔灌注桩的极限端阴力标准值为2000kPa。
2. 桩端进入泥岩层的深度不得小于1m。H长约8.5m。
3. 人工成孔时，在粉土层，应采取支护措施。以防井壁坍塌造成人员伤害；地下水在4.7～4.9m处，施工时应采取降水措施。
4. 人工成孔后必须由建设单位、监理单位、地质勘察单位验底验孔后，方可浇筑混凝土。
5. 地基上对混凝土结构和钢筋混凝土结构中钢筋均具弱腐蚀性，参照《工业建筑防腐设计规范》相关规定：混凝土桩采用抗硫酸盐硅酸盐水泥，强度等级为C30混凝土的水灰比不大于0.55，最小水泥用量300kg/m³。保护层厚度小于50mm。
6. 井桩施工完毕后必须进行动力检测：（1）采用低应变动测法对全部井桩进行桩身完整性检测；（2）采用高应变动测法对全部井桩1%且不少于3根进行桩承载力检测；（3）人工挖孔桩终空时应进行桩端持力层检验，检测单位必须具有省建设厅颁发的动测资质证书。合格后方可进行上部结构施工。
7. 井桩中心线与框架柱中心张重合。
8. 建筑物四周应进行回填土处理，从外墙边向外3m，压实系数不小于0.95。
9. 当桩间中心距$L\leqslant 2.5d$时桩要间隔施工。
10. D轴楼梯间处井桩沿框架柱外皮向下削桩0.600m高。

楼板上部钢筋挑出长度示意				
本图标注	L	L_1 L_2	L_1	L_1 L_2
实际长度	L	L_1 L_2	L_1	L_1 L_2

•其余各层均同

审定	甘肃建苑建筑设计院			
项目负责				
工种负责	建设单位	×××××××××××××××	工程号	2008-D-7
校对	工程名称	办公楼	图名	结施-3
设计	图名	桩基详图	比例	1∶100
制图			日期	2008.4

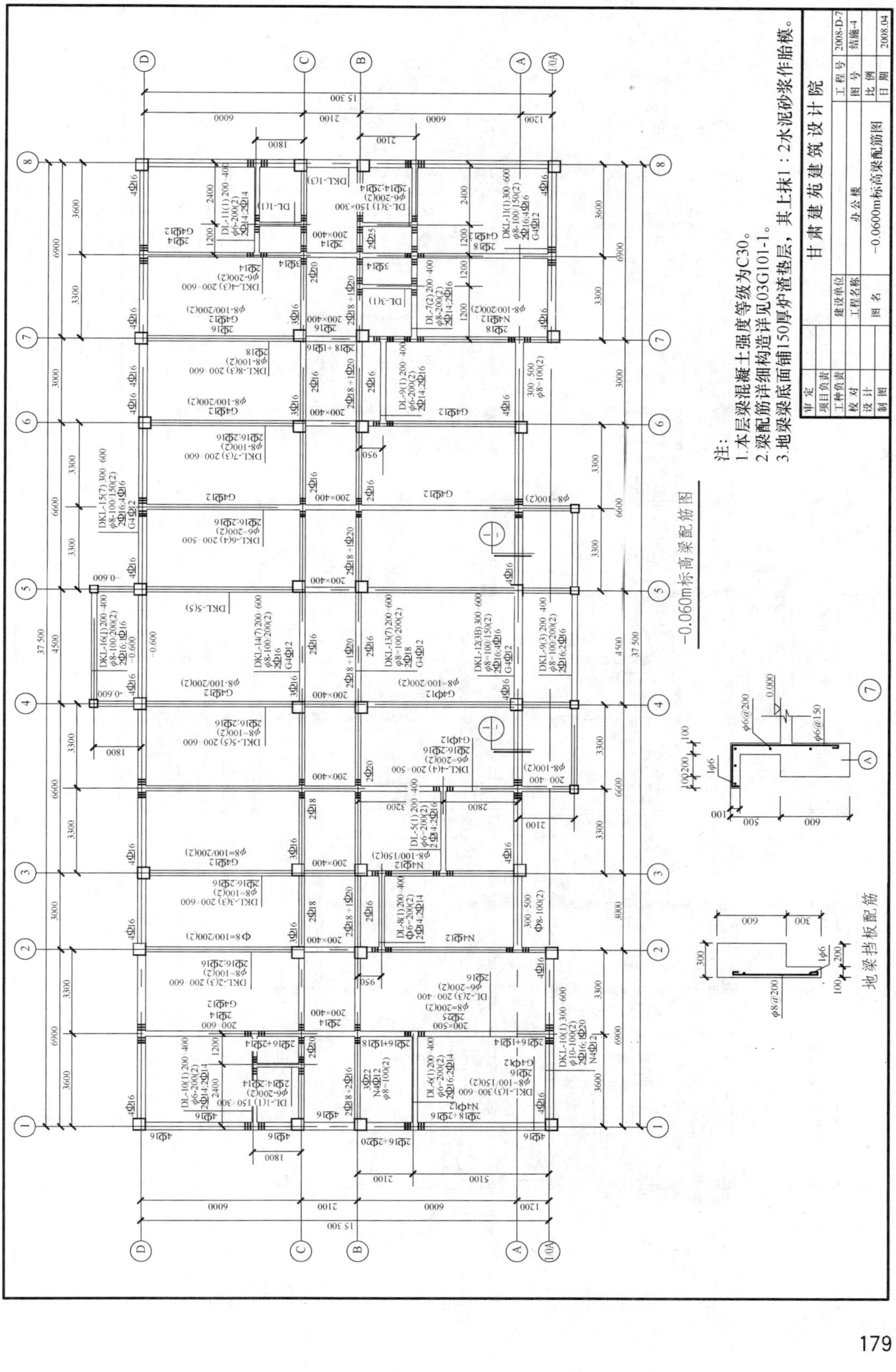

−0.060m标高梁配筋图

地梁挡板配筋

注：
1.本层梁混凝土强度等级为C30。
2.梁配筋详细构造详见03G101-1。
3.地梁梁底面铺150厚炉渣垫层，其上抹1∶2水泥砂浆作胎模。

审定	甘肃建苑建筑设计院			
项目负责				
工种负责	建设单位		工程号	2008-D-7
校对	工程名称	办公楼	图号	结施-4
设计	图名	−0.0600m标高梁配筋图	比例	
制图			日期	2008.04

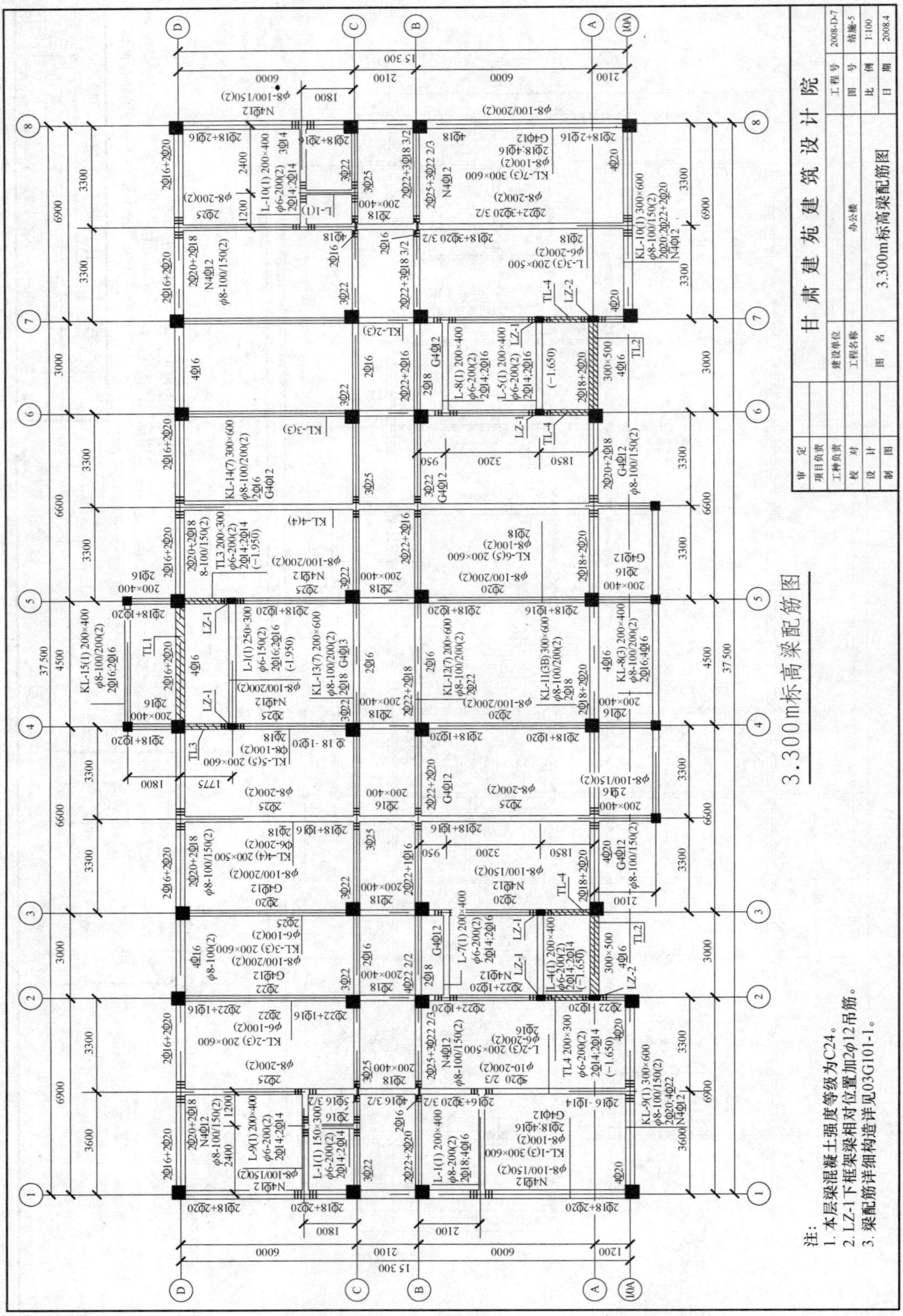

3.300m标高梁配筋图

注：
1. 本层梁混凝土强度等级为C24。
2. LZ-1下框架梁相对位置加2ϕ12吊筋。
3. 梁配筋详细构造详见03G101-1。

审　定	甘肃建苑建筑设计院			
项目负责				
工种负责	建设单位		工程号	2008-D-7
校　对	工程名称	办公楼	图　号	结施-5
设　计	图　名	3.300m标高梁配筋图	比　例	1:100
制　图			日　期	2008.4

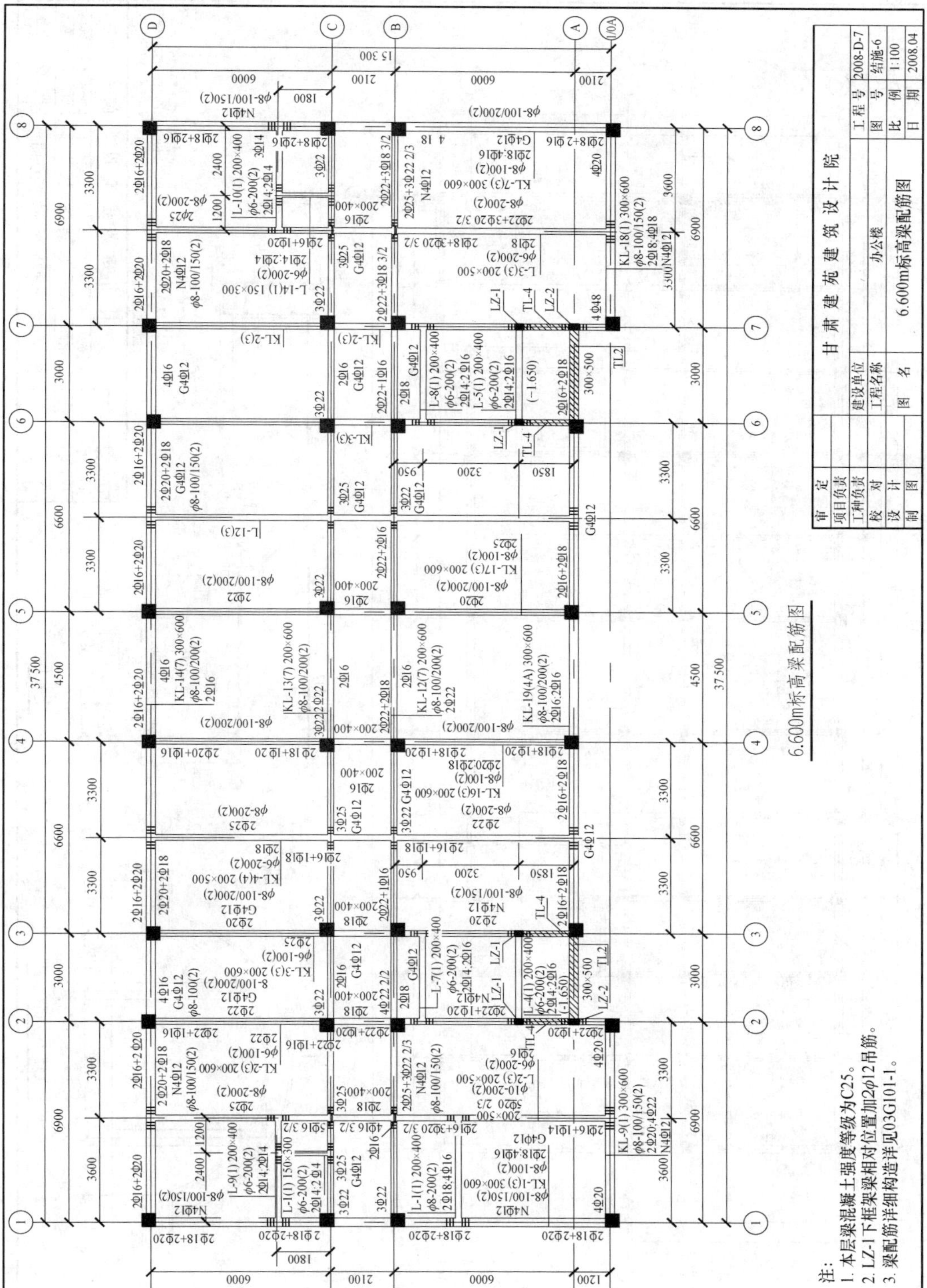

6.600m标高梁配筋图

注：
1. 本层梁混凝土强度等级为C25。
2. LZ-1下框架梁相对位置加2ϕ12吊筋。
3. 梁配筋详细构造详见03G101-1。

审　定		甘肃建苑建筑设计院			
项目负责					
工种负责		建设单位		工程号	2008-D-7
校　对		工程名称	办公楼	图　号	结施-6
设　计		图　名	6.600m标高梁配筋图	比　例	1:100
制　图				日　期	2008.04

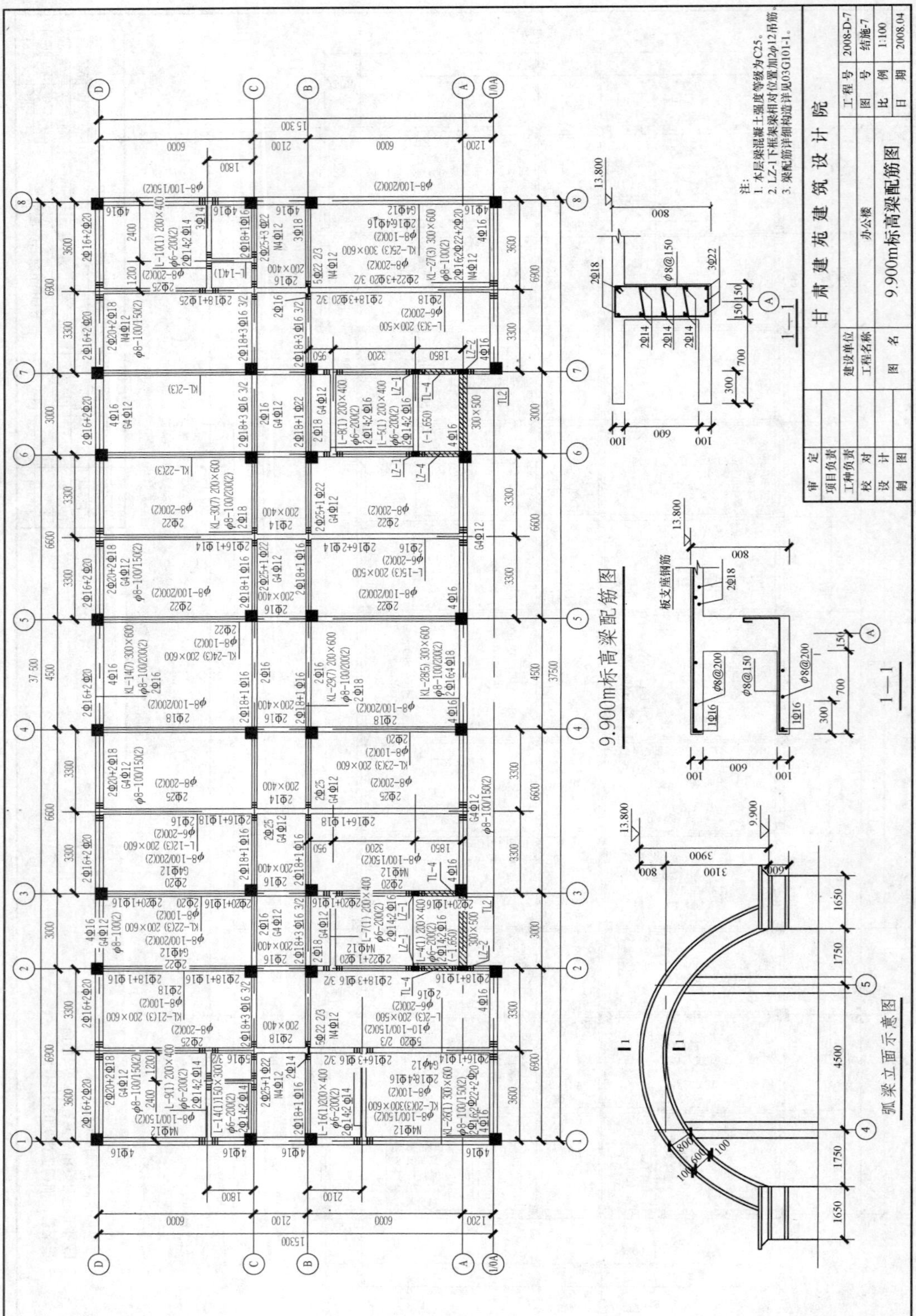

9.900m标高梁配筋图

1—1

1—1

弧梁立面示意图

注：
1. 本层梁混凝土强度等级为C25。
2. LZ-1下框架梁相对位置加2φ12吊筋。
3. 梁配筋详细构造详见03G101-1。

审定		甘肃建苑建筑设计院		
项目负责		建设单位	工程号	2008-D-7
工种负责		工程名称 办公楼	图号	结施-7
校对		图名 9.900m标高梁配筋图	比例	1:100
设计			日期	2008.04
制图				

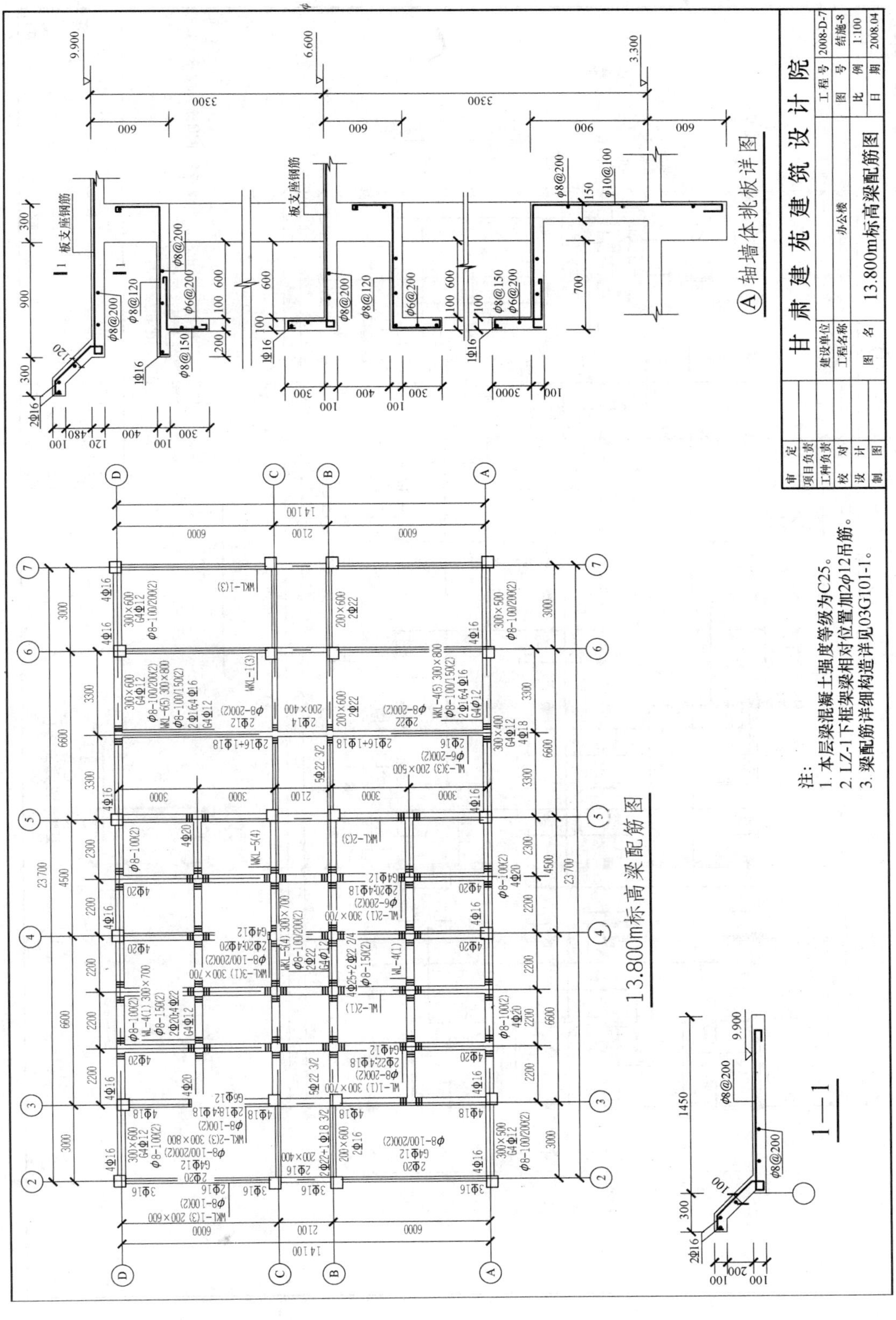

13.800m标高梁配筋图

1—1

Ⓐ轴墙体挑板详图

注：
1. 本层梁混凝土强度等级为C25。
2. LZ-1下框架梁相对位置加2ϕ12吊筋。
3. 梁配筋详细构造详见03G101-1。

审　定		甘肃建苑建筑设计院			
项目负责					
工种负责		建设单位		工程号	2008-D-7
校　对		工程名称	办公楼	图　号	结施-8
设　计		图　名	13.800m标高梁配筋图	比　例	1:100
制　图				日　期	2008.04

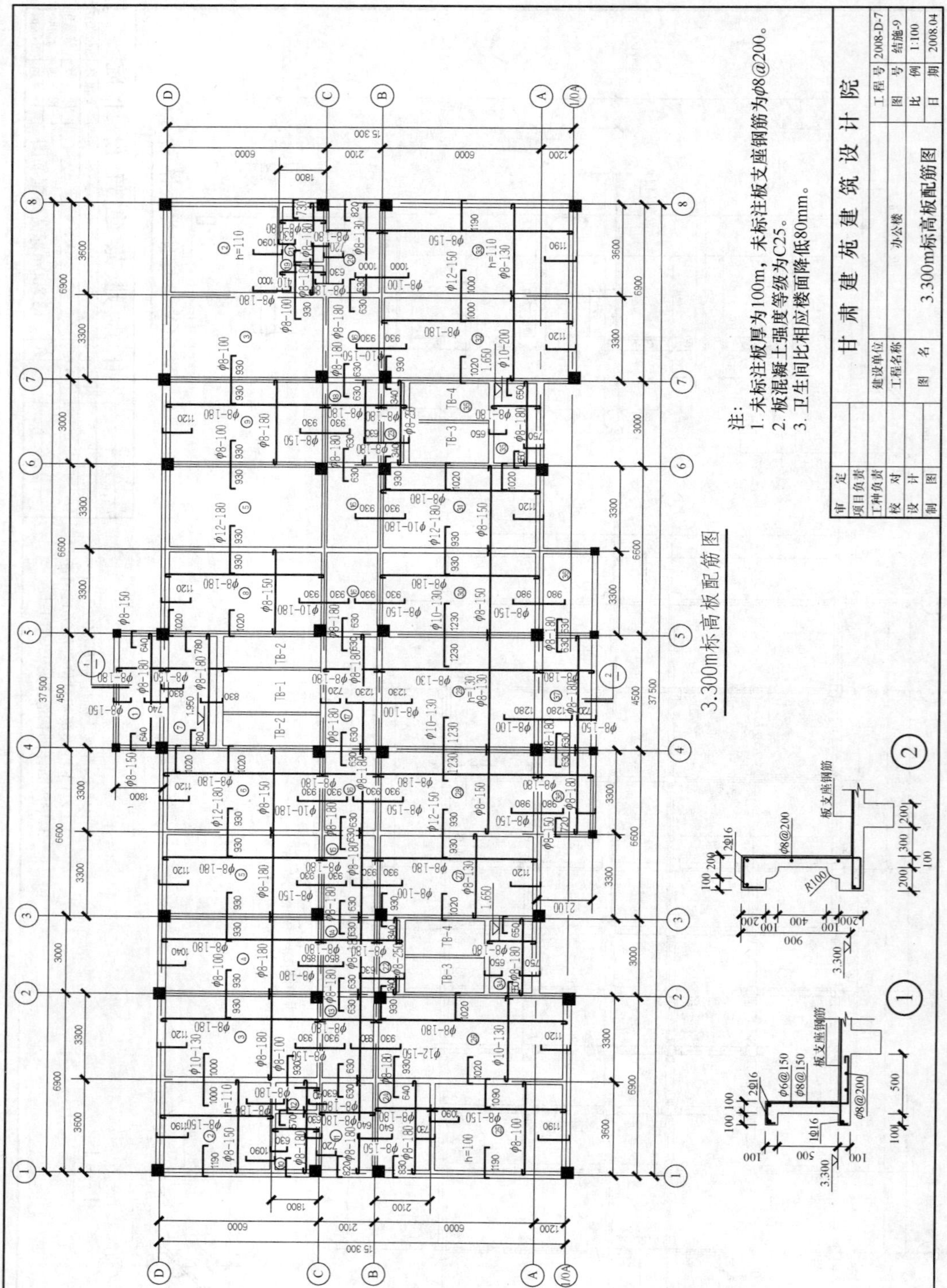

3.300m标高板配筋图

注：

1. 未标注板厚为100m，未标注板支座钢筋为φ8@200。
2. 板混凝土强度等级为C25。
3. 卫生间比相应楼面降低80mm。

审定		甘肃建苑建筑设计院		工程号	2008-D-7
项目负责		建设单位		图号	结施-9
工种负责		工程名称	办公楼	比例	1:100
校对		图名	3.300m标高板配筋图	日期	2008.04
设计					
制图					

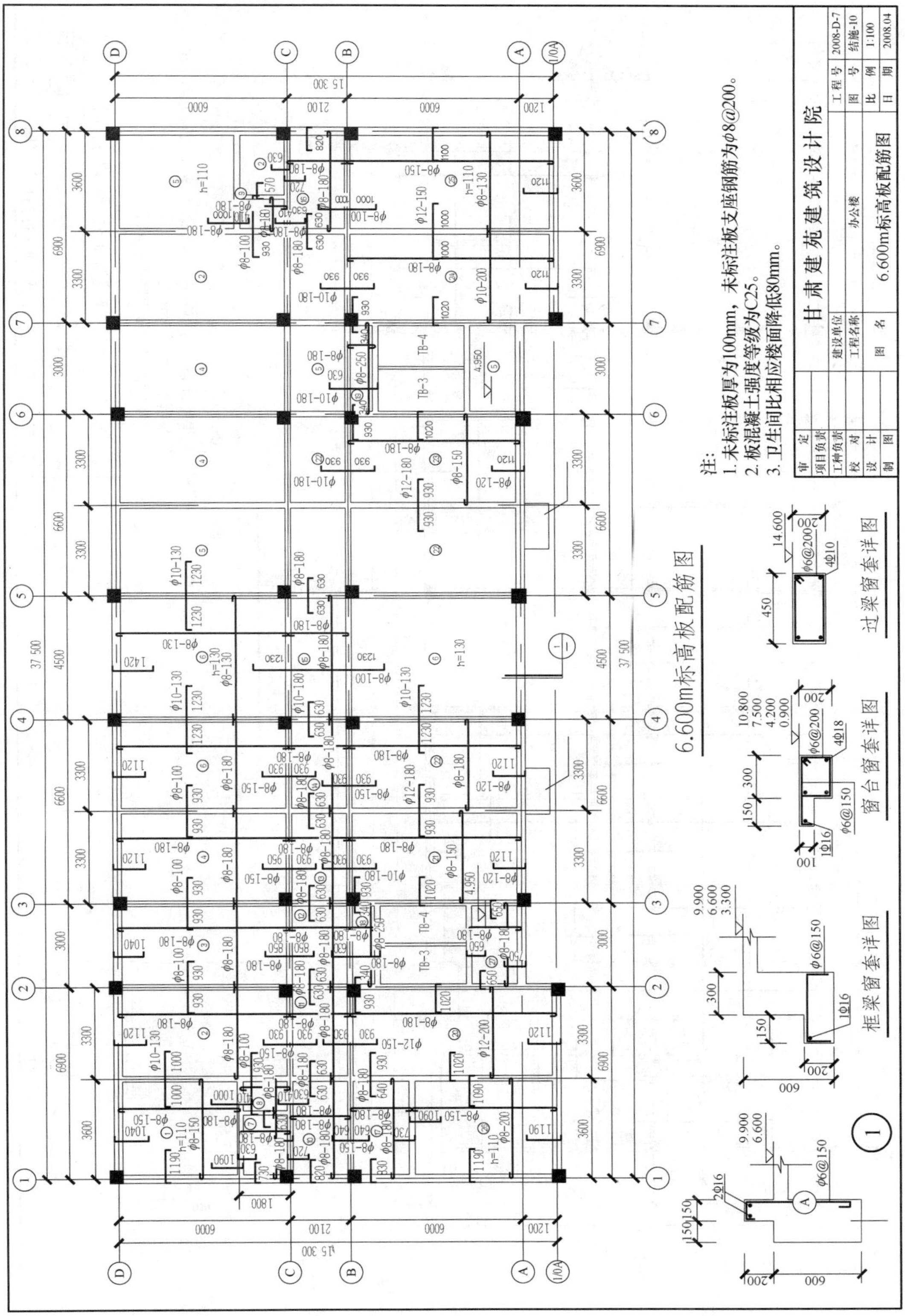

6.600m标高板配筋图

框梁窗套详图

窗台窗套详图

过梁窗套详图

注:
1. 未标注板厚为100mm，未标注板支座钢筋为ϕ8@200。
2. 板混凝土强度等级为C25。
3. 卫生间比相应楼面降低80mm。

审 定		甘肃建苑建筑设计院			
项目负责					
工种负责		建设单位		工程号	2008-D-7
校 对		工程名称	办公楼	图 号	结施-10
设 计		图 名	6.600m标高板配筋图	比 例	1:100
制 图				日 期	2008.04

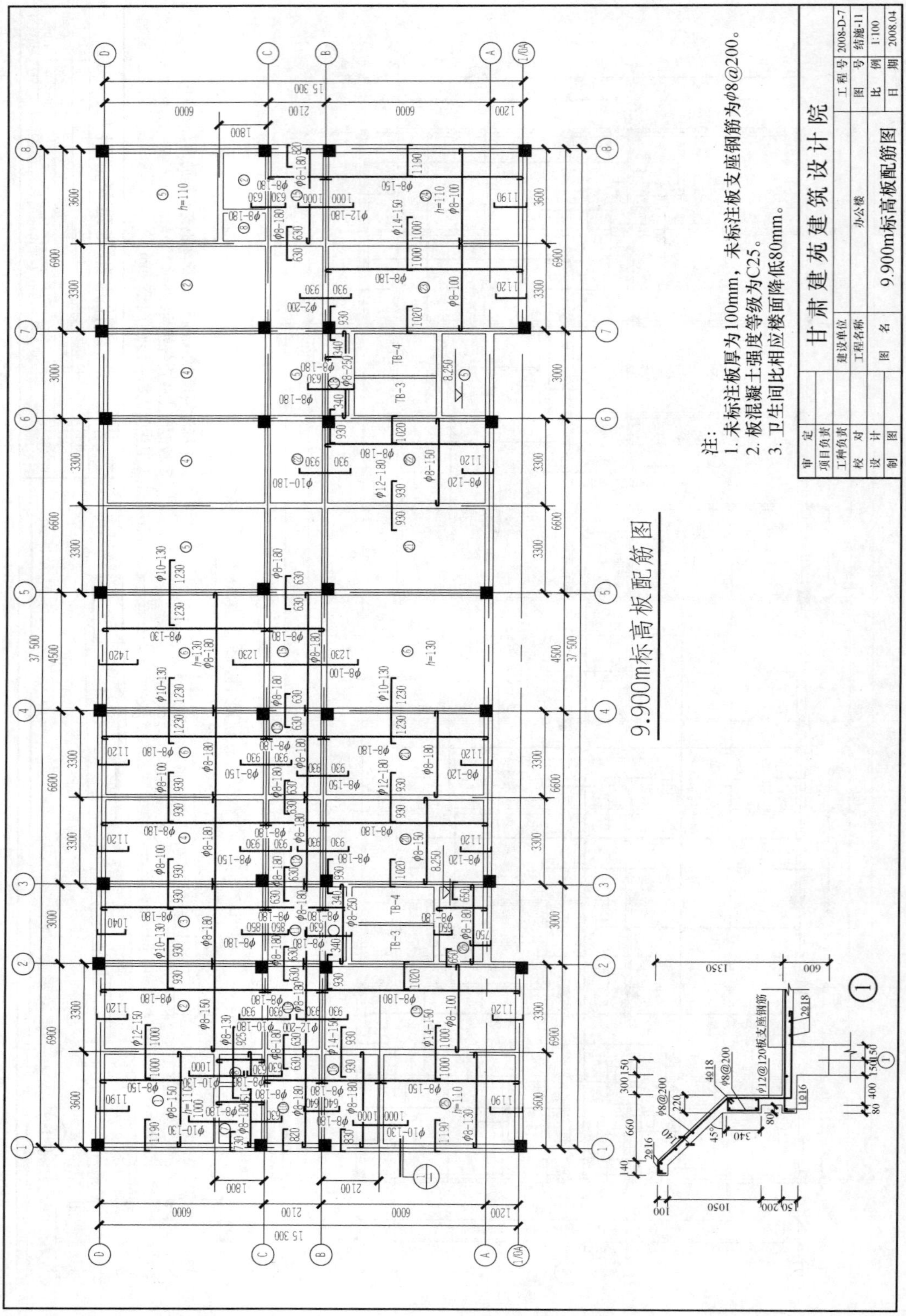

9.900m标高板配筋图

注：
1. 未标注板厚为100mm，未标注板支座钢筋为ϕ8@200。
2. 板混凝土强度等级为C25。
3. 卫生间比相应楼面降低80mm。

审　定	甘肃建苑建筑设计院			
项目负责				
工种负责	建设单位		工程号	2008-D-7
校　对	工程名称	办公楼	图　号	结施-11
设　计	图　名	9.900m标高板配筋图	比　例	1:100
制　图			日　期	2008.04

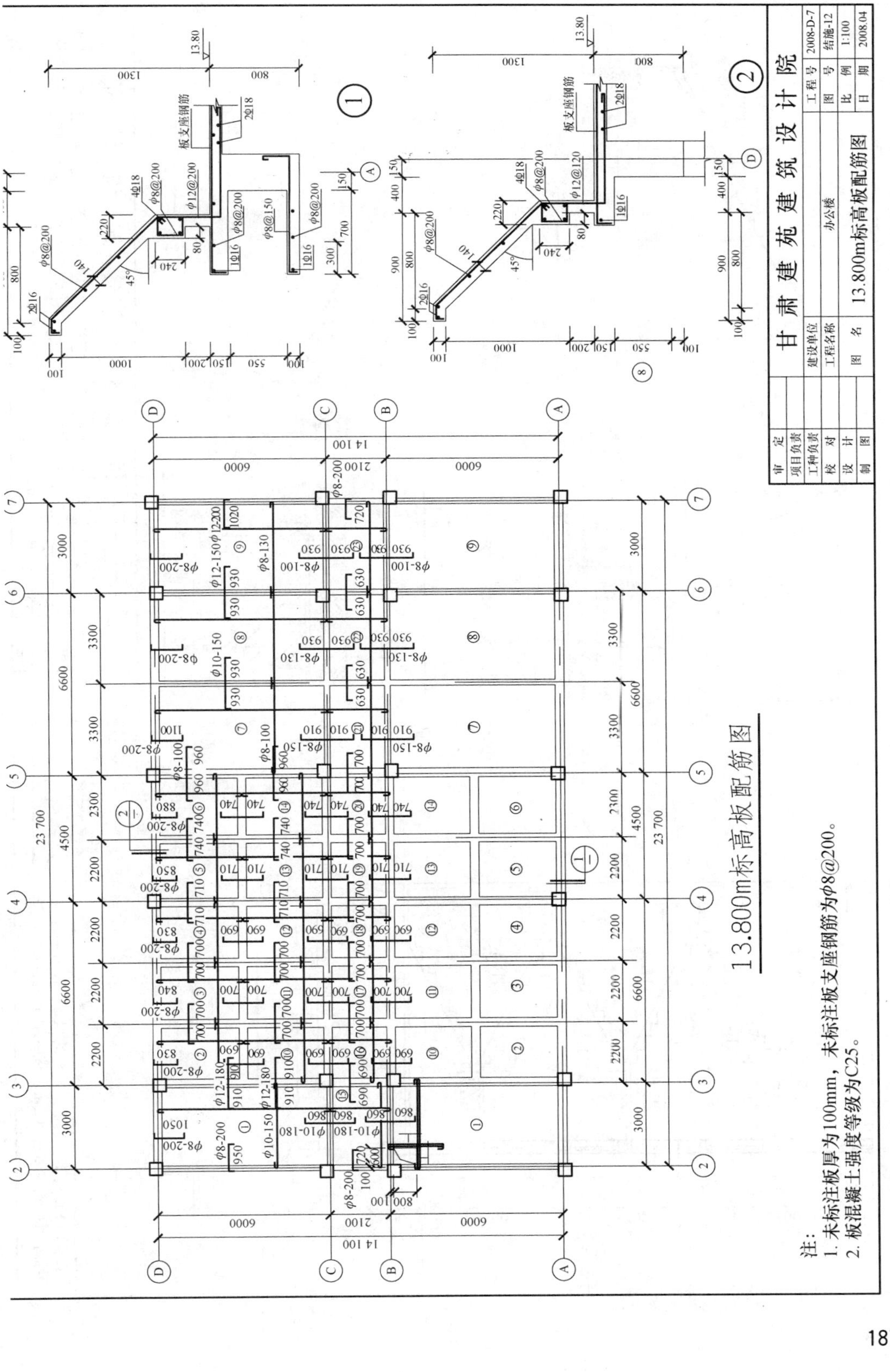

13.800m标高板配筋图

注：

1. 未标注板厚为100mm，未标注板支座钢筋为ϕ8@200。
2. 板混凝土强度等级为C25。

审　定		甘肃建苑建筑设计院			
项目负责					
工种负责		建设单位		工 程 号	2008-D-7
校　对		工程名称	办公楼	图　号	结施-12
设　计		图　名	13.800m标高板配筋图	比　例	1:100
制　图				日　期	2008.04

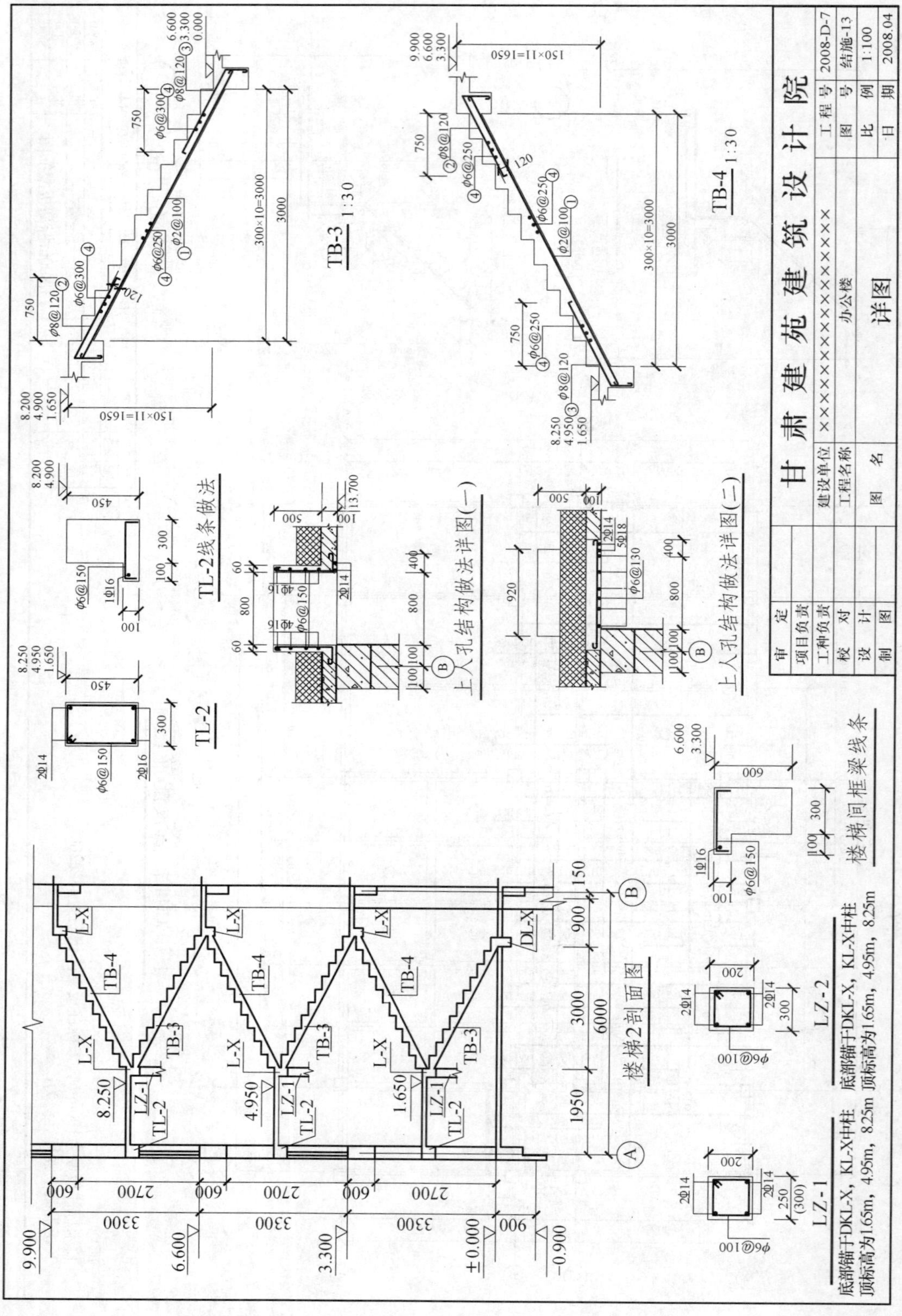

楼梯2剖面图

TL-2

TL-2线条做法

TB-3 1:30

上人孔结构做法详图(一)

上人孔结构做法详图(二)

TB-4 1:30

LZ-1

底部锚于DKL-X，KL-X中柱
顶标高为1.65m，4.95m，8.25m

LZ-2

底部锚于DKL-X，KL-X中柱
顶标高为1.65m，4.95m，8.25m

楼梯间框梁线条

审　定	甘肃建苑建筑设计院			
项目负责				
工种负责	建设单位	×××××××××××××××××	工程号	2008-D-7
校　对	工程名称	办公楼	图　号	结施-13
设　计	图　名	详图	比　例	1:100
制　图			日　期	2008.04

主要参考文献

乐荷卿．2000. 土木建筑制图［M］．武汉：武汉工业大学出版社．

吴运华，高远．2000. 建筑制图与识图习题集［M］．武汉：武汉理工大学出版社．

吴运华，高远．2004. 建筑制图与识图［M］．武汉：武汉理工大学出版社．

颜金樵．1997. 工程制图［M］．北京：高等教育出版社．'

中华人民共和国国家标准．2011. 建筑制图标准（GB/T 50104—2010）［S］．北京：中国计划出版社．

中华人民共和国国家标准．2011. 房屋建筑制图统一标准（GB/T 50001—2010）［S］．北京：中国计划出版社．

中华人民共和国国家标准．2011. 建筑结构制图标准（GB/T 50105—2010）［S］．北京：中国计划出版社．

中华人民共和国国家标准．2011. 总图制图标准（GB/T 50103—2010）［S］．北京：中国计划出版社．

朱福熙，何斌．1992. 建筑制图［M］．北京：高等教育出版社．